Implementation : Theory and Reality

政策実施の理論と実像

真山達志［編著］

JN169012

はしがき

現代行政学が生まれて一〇〇年余り、政策科学が注目されだして五〇年近くの時間が流れている。この間に膨大な研究が蓄積され、公共政策を取り巻く政治・行政や社会・経済の実態が明らかにされ、それらのあるべき関係や姿が議論されてきた。一方で、行政学においては、政治・行政二分論から融合論へ変化したという指摘や、行政理論と組織理論の二つの系譜が存在しているといった学説に関する議論が活発に展開してきた。政策科学を含む政策研究（policy studies）では、そもそも政策科学というディシプリンが存在しうるのか、政策研究を行う上での理論や手法は何かといったことが熱心に議論されてきた。学術研究が発展するために、過去の研究の系譜や体系を整理し、研究の学術的・社会的貢献を検証することは重要である。しかし、社会科学が社会的に価値を持つか否かを判断する重要な基準は、社会の構造や機能の解明に貢献しているか、あるいは社会の問題解決に役立つ何らかの知見を提供しているかということである。実際、研究者の自己満足ではなく、社会に貢献する研究を展開することが求められている。したがって、社会科学に属する行政学や政策研究としては、自らが携わる研究活動の社会との関連（relevancy）に配慮することが必要であると言えよう。

そのような社会との関連を特に意識したのが、本書が取り上げる政策実施研究である。政策実施研究を標榜する研究群が生まれるきっかけを作ったと言われるプレスマン（J. L. Pressman）とウィルダフスキー（A. Wildavsky）は、今なぜ政策実施に注目するのかという点について、多くの支持を得て決定された政策が効果を生み出さないのはなぜなのかということについて、政治・行政や公共政策の研究は明確な解を用意してこなかったことを問題にした。言うまでもなく、政策によって社会になんらかの変化が生まれ、それがプラスにせよマイナスにせよ社会にとって一定の効用として認識されるためには、政策実施活動が必須である。したがって、政策実施過程を研究してそのメカニズムやダイナミクスを解明することが、効果的な政策、あるいは社会にとって有意義な政策を生み出す上で重要になるのだ。政策科学がその誕生当初から掲げてきた、たとえわずかでも合理的な政策を生み出すという目的のためには、政策分析や政策評価も重要だが、それらと同様、場合によってはそれら以上に政策実施研究が重要になる。

かつて、ネーゲル（J. S. Nagel）は、政策研究を四つのカテゴリーに分けた。すなわち、政策決定研究、政策分析研究、政策評価研究、そして政策実施研究である。社会に関連を持つような政策研究（relevant な政策研究）を目指すのであれば、この四つの研究のいずれか一つで事足りるわけではなく、いずれもがバランス良く研究され発展する必要がある。

筆者が研究活動を本格的に始めた頃が、欧米を中心に政策実施研究が注目を集め始めた時期であったことから、研究関心の中心に常に政策実施過程があった。そして、この二〇年近くの間に、筆者が指導を担当した大学院生の皆さんも、その多くが政策実施過程に関心を持った。もちろん、研究テーマは必ずしも政策実施を冠するものではないが、行政組織を研究するにしても、地方自治や住民自治を研究するにしても、あるいは公共サービスを研究するにしても、政策実施過程の実態や動態に注意を払うことを強く意識している。

本書は、筆者が指導を担当したこのような若手・中堅の研究者たちが、最近の研究関心を改めて政策実施過程に引きつけて書き下ろした論攷からなっている。全一三章は大きく理論と実態（実像）に分けられ、各章で扱う具体的内容は多様であるが、全てに共通するのは「政策実施」である。そして、執筆者の中には、自治体の行政実務を経験している人、シンクタンクやコンサルタント会社での勤務経験のある人など、政策実施の現場をよく知る人たちが含まれている。彼（女）たちの知見が研究にも活かされていると言えよう。

本書は、公共政策の実態に関心のある人や政策研究に関わっている人に対して、政策実施という切り口から新たな知見が提供できることを目指している。また、公共政策に携わる実務家、公共政策に影響を与えたり影響を受けたりする市民、そして公共政策を研究対象とする研究者の皆さんに、有意義な理論と情報を提供しようとしている。つまり、学術的貢献のみならず、社会的貢献を果たすことを目指している。このような執筆者の思いが少しでも実現できれば幸いである。

二〇一六年八月

執筆者を代表して　真 山 達 志

政策実施の理論と実像　目次

序章　政策実施研究の進展と自治体行政

真山達志

1　政策実施研究の展開

政策研究や行政研究の分野で政策実施に対する関心が高まったのは一九七〇年代後半からであり、八〇年代が最盛期であったというのは定説化しているようである。とりわけ、政策実施研究の出発点とされるのがプレスマン（J. L. Pressman）とウィルダフスキー（A. Wildavsky）の共著『実施』（*Implementation*）であるということには、あまり異論が出ないところである。プレスマンらが「実施（implementation）は近年よく論議されるが、その研究はほとんどない……M・ダーシック（M. Derthick）の卓越した著作を除けば、十分成熟した実施分析を見出すことができない」（Pressman and Wildavsky 1973 : xiii）と指摘したことが、大きく影響しているのかもしれない。彼らの著者の初版が出版されたのが一九七三年である。また、ハーグローブ（E. C. Hargrove）が、政策過程の研究の中で政策実施に関する研究が欠落しているとして「失われた環」（Missing link）と呼んだのが一九七五年のことである（Hargrove 1975）。そのようなことを重ね合わせると、たしかに政策実施研究は一九七〇年代半ばから徐々に拡大していったと言えるだろう。

もっとも、実施（implementation）と言う用語自体は特別新しいものではなく、古くからその用例を見出すことができる。たとえば意思決定技法の一つであるオペレーションズ・リサーチ（ＯＲ）のなかでは、実施という用語が使われている。行政研究に関係が深い分野に範囲を限ってみても、サイモン（H. A. Simon）の『行政行動』（*Administrative Behavior*）においてその用例が見られる（Simon 1976 : 5）。もっとも、前者の場合、実施という用語は、ＯＲによって得られた「解」を管理者に推薦すること、あるいは「解」を実際に作用させること、という意味で使われ、また後者の場合も、実施自体の論議がなされているのではなく、「価値判断」（value judgement）と「事実判断」（factual judgement）を定義するために使われているに過ぎない。いわゆる政策実施研究で言うところの「実施」とは意味が異なることから、ここでは一応、除外してもよいだろう。

しかし、政策実施に関係する研究が一九七〇年代まではなかったわけではないということは、多くの研究者が認めるところである。政治過程や政策過程、官僚制に関する研究は、大なり小なり政策実施に関わりを持っている。とりわけ、前述の「失われた環」を唱えたハーグローブ自身ものちに述べているように（Hargrove 1983 : 280）、組織論や行政研究では政策実施過程に関わる研究が古くから多く蓄積されてきているのである。実際、政策実施研究そのものを主たる研究テーマとしていない研究者にとっては、政策実施研究の特色や価値を明らかにすることは、それほど重要な問題ではない。そのためか、八〇年代後半になると政策実施を前面に掲げる研究業績は少なくなった。(1)

それでも政策実施研究と言われる八〇年代以降の多くの研究には、ある特定の特徴と社会的、学術的意義があるというのが政策実施研究に関心を持つ研究者たちの認識である。筆者も、七〇年代終わりから政策実施研究に関心を寄せていたため、(2)政策実施研究が政治学、行政学あるいは政策研究の中でどのような意義や価値を有しているのかを明確にすることに腐心してきた。ここでは、本章の目的に資する範囲で政策実施研究の意味を検討しておくことにしよう。

2　政策実施研究の意義と役割

ここでは、筆者がこれまで政策実施に関して著した論攷や、政策実施と政策実施研究を体系的に検討したヒル（M. Hill）らによる政策実施研究の位置づけ[3]とを参考に、政策実施研究の意義や役割を整理する。

政策決定という形で明示された政府や政治権力の意図を実効性あるものに変換する過程が政策実施過程であることには異論が出ないだろう。したがって、政策実施研究は、現実社会の中でどのような政治的、経済的価値がどのように追究されているかを解明することに繋がる。それは、政治権力（統治者）が被権力者（一般市民）をどのように支配、コントロールしているかを明らかにすることでもある。民主主義の目指すことは、市民の自由と権利を政治権力から守ることであるが、そのような民主主義の理念が実際に実現しているかどうかを確認するためには、政策決定を見るだけでは不十分であり、政策実施過程に注目しなければならない。

以上のような政策実施研究の特徴は、政治学の主たる関心事であると言ってもよい[4]。つまり、特に珍しいことを研究しているわけではない。その意味では、従来からの政治学との違いは明確にならない。そして、政策実施研究と政治学の違いをことさら追求する必要性もないし、あまり建設的な努力ではない。

しかし、統治の実態や支配のメカニズムを政策実施過程という側面に注目して解明していくことにより、従来の政治学ではあまり注目されていなかった、あるいはあまり明確に解明されていなかったメカニズムや事象に目が向けられるようになったことが重要であろう。少なくとも四点が重要である。

第一は、具体的な統治活動を担っている行政機構（官僚制）について、その行動や意思決定の特徴を、より実態的に明らかにすることに繋がったことである[5]。現代国家が行政国家と呼ばれ、行政の政治化が進んでいると言われるものの、行政の本質はやはり国家意志の実行であることには変わりないだろう。行政が政策決定に関わるとはいえ、その際には当然、自らが実施することを念頭に置いているはずである。つまり、実施段階で困難が予想されるような政策を提案したり、支持したりすることはない。また、実施の段階でできるだけ行政の裁量の範囲を拡大しうる政策を生み出そうとするであろうし、それを通じて実質的な権力を得ようとする（Rourke 1976）。そのような側面に注目するなら、行政の実態を明らかにするためには、政策実施過程を解明することが必須となる。(6)

第二に、行政組織における政策実施過程をよりミクロに観察することによって、以前はあまり注目されることがなかった第一線職員に対する関心が高まったことを指摘しなければなるまい。政策過程においてさしたる影響力があるとは思われていなかった第一線職員が、実は政策の実質的な内容を決めたり、ニーズの量を決めたりする上で重要な役割を果たしていることに関心が高まった。その契機になったのは、言うまでもなくリプスキー（M. Lipsky）の著書 *Street Level Bureaucracy* である（Lipsky 1980）。第一線や現場に注目することは、統治や支配の全体像を明らかにする上で重要である。同時に、政策過程に関わる制度の設計や行政組織の管理を実態的に検討する上でも大きな意味を持つ。

第三は、政策のデリバリーということに対する関心を高めたことである。政策実施過程は、社会において政策の効果を発生させる活動である。換言すれば、政策主体が政策の対象者（集団）に対して政策効果を伝達（デリバー）する過程であると言えよう。この点では、一九七〇年代くらいまでは、政策主体は政府とほぼ同義語であり、デリバリーを担っているのも政府の職員（公務員集団）であると考えることができた。ところが、一九八〇年代以降に急速に進展してきたポスト福祉国家の模索の中で、政府機能の民間化が推進されたため、まずデリバリーの担い手に大きな変化が生じた。すなわち、公共政策のデリバリーであっても公務員以外が担当することが多くなってきたのである。民間委託、民営化、指定管理者制度、ＰＦＩなどの手法が多用されるようになり、政策のデリバリーに政府組織、民間の非営利組織（公益法人、NPO、地域住民組織など）や営利組織（株式会社等の企業組織）が複雑に組み合わされているという状況が生じている。ネットワークやシステムという概念が似合う姿になっているのである。このような複雑な構造とその動態を解明し、あるべき政策デリバリーのシステムを模索する上で、政策実施研究は大きな貢献を果たしていると言えよう(7)。

最後の第四点目として、これまでまとめた三点と関係が深く、ある意味では一部重複することなのだが、中央・地方関係を検討する上で政策実施研究は重要な役割を果たしていることを指摘しておこう。そして、このことが本書の趣旨にとって最も重要になると言えよう。

言うまでもなく、中央・地方関係は制度的な側面として論じることができるし、地方自治がどの程度まで実現しているのかを見る上では、制度的側面は重要かつ前提となる。しかし、本当の意味での地方自治が成り立っているのか否か、どの程度まで地方の自立性が確保されているのか、さらには住民自治が機能しているのかどうかということに関心を持つなら、制度だけを見ていても答えは出ない。当然、制度の枠の中で、人や組織がその制度をどのように運用し利用しているのかというダイナミクスに注目しなければならない。具体的には、国や地方でどのような政策がどのように形成され実施されているのか、それらの政策によって社会にどのような効果（変化）が生じているのかを確認する必要がある。それはまさに政策実施研究が関心を持っていることに他ならない。

わが国では一九九〇年代半ば以降、地方分権の推進が大きな政治課題になってきた。そして、二〇〇〇年を節目に、機関委任事務が廃止されたり、多くの権限移譲が進められたりした。外見的、制度的な地方分権はそれなりに進んでいると言えよう。しかし、自治体関係者の意識や認識の点で、制度改革が行われる以前と大きな変化が生じているかどうかを確認するためには、緻密な政策実施過程の分析が必要となる。

地方分権の主旨は、地方の問題に対しては、それぞれの地方が自主性と主体性を持ち、その責任の下で解決することを目指し、それが可能な諸条件を整えることである。この主旨が、本当に実現している（実現しつつある）のかについては、国の方針（法律で示されることもあれば、閣議決定で示されることもある）を地方がどのように理解し解釈しているかを確認する必要がある。そのためには、関連する政策の実施の実態を見ることが求められる。もちろん、自治体が新たに策定した計画や制定した条例などを見ることによっても、地方分権の主旨が実現しているか否かを知ることができる。しかし、その場合でも、計画や条例の運用の実態を見なければならない。なぜなら、自治体間で政策が形式的に波及したとしても、主体的な問題意識からの場合もあるが、単なる物真似であるかもしれないし、時代の流れに乗っているだけかもしれないからである(8)。

「政策実施」を標題に掲げるような研究業績が大量に蓄積されたのは一九七〇年代の後半から八〇年代であった。その時期はまさに政策実施研究の全盛期であったと言える。しかし、八〇年代後半からは徐々に「政策実施」という用語が前面に出ることは減っていった。しかし、七〇年代以前もそうであったように、政策実施過程そのものに注目した研究は綿々と続いている。それは、行政学や政治学の分野で行われている。あるいは、政策研究であったり組織（間）研究であったりする。具体的な分析対象は、法律、条例あるいは計画など様々である。分析枠組みとしては、政策過程論、ネットワーク論、ガバナンス論、組織（間関係）論など、これまた様々である。その意味でも、政策実施研究という一つの研究領域を設定することが困難になっている。

とはいえ、政策実施研究は一時期のブームだったということではなく、本章で指摘したように幾つかの重要な研究対象にスポットライトを当て、政治・行政や公共政策に関わる諸研究を進展させてきたのである。

注

（1）もちろん、皆無というわけではなく、たとえば大橋（二〇一〇）、松岡（二〇一四）、髙橋（二〇一四）などがある。
（2）筆者が政策実施研究の初期段階でまとめたものとしては、真山（一九八六）を参照。
（3）Hill and Hupe（2009：18-41）によれば、法が適切に機能しているか（法の支配が実現しているか）、そのこととの関連で民主主義の理念が実現しているのか、行政や公共管理の実態はどうなっているのか、などを明らかにし、制度論やポストモダン研究に貢献しているという視点で整理できるという。
（4）政治学の立場から、支配のメカニズムを実施の視点から論じたものとして、畠山（一九八九）を参照。
（5）この点での先駆的業績としては、森田（一九八八）を参照。
（6）森田朗が政策実施過程の研究を発展させ行政研究を体系化した『制度設計の行政学』（慈学社、二〇〇七年）をまとめたのは、この点で象徴的である。
（7）この点に関しては、前述のヒルも、従来の政府（government）を中心とした政策過程が、今日ではガバナンス（governance）に変わってきているということから、政策実施研究が重要な意味を持つことを指摘している（Hill and Hupe 2009：1-2）。
（8）政策の展開に関しては、伊藤（二〇〇六）が、景観条例を例に先進的自治体による政策が相互参照や横並び意識によって波及することを解明している。

参考文献

伊藤修一郎『自治体発の政策革新』木鐸社、二〇〇六年。

大橋洋一編著『政策実施』ミネルヴァ書房、二〇一〇年。

髙橋克紀『政策実施論の再検討』六甲出版販売、二〇一四年。

畠山弘文『官僚制支配の日常構造——善意による支配とは何か』三一書房、一九八九年。

松岡京美『行政の行動——政策変化に伴う地方行政の実施活動の政策科学研究』晃洋書房、二〇一四年。

真山達志「政策研究と政策実施分析——行政研究の分析モデルに関する一試論」『法学新報』第九二巻第五・六号、一九八六年。
森田朗『許認可行政と官僚制』岩波書店、一九八八年。
森田朗『制度設計の行政学』慈学社、二〇〇七年。
Hargrove, E. C., *The Missing Link : The Study of the Implementation Social Policy*, Urban Institute, 1975.
Hargrove, E. C., “The search for implementation theory,” in R. J. Zeckhauser and D. Leebaert（ed.）, *What Role for Government? : Lessons from Policy Research*, Duke University Press, 1983.
Hill, M. and Hupe, P., *Implementing Public Policy*（2nd. ed.）, Sage, 2009.
Lipsky, M., *Street Level Bureaucracy : Dilemmas of The Individual in Public Services*, Russell Sage Foundation, 1980.（＝田尾雅夫訳『行政サービスのディレンマ——ストリート・レベルの官僚制』木鐸社、一九九八年）
Pressman, J. L. and Wildavsky, A. B., *Implementation*, University of California Press 1973.
Rourke, F. E., *Bureaucracy, Politics, and Public Policy*, Little Brown, 1976.（＝今村都南雄訳『官僚制の権力と政策過程』第二版、中央大学出版部、一九八一年）
Simon, H. A., *Administrative Behavior*（3rd ed.）, The Free Press, 1976.

第Ⅰ部　自治体行政における政策実施の理論諸相

第1章　自治体における「総合性」の要請をめぐる中央地方関係

入江容子

1　自治体の「総合性」とは何か

本章では、これまで自治体行政の実施の局面において要請されてきた「総合性」という用語ないし概念をめぐり、時代や背景によって、その使われ方や意図されてきたことがらが変遷しているのではないかという問題意識に立って検討を行うものである。

自治体行政における「総合性」に関する議論は、これまでも様々な場面で展開されてきた経緯がある。たとえば近時では、第一次分権改革で強調されたのは自治体行政における「総合性の確保」（改正地方自治法第一条の二第一項等）であったし、また、平成の大合併の必要性にかかる根拠の一つとして主張されたのは、第二七次地方制度調査会答申にみられる「総合行政主体論」であった。さらにさかのぼれば、中央地方政府間における事務配分の議論において、第九次地方制度調査会答申が示したのは能率性の原則および市町村の原則の根拠としての総合的処理の原則であり、これが事務配分の原則における、事務配分論から機能分担論への転換といわれるものである。

これらはすべて、表面上は同じ「総合性」という文言が使用されているが、果たしてすべて同じ意味を持つものなのか。その含意するものは時代やそれを要請する主体、受け手側となる自治体の行政体制や仕組み、問題背景などによって異なるのではないか。「総合性」は、語句自体が持つその広範かつ曖昧なニュアンスに、その時々の中央政府の思惑を付加され、かつその実現を要請されてきたのではないだろうか。そうであるならば、この「総合性」という要素に着目することで、わが国における政策実施にかかる中央地方関係について、長期の時間軸に対し俯瞰の立場から一つの視点を提供することができると考えられる。

結論を先取りすれば、「総合性」とは、わが国で近代的地方制度が確立した明治初期から現代まで、時代の変遷の中において幾度も中央が主導・想定し、自治体行政に要請してきた特質である。しかし、その性質や背景として意図されたものは時代によって変容しており、また、その要請されてきた局面も時代によって異なっている。このことを踏まえ、本章では、明治初期から現在に至るまでを戦前期と戦後期に大きく区分して検討を進める。概観すれば、戦前期における「総合性」とは、中央の統制や関与を高めるためのいわばレセプター（受容体）としての自治体を前提としてその実現が目指されていたのに対し、戦後期においては、そうした国の直接的な関与はやや後景に退き、事務分担や役割分担をめぐる中央地方関係において「総合性」という要素が求められてきたとみることができる。

2　戦前期

(1) 明治初期——知事個人に付された「総合性」

わが国の近代的地方制度が確立したのは明治初期であるが、当初から「総合性」が地方制度上、組織体に要請されていたわけではない。以下で検討するように、府県という団体にではなく、知事という役職、属性に広範な権限が付され、包括的な委任がなされることを通じて「総合性」が要請されていたとみることができる。

国の機関たる普通地方行政官庁としての府県知事が設置され、その身分・地位および職務権限に関する法制上の整備がなされたのが一八八六年（明治一九）七月公布の地方官官制においてであった。この時の府県知事の職務権限は、普通地方行政官庁として広範かつ強大なものであり、地方行政の中心的役割を果たすこととされていた。一八九〇年（明治二三）五月、府県制が公布されたことにより、大日本帝国憲法下での府県制が確立するとともに、知事は自治団体としての府県の執行機関であり、かつ、市町村に対する監督官庁であることが明示された。

このように、地方制度創設期においては、知事という役職が自治団体かつ国の行政機関として擬制されていたのだが、このことは、組織体としての府県に与えられた自治が著しく制限されており、かつ、知事という役職を通じて府県を統制下に置こうとする中央の意図の表れであったといえる。府県行政は、知事と府県庁高等官に対する内務大臣の人事権を通じて統制されていた[(1)]。府県知事は内務官僚であり、地方団体の首長であるとともに国の行政機関でもあった。この知事が持っていた権限がより明確化されたのが一八九九年（明治三二）の府県制の全部改正である。

一般的に、この時の府県制全部改正では府県の法人としての性格が明文化されたとともに、自治団体でもあることが明記された点、また、新たに府県行政の章が起こされ、国の事務に属さない行政についての執行機関の組織および職務権限が明示されたことなどから、府県の自治団体的性格を明確にしたものとして理解されている（佐藤 二〇〇四）。くわえて新設された第七八条では、「府県知事ハ府県ヲ統轄シ府県ヲ代表ス」とされ、府県の代表・統轄権が知事に専属することも明示された。知事の担当する事務としては、(1)府県費をもって支弁すべき事件を執行すること、(2)府県会および府県会参事会の議決を経るべき事件につきその議案を発すること、(3)財産および営造物を管理すること、但し特にこれに管理者があるときはその事務を監督すること、(4)収入支出を命令しおよび会計を監督すること、(5)證書および公文書類を保管すること、(6)法律命令又は府県会もしくは府県参事会の議決により使用料手数料府県税及び夫役現品を賦課徴収すること、⑺その他法律命令により府県知事の職権に属する事項とされた(亀卦川 一九七七)。(2)

長の統轄および代表権については、現行地方自治法第一四七条にもその規定があるが、そもそもこの条文については旧制度の用語上の手直しをしたに過ぎず、内容的には旧制度をそのまま踏襲したものである。ここでいう統轄とは、「地方公共団体の事務全般について、地方公共団体の長が総合的に調整し、相互に齟齬のないよう取り計らうこと」(佐藤 二〇〇四：一四六)、あるいは「上級行政機関が下級行政機関を、または行政機関の長がその職員を、指揮し総合調整すること」(室井・兼子 一九七八：一二五)を指す。

ただし、戦前の旧制度と戦後の地方自治制度における「統轄」は、文言としては同一ではあっても、その内容は同一ではないとの指摘もある(佐藤 二〇〇四：一四七)。つまり、戦後の地方自治制度においては長と議会による二元代表制および執行機関の多元主義が採用されているのであり、その点で戦後地方自治制度における「統轄」とは、長の個別具体的な権限を定めるものではなく、むしろ長の地位を示す抽象的概括的な権限を指すものであるとされる。このことは、逆説的に見ると、戦前の「統轄」がいかに地方行政における一体性の確保という点において重大かつ広範な権限であったかを指し示すものであるといえる。

知事が広範な事務を管理していたことは地方官官制第五条、第六条(大正一五年全部改正)からも窺うことができる。

第5条　知事ハ内務大臣ノ指揮監督ヲ承ケ各省ノ主務ニ付テハ各省大臣ノ指揮監督ヲ承ケ法律命令ヲ執行シ部内ノ行政事務ヲ管理ス

第6条　知事ハ部内ノ行政事務ニ付其ノ職権又ハ特別ノ委任ニ依リ管内一般又ハ其ノ一部ニ府県令ヲ発スルコト

ヲ得

官吏たる都道府県知事は部内の行政事務を広く一般的に担任し（包括的委任）、普通地方行政官庁として他の官庁に属しない一切の国の行政事務を管理した。府県知事は、これらの事務については府県令を発することができた(3)。特に初期においては、特別行政官庁の種類が少なかったこともあり、監獄や国税徴収の事務なども知事の所管に属していた（大霞会 一九八〇）。中央各省は、地方における事務を個別の出先機関を設けずに地方長官を通じて執行するのが原則だったからである。

その他、出兵の要請、下級行政庁の指揮監督、所部の官吏の統督、分課の設置、警察署の位置・名称・管轄区域を定めること、支庁出張所を設けることもできるなど、まさに広範かつ強大な権限を有していたといえる(4)。

このように、地方自治制度創設期である明治期においては、府県という団体にではなく、知事という役職、属性に広範な権限が付され、包括的な委任がなされていた。なぜ知事という役職に対しこうした権限が付されたのかについては、わが国においては、国と地方公共団体との間に明確な一線は引かれておらず、むしろ「両者が渾然一体化」（大霞会 一九八〇：一一七）していると指摘されることにその鍵があると考えられる。すなわち、わが国では、府県市町村などのどの段階をとってみても、国の行政区画と地方団体の区域が一致していないものはなく、このことから府県市町村は地方団体であると同時に国の行政区画でもあるという性質を持つ。くわえて、内務省は知事および府県庁高等官に対する人事権を通じて、府県行政を統制していた。同様に、市町村に対しても、国―府県―市町村という縦のラインのもとで、内務省や知事の意向を受けた府県の官吏が市町村行政を指導・監督することで、末端に至るまでの集権的体制を構築した。つまり、府県知事や市町村長がすべて地方団体の長であると同時に、実質的にも国の行政機関でもあるといえるからである。

当然のことながら、府県知事の有したこれら広範かつ強大な権限は、下級官庁や域内の諸団体に対するものであり、内務省その他中央各省に対する関係においては発揮されるものではなかった。視点を変えれば、それは自治団体かつ国の行政機関として擬制されていた知事という役職を通した、中央による地方統制であると同時に、知事の個人的権限を起点とした地方行政の総合的実施の志向であったといえよう。

なお、長の管理執行する事務に関しては、地方自治法では第一四八条に規定されたが、一九四七年（昭和二二）の一部改正によって全文が改められた。これにより、戦前からの流れを汲んで知事に包括的委任されていた「部内の行政事務」に関する権限が、地方公共団体の事務に切り替えられた。すなわち、この改正によって、これまで知事個人に委ねられていた総合的行政事務の実施が、組織としての地方公共団体の事務となったといえる。このことから、本章での分析についても、戦後期については中央地方間の事務配分の観点から地方行政の総合性について検討していくこととする。

（2）昭和初期から戦時期──時代の要請および内務省の地位保持のための「総合化」

明治期に創設された地方自治制度は、その後のわが国が置かれた社会的環境の激変により、次第に目的や制度、仕組みの変容を余儀なくされていった。とりわけ、一九三一年（昭和六）の満州事変以来、国内の非常時色が強まるなかで、その動きは地方においては市町村行政の経済化と総合化として、中央においては執行権の集中強化として表出した。

自治体の経済化については、それよりも早く、一九二七年（昭和二）に田中内閣が行政制度審議会を設けた際に既に議論の遡上にのぼっており、幹事会案として農会・産業組合等を市町村に統合することが示されていた（大霞会 一九八〇）。これは、市町村長は地方自治団体の代表者として、区域内の行政全般に対し総合的運営をすべきとする論調と歩を合わせる形で主張されたもので、当時の社会で求められていた低費高能率の行政を実現すると目されたためであった。この総合化、経済化の動きを制度的にみると、一九三五年（昭和一〇）の地方官制改正によって府県に総務部および経済部が設置され、一九四二年（昭和一七）には地方事務所の設置、その翌年には地方行政協議会が設置されるとともに、市制および町村制改正によって、市町村長に区域内行政に関する各種団体等に対する総合的指示権が付与されたことなどが挙げられる(5)。

地方事務所は、支庁の管轄区域および市の区域を除いた区域における府県の事務の一部を分掌させる目的で、各府県内の主要地におかれた。地方事務所長は地方事務官をもって任じられ、知事の指揮のもと、知事の定める地方事務所主管の事務を受け持った。

また、地方行政協議会は、地方における各般の行政の総合連絡調整を図るため、全国を九つのブロックに分けて設置された。会長は協議会所在都府県の長官があてられ、当該地方の地方長官その他の官衙長が委員を構成し、会長は関係官衙に対して、資料の提出・説明・その他の共助を求めることができる仕組みとなっていた。

これらはいずれも内務省の主導により推進された自治体の総合化ないし経済化の表れであるが、その背景には、戦時下における自治体内の各種団体の統率を図り、集権化、命令の一元化を進めることで総力戦へ向かわせようとする時代の要請があるといえる。くわえて、ここには中央における内務省自体の地位凋落を阻止しようとする思惑も働いていたとみることができる。

この思惑について、斉藤は、行政の専門分化が進む当時において、これまでの〈内務省―府県モデル〉を維持しようとする勢力によって自治体行政の総合化が推し進められたものと分析している（斉藤 二〇〇五）。すなわち、戦時経済統制によって大蔵省、商工省、農林省などの経済官庁の役割が増したことなどにより、社会・経済政策の専門分化が進むことになったのだが、この結果として、地方行政の現場における内務省以外の各省の及ぼす影響力が強まることとなった。従来から地方官人事は内務省が握っていたため、他の各省においては地方行政に関与できる面が少ないことに対し、不満が募っていた。(6) そこで、各省は戦時下における政策の滞りない遂行を狙いとして、財務局の新設など特別地方行政官庁の設置・拡充を行い、こうした出先機関を通じて地方行政における発言力の増大を狙った。これにより、地方行政における総合性をもっぱら担保してきた地方長官の役割は相対的に低下・縮小し、この専門分化のベクトルが〈内務省―府県〉モデルを脅かしたとする。したがって、従来の〈内務省―府県〉モデルを維持しようとする勢力が、内務省以外の各省によるこうした専門分化の流れに抵抗し、その結果として自治体の総合行政の重要性が主張されたと考えられるのである。

これはまた、自治体における総合行政を背景に、中央レベルでの内務省の総合調整機能を維持しようとする試みでもあった。一九三八年（昭和一三）、厚生省官制により、内務省の社会局および衛生局を前身とする厚生省が創設された。これは当時、戦力増強のための国民の体力向上という課題に対応するためであったが、保険衛生指導のための独自の出先機関である保健所を持った厚生省の内務省からの独立は、内務省の中央における所管行政の縮小に加え、地位の低下をもたらした。これを阻止しようとする動きは、内務省高官らによって主張された「地方行政の総合化」に関する言説のなかに、そのいくつかを見て取ることができる。これらは、他の各省との任務、位置づけの違いを強調し、そこから内務省の独自性を導こうとするものである。各省の任務や関心は「中央地方を通ずる特殊行政部門の発展」（古井 一九三八）(7) のみであるのに対し、内務省だけが地方行政のためにそれを監督する任務を負っているとする。つまり、行政の実施レベルにおける総合性を確保する必要性を強調し、このことを背景として、地方行政における総務省へと役割を転換することで自らの存在意義を持ち続けようとする趣旨であったといえよう。

3　戦後期

（1）戦後改革から五〇年代の制度再構築へ——市町村の自主性・責任に基づく「総合性」

敗戦によってアメリカの占領下に入った日本では、これまでの軍国主義が否定される一方で、民主化の下での新たな制度構築が一気に進められた。そのうち、地方制度における改革は、占領軍総司令部で政治改革を担当した民生局と、内務省との間の激しい綱引きのなかで進められたが、その最大の成果は、知事公選を契機とした府県の完全自治体化と内務省の解体として表出した。民生局は、日本の民主化における分権化を重視していたため、とりわけ中央集権の要にあると目された内務省と、その地方支配の主要手段としての知事の任命制の廃止が必須であるとされた。これは、とりもなおさず、〈内務省—府県〉モデルの解体に他ならなかったのである。

天川は、〈内務省—府県〉モデルが崩壊した後の五〇年代には、地方自治制度を再構築しようとする三つのモデルがあったと指摘している。そのうちの一つのモデルは、シャウプ勧告の提出したものであり、税制改革と関連して、中央政府・府県・市町村の三つのレベルの政府の関係を相互に分離させて政府間の関係を再構成しようとするものである。(8)

シャウプ勧告に基づいて設置された地方行政調査委員会議（神戸委員会）は、同勧告で明示された事務の再配分に関する三原則（行政責任明確化の原則、能率の原則、市町村優先の原則）を受け、一九五〇年（昭和二五）一二月の「行政事務再配分に関する勧告」および翌年九月の第二次勧告（神戸勧告）のなかで、この三原則の具体化を行っている。

神戸勧告においては、事務の再配分を具体化する前提として、次のように述べている（地方行政調査委員会議 一九五二）。

「国家的にも影響があると同時に国民の身近かにおいてその意思により処理されなければならない多数の事務について、従来は、国の事務という建前を採り、地方公共団体又はその機関にその一部を委任しその処理を義務づけるとともに国は指揮監督権を行使するという方法が採られていた。しかし、このような方法のもとにおいては、国、府県又は市町村のどの単位に責任があるかが不明確であり、その結果国民がその支払った税金がいかにして有益且つ貴重な行政の形をなして自己に帰って来るかを理解することを不可能にしていた。したがって、今回の事務の再配分にあたっては、国と地方公共団体とが共同しつつ、いかにして責任の明確化を図るかという点に重点が置かれたのであって、ここに新しい国と地方公共団体との関係が確立されなければならないゆえんがある」。

こうした前提に立った上で、同勧告では、中央から地方への行政事務の委譲、行政責任の明確化、中央から地方への権力的監督の廃止が主張されている。つまり、(1)地方公共団体またはその住民のみに関係があり、他の地方公共団体に対する影響も国家的影響も少ない事務については、地方公共団体が、その遂行と自らの財源によってまかなうことについて全責任を負い、国家は原則として関与すべきでないこと、(2)地方公共団体の事務で国家的影響のあると認められるものについても、どのような事務を、どのような形で行うかという発意は、地方公共団体が自ら行うことが望ましいのであるから、法令による処理の義務づけは必要最小限でかつ主として最低限度の水準を定める程度にとどめるべきこと、その場合、国は情報を公開し、援助もしくは助言・勧告を与え、著しい不均衡を調整し、最低水準の確保を図るが、権力的な監督は行ってはならないこと、(3)同時に国の責任とされた事務を地方公共団体に委任することができる場合は、必要やむを得ない最小限度にとどめること、が述べられている（藤岡 一九七八）。

このように、シャウプ勧告および神戸勧告では、一つの事務を一つのレベルの政府に完結的に割り当てることが主張されているわけだが、この前提として、日本の政府間関係の複雑さと、そこから生じる責任体制の欠如に対する危機感があったと考えられる。したがって、この是正のため、事務配分原則の一つとして「行政責任明確化の原則」が強調されたといえよう。つまり、これらの勧告においては、行政責任の明確化を実現するためには、戦前期に行われていた中央から地方自治体への権力的関与を廃し、市町村の自主性と責任が尊重されるべきであり、こうした観点から、地方自治体の行政事務の総合化が要請されていると見ることができる。

ただし、神戸勧告では行政事務の再配分における総合化の問題は正面から議論されているわけではなく、各論展開のなかで触れられているに過ぎない。このため、同勧告における総合化の議論の限界は、個々の行政事務内部での総合化をうたっているに過ぎず、行政事務間での総合化には重きが置かれていなかった点であるとも指摘される（藤岡 一九七八：一〇四）。

こうした限界を抱えていたこともあって、シャウプ勧告、神戸勧告で主張された、市町村の自主性と責任に基づいた総合性の議論は、以後の議論に直接的に引き継がれることはなかった。その一方で、神戸勧告では地方自治の強化と市町村優先の原則から、国の存立のために直接必要な事務を除いて地方公共団体の区域内の事務はできる限り地方公共団体の事務とすることとし、また地方公共団体の事務は原則市町村に配分するということを明示した上でこれを実現するために市町村の規模の合理化が示されたが、こちらの考えが以降の総合性の議論においても引き継がれていったと見るべきであろう。

明治期以来、行政統制を主な手段とする大陸型の地方自治制度を根幹としてきたわが国においては、包括的授権に基づき自治体行政を実施するため、市町村の規模の合理化が推し進められてきた。いうならば、国の要請する「総合性」を実現し得る体制として、大市町村主義が採用されてきたのである。自治体が総合行政主体であればあるほど、財政的にも行政的にも国の関心は高まり、実施段階における国の介入を招くことになるが、これはむしろ、行政統制による国の介入を前提としていたからこそ、自治体の総合行政主体化が進められたと考えられるのである。

(2) 第九次地方制度調査会答申――事務配分原則における「総合性」

こののち、総合性ないし行政の総合的処理が前面に打ち出されたのが、一九六三年（昭和三八）の第九次地方制度調査会（以下、第九次地制調）答申である。

「行政はできるだけ住民の身近なところで住民の意思を反映しながら、住民の批判と監視のもとに行われなければならない。また、行政は相互に関連を有する事務が地域において総合的に処理されることが、その能率の上からも、住民の利便の上からも必要である。この行政の民主的処理と総合的処理を確保するためには、国、都道府県及び市町村間の事務の配分に当たって、国よりも地方公共団体なかでも市町村を優先させるべきである。このことは、同時に日本国憲法及び地方自治法の精神に合致する」。（傍点は筆者）

このように、総合的処理の原則が能率性の原則および市町村優先の原則の根拠ないし前提として置かれていることは注目に値する。この流れを引き継いだのが第一次および第二次臨調答申であり、ここに至って総合性の原則は事務配分の原則の一つに挙げられることとなった。これが事務配分の原則における、事務配分論から機能分担論への転換といわれるものである（塩野 一九九〇）。すなわち、規範定立、方針・計画・基準等の策定・設定、個別規制、財源措置、事務・事業の執行・実施等の複雑な一連の行政過程のうち、各段階の行政主体がこれら機能をどのように分担するのかが主な論点とされ、政府間関係の密接な実態を制度的にも表現すべきとするものであった。つまり、第九次地制調で強調された、自治体行政における総合性とは、こうした非常に高度に融合した政府間関係の現状を前提としたものであったと捉えることができる。

この点について、塩野は一元的配分方式と多層的配分方式の違いから、日本における特徴を指摘している（塩野二〇〇二）。一元的配分方式とは、事務について国、都道府県、市町村を問わず、できるだけ一つの団体に専属的に割り振るものであり、シャウプ勧告が志向した方式である。一方、多層的配分方式とは、一つの事務を国、都道府県、市町村の複数の団体に割り振るものであり、日本ではとりわけ実務面において長くこの方式に重点が置かれてきた。それは、明治憲法のもとにおいて、この方式が団体委任事務という形でとられてきたという歴史的事情に加え、国家行政の増大を国の出先機関によって処理することに伴う国家行政機構の膨張の防止や、現代における行政上の事務の遂行に関しては、国、都道府県、市町村の協力関係が必要であるという、機能分担論の主張に由来するとしている。しかし、こうした中央地方関係において高度に融合した事務の遂行が、中央地方間の複雑な関係を招き、ひいては地方公共団体の自己決定の幅を狭めることにもなったとする。

すなわち、第九次地制調で語られた「総合性」においては、あくまでも事務分担上の高度に融合した中央地方関係が前提とされていたのであり、そこでは市町村の自主性は重要視されていなかったことが窺える。このことは、当時が高度経済成長期のただなかであり、全国総合開発計画に基づいた全国的な開発政策が進行している最中であったことから、「地方公共団体の区域をこえた広域的処理を要請するもの」（地方自治研究会 一九七〇）が増えたこと、つまり「行政需要拡大の傾向と行政処理における広域性及び均等性の要請」がここ一〇年余りにおける大きな変化によって起こっているという、同答申の認識からもみてとることができる。国主導の開発事業の増大とともに、河川管理、道路管理など知事管理権限の国への吸い上げがなされ、特殊法人が乱設されるなど、新中央集権の時代を迎えていた当時からすれば、こうした変化の認識は当然とも解せる。中央省庁の地方出先機関が全国に設置され、事業実施の面において国が地方への関与を強めていったことから想定できるのは、ここで前提とされていたのは開発行政、広域行政における中央集権的な中央―地方関係の再構築であって、地方自治体において完結する総合性ではないということである。すなわちこの時点で、シャウプ勧告、神戸勧告で主張されていた市町村の自主性と責任に基づいた総合性の議論からは明確に分離していったとみることができよう。

（3）地方分権一括法による地方自治法改正――国と地方の役割分担論

国と地方自治体との関係性について、事務配分または機能分担という視点に代わり、国と地方自治体の役割という用語が用いられるようになった契機は、一九九三年（平成五）六月の衆参両院における「地方分権の推進に関する決議」である。これ以降、地方分権推進法の制定、地方分権推進委員会の勧告（第一次から第五次）へと続く流れのなかで、国と地方自治体の役割分担という考え方が次第に根付いていくこととなった。このことは、たとえば地方分権推進法第二条において「地方分権の推進は……、各般の行政を展開する上で国及び地方公共団体が分担すべき役割を明確にし」と規定していることからも明らかなように、この折に目指されていた地方分権改革において国と地方の役割分担が明確になされる必要があり、かつ、それが地方自治の充実強化の理念にも沿ったものでなければならないとする考えに基づくものである。

こうした流れが結実したのが、地方分権一括法によって改正され、二〇〇〇年（平成一二）四月から施行されている現行の地方自治法の規定であるとみることができる。これは、国と地方の関係を抜本的に見直すことを通じて、国と地方の新しい関係を構築しようとするものであるが、この点について塩野は、これまでの事務配分における機能分担の観念が、相互依存と協力を強調した結果として、国と地方自治体の関係を複雑、不透明にしたという経緯から、改正法においては役割分担の考えに基づき国の関与を限定するとともに、国・地方関係を透明な割り切れたものとすることを目指したものであると指摘する（塩野 二〇〇一：一七四）。

この改正によって、地方自治体の役割については、「地域における行政を自主的かつ総合的に実施する役割を広く担う」ということが明確に規定された（第一条の2）。その上で、国の役割については適切な範疇の概要が例示され、国はこれらに重点化すべきという方向性が示されるとともに、それ以外のものはできる限り地方自治体の役割とすることが基本とされた(9)。

ここにおける「自主的かつ総合的に実施する」ことの意味として、松本は以下のように説明している（松本 二〇〇九：二二）。すなわち、地方自治体が、行政の企画・立案、選択、調整、管理・執行などを、自らの判断と責任に基づいて、各行政分野間の調和と調整を確保しつつ一貫して処理することである。つまり、「自主的」とは、自らの判断と責任に基づくこと、すなわち「自己決定」と「自己責任」を原則とすることである。他方、「総合性」とは、関連する行政の間の調和と調整を確保するという総合性と、特定の行政における企画・立案、選択、調整、管理・執行などを一貫して行うという総合性との両面の総合性を意味するものだとしている。

この説明における総合性についての後段部分は、自治体行政における一貫した政策過程管理として比較的理解がしやすいものの、前段については、どのように関連する行政の間の調和と調整を確保するのかという具体的な部分については判然としない点も残るところである。ただ、これまでの融合的・機能的な事務配分が、多くの事務について国が企画・立案し、地方は基準に従って執行することを誘導してきたことからすれば、この役割分担の考えに基づき「自主的かつ総合的に実施」することの意義は大きい。すなわち、この改正によって自治体の側の自由度が高まり、自己決定・自己責任が問われるようになった。これはかつての機関委任事務が事務の多数を占めていた時代との訣別を意味し、企画から実施、評価に至るまでを自治体が責任を持って担う、政策形成主体としての「総合性」が求められるようになったことを意味している。

4　「総合性」のこれまでとこれから

これまでみてきたように、「総合性」ないし「総合化」という用語は、自治体行政の実施の局面において、明治初期から現代に至るまでほぼ一貫して要請されてきたということができる。また、それは自治体の側からその実現を要請してきたわけではなく、要請してきた主体はあくまでも国であった。ただし、そこに盛り込まれた意図、背景などは時代によってまったく異なるものであり、その点にわが国の政策実施にかかる中央地方関係の縮図が投影されているともみることができる。

本章では紙幅の都合上、地方分権一括法による地方自治法改正までしか扱えなかったが、この後、第二七次地制調答申においては、市町村合併の根拠としての総合行政主体論が展開されることになる。いわゆる所掌事務の拡大路線のなかで、事務のフルセット配分を採る当然の帰結としての大市町村主義が改めて主張されるのだが、これは、一方で制度的規格化としての統一性・画一性を求める自治制度官庁による要請と、他方で事業の多様化・分立化を求める政策官庁による要請が合わさった結果、自治体の事務事業の膨張を招き、そのことが地方総合行政を後押しする形になったともいえる。

また、第二九次地制調答申では、合併に至らなかった小規模市町村での事務処理を念頭に、市町村間の事務の共同処理の仕組みの拡充が提唱される。ここでは、かつて西尾試案で示された都道府県による垂直補完についてはいわば棚上げにされたままであったが、続く第三〇次地制調答申では「集約とネットワーク化」による基礎自治体レベルの総合行政主体性の強化に加えて、再度都道府県による垂直補完が提唱されることになった。

こうした近時の「総合性」をめぐる分析は別稿に譲るとして、最後に論点を一つ指摘しておきたい。基礎自治体に求められてきた事務のフルセット配分主義を捨て、水平連携や垂直連携がこれに代わる選択肢として位置付けられるのであれば、今後は行政のみならずさらに多様な主体との様々な連携が、自治体行政での実施の局面における「総合性」を実現させる鍵になるのではないだろうか。また、そうした多様な主体との様々な連携とは、国から要請されるのではなく、自治体が主体的に実現しうるこれからの「総合性」にかかる重要な要素の一つとなると考えられる。

注

（1）天川（一九八九）はこれを〈内務省―府県〉モデルとして整理している。その他、同様の指摘として黒澤（二〇一三）、市川（二〇一二）などがある。

（2）なお、府県知事が府県を統轄し府県を代表するというためには、府県参事会を行政機関ではなく純然たる議決機関とする必要があった。

（3）府県令は閣令や省令の下位法令としての効力を持つ府県知事の命令。罰金、科料、交流罰則を定めうるとされた。佐藤（二〇〇四）参照。

（4）このうち、特に下級行政庁に対する指揮監督権はそのまま地方自治法に取り込まれ、機関委任事務の根拠になったとされる。佐藤（二〇〇四：一六三）。

（5）各種団体が市町村長の指示に従わない場合、市町村長は当該団体の監督官庁の措置を申請することができるものとされ、市町村長に中心的・主導的な権限が付与された。

（6）文部省は府県の学務部長人事について、商工・農林両省は府県の経済部長人事についての改革をそれぞれ主張していた。

黒澤（二〇一三）参照。

（7）古井をはじめとする内務省関係者による同様の論説の解説は、このほか斉藤（二〇一二）に詳しい。

（8）その他のモデルとして、戦後改革によって壊された〈内務省―府県〉モデルの修復を図る方向を志向するモデル、戦後における府県の規模と性格自体を問題とする戦後版の〈内閣―道州制〉モデルが挙げられている。天川（一九八六）参照。

（9）地方分権一括法による改正以前は、国と地方自治体との役割分担についての規定はなく、地方自治体の役割については改正前の自治法2条の地方自治体の事務を定めた規定に包含されていたとみられていた。

参考文献

天川晃「変革の構想――道州制論の文脈」大森彌・佐藤誠三郎編著『日本の地方政府』東京大学出版会、一九八六年。

天川晃「昭和期における府県制度改革」日本地方自治学会編『日本地方自治の回顧と展望』敬文堂、一九八九年。

市川喜崇『日本の中央―地方関係』法律文化社、二〇一二年。

金井利之『自治制度』東京大学出版会、二〇〇七年。

黒澤良『内務省の政治史』藤原書店、二〇一三年。

斉藤誠「地方自治基礎概念の考証――総合行政と全権限性」『自治研究』第八一巻第一号、第一法規、二〇〇五年。

斉藤誠『現代地方自治の法的基層』有斐閣、二〇一二年。

塩野宏『国と地方公共団体』有斐閣、一九九〇年。

塩野宏『行政法Ⅲ』第二版、有斐閣、二〇〇一年。

塩野宏「地方自治の本旨に関する一考察」『自治研究』第八〇巻第一一号、第一法規、二〇〇四年。

大霞会編『内務省史第二巻』原書房、一九八〇年。

地方自治総合研究所監修、佐藤竺編著『逐条研究地方自治法Ⅰ』敬文堂、二〇〇二年。

地方自治総合研究所監修、佐藤竺編著『逐条研究地方自治法Ⅲ』敬文堂、二〇〇四年。

地方行政調査委員会議『地方行政調査委員会議資料』一九五二年。

地方自治研究会『府県制の現状と展望』自治論集第二六巻、一九六八年。

地方自治研究会『都市問題関係資料』Ⅱ、一九七〇年。

東京市政調査会編、亀卦川浩著『自治五十年史（制度篇）』文政書院、一九七七年（良書普及会一九四〇年発行の復刻版）。

藤岡純一「行政事務再配分における総合化原則――現代地方財政論序説」『立命館経済学』第二七巻第五号、一九七八年。

古井喜実「行政機構改革の一問題としての内務省の将来」『自治研究』一九三八年。

松本英昭『要説地方自治法』第六次改定版、ぎょうせい、二〇〇九年。

室井力・兼子仁編『基本法コンメンタール地方自治法』別冊法学セミナーNo.三六、日本評論社、一九七八年。

山下淳「事務配分・機能分担」『法学教室』No.一六五、一九九四年。

歴代知事編纂会編『日本の歴代知事』第二巻（上）、一九八一年。

第2章　自治体行政における官民パートナーシップ分析
――政策実施ネットワークと境界連結――

森　裕亮

1　自治体行政における官民パートナーシップ分析の手法刷新

官民協働やパートナーシップ（以下、ＰＰＰ）が、自治体行政の基本的なスキームとして浸透して久しい。横浜市のパートナーシップ協定が制定されてずいぶん時間が経つし、各自治体では市民協働条例に類するルール作りが進んできた。その理由として、財政的な理由もあるが、それ以上に地域問題解決や地域活性化を実現する上で民間アクターの協力がそもそも必要となってきていること、その協力によってより問題解決の質を向上させることがもう一つの理由としてあろう。

さて、こうしたＰＰＰについては、関与するアクター同士が何らかの関係、ネットワークを取り結ぶことになる。このネットワークがどのような形をとり、いかに継続され得るかが重要となる。ネットワークは自然にできるかも知れないが、そのうちいつのまにかメンバーが抜けていた、あるいは各々のメンバーの考え方が当初から変わっていたといった意図せざる変質に至る可能性をはらむ、本質的に不安定・不確実なものなのである。したがって、このネットワークを安定的なパターンとして生成し、期待されるパフォーマンスを上げるようにきちんと管理しなければならないのである（Goldsmith and Eggers 2004）。

そもそもＰＰＰにおいていかなるネットワークを形成管理するかという局面に焦点を当てることは，いわば「政策実施過程」のネットワークに着眼することを意味する。ＰＰＰを進展させるということは，参加団体の選別から関係の設計，それをアウトプットに繋げていくための作業を実践することである。まさに，実施そのものである。政策実施はもはや自治体単独で行う場面はどんどん少なくなってきており，民間とのインターフェイスを構築することでようやく達成される性質を帯びてきている。こうした面は行政学でネットワーク管理論として膨大な研究蓄積がなされてきたところだが，他方で，どんな管理行動がいかなるネットワーク構造を生成したか，官民相互の資源のやり取りと実際のパフォーマンスとの関係はあるのか無いのか，といった実体的な面の描出はあまり取り組まれてこなかった。そこで本章では，こうしたＰＰＰの実態描出の可能性を組織論で発展してきた「境界連結」アプローチに見出したい。

以下，最初に政策ネットワーク，とくに政策実施とネットワークについて先行研究を整理しつつ，政策実施過程におけるネットワークの特質を明らかにする。次に，官民ネットワークの分析における「境界連結」アプローチの有効性を論じる。境界連結概念の詳述，欧米を中心として展開している境界連結アプローチによる先行ＰＰＰ研究の整理を行い，境界連結アプローチの研究目的と方法の特徴を提示する。

2　官民ネットワークをめぐる諸議論

（1）政策ネットワーク

官民ネットワークを考察するにあたって，政策ネットワークの概念にまずは触れざるを得ない。政策ネットワークは、一九八〇年代頃から欧米を中心に展開してきた政策過程の分析ツールである（風間 二〇一三）。社会政治問題の相互依存性・複雑性の増大や、社会の組織化の進展と政府の分権化と分節化が進展する中、公共部門と民間部門の境界の曖昧化とともに、民間の政策実施への参加が進んできたというような官民関係をめぐる大きな変化が政策ネットワークへの関心の高まりの背景となった（Kenis and Schneider 1991）。政治学、政策科学、そして組織間関係論が合流して政策ネットワークの議論に発展してきた（Klijn 1997）。

政策ネットワークは、大きく分けて英米で発展してきた概念とドイツやオランダで展開してきた概念と各々特色が異なる（Börzel 1998：風間 二〇一三）。ここでは、オランダ系だが包括的なクリンの定義、「諸政策問題ないし政策プログラムをめぐって形成される、相互依存するアクター間の多かれ少なかれ安定した社会的関係のパターン」（Klijn 1997）に従っておこう。つまり、政策問題等をめぐって相互依存するアクターの存在、それらのアクターが官民を含めた多様なものであること、そして少なからずアクター間関係が継続的であることがその特徴として一般化し得る（同上）。言い換えれば、ある政策問題を官民のアクターが自主的に資源を持ち寄って解決する関係性（風間 二〇一三）である。

ネットワークはいろいろなかたちをとり得るが、政策ネットワーク論においては、そのかたち・内容については詳しく論じられてきた。最も有名なものが、ローズとマーシュ（Rhodes and Marsh 1992）が示した類型論である。(1)こうした類型論はともかく、政策ネットワークが指し示すのは、公共的な政策問題の解決に向けて相互依存する官民の協働関係を捉えることである。現実にこうした協働が各領域でその形状を異にしながら形成されてきていた、その状況を解明・分析するための概念として登場してきたのである。

(2) 政策実施とネットワーク

政策ネットワークの概念は、前出の定義でも明らかだが、先行研究では官民アクターの相互作用過程そのものを描こうとしている特性があり、政策の形成から実施まで過程全体をその理論的射程としてきた。つまり、政策過程の各段階でネットワークの形状とか特徴を緻密に論じてきたわけではないのである。政策のアジェンダ設定も決定も実施も、各々混交して議論されてきたと言えよう。

もちろん、本書が焦点とする政策実施過程においても、官民のネットワークはいろいろな形で広がっている。では、この実施過程におけるネットワークはどのような特徴を持つものと捉えることができるだろうか。実施過程におけるネットワークは、政策形成や決定過程のそれと大きく異なる(真山 一九九四)。というのも、政策形成や決定においては、様々な利益集団が政策形成・決定の場面に参加し、影響力を行使するような動態的なネットワークが存在し得る。一方、政策実施段階は、実は形式的な政策が定められた後の過程であり、そこへの参加者は政策によって、その範囲、行動、影響力等を規定されている。つまり、政策(法令等)によって実施過程に参加することができるアクターとその参加方法が予め決められている、いわば過程そのものが構造化されているのが実施過程の特徴なのである。だからこそ、形成や決定過程のように、参加アクターがゲームやバーゲニング、調整と妥協を展開することはなくはないだろうが、そこではどちらかというと「管理過程」の面が大きいと見るべきである(同上)。

政策実施過程は、他の過程と比べて、その課業が狭くかつ具体的であり、またネットワークの行動がより特定目的に基づくものであるから、とりわけアクター間の共通目的を発見し、定着させておく必要がある(O'Toole 1997)。別の面から言い換えれば、政策実施研究においては「実施構造」(Hjern and Porter 1981:今村 一九九五)が政策実施に作用する点を論及してきたが、構造化される参加アクターをいかに設定し、適切にアクター間の行動と関係の調整を行うか、言い換えれば、参加アクターの協力をどう調達するかが実施過程では重要な事柄となる（O'Toole 2007）。それが政策実施の成否に直接間接に結びつくからである。

（3）政策実施ネットワークと管理

したがって、政策実施過程におけるネットワーク（以下、政策実施ネットワーク）について考究するとき、その維持・調整、つまり「管理」をめぐるアクター同士の行動が焦点になる。そもそもネットワークは勝手に適切な状態が維持されるのではなく、何らかのかたちで人為的な処置が必要である。きちんと管理しなければ、期待されるパフォーマンスを実現することは難しいだろう。その意味で、主として行政学の分野ではネットワークの管理の手法について様々に検討されてきたのである。

さて、誰が「管理者」となるのか。根源的には参加者のうち誰が管理の中核になってもよい。管理の仕事を誰かと誰かが共有してもよいだろう。ただ、ネットワークを維持する資源の調達能力、そして反対意見を緩和する正統性という面で、行政（ローカルレベルでは自治体行政）が適切かつ現実的であるとされる（Kickert and Koppenjan 1997：真山 二〇一二）。では具体的に行政部門はどのように管理に携わるのか、ネットワーク管理でおおむね共通する能力・機能は何だろうか。

政策実施のみではないがネットワーク管理の内容を論じ、多くのネットワーク研究でよく引用されるキッケルトとコッペンヤン（Kickert and Koppenjan 1997）は、参加者の確定とか仲介機能等ネットワーク内部で相互作用を管理する「ゲームの管理」と、ネットワークを形成する制度編成を構築再編する「ネットワーク構築」をネットワーク管理の二つの様式としている。また、日本の地方レベルを前提にしてネットワーク管理の機能を整理した真山は、自治体行政がネットワークを設計、管理するときに留意すべき要素として、⑴問題の明確化と明確な目的の設定、

⑵アクターの選定とアクターの特性の理解、⑶合意形成メカニズムの設定、⑷管理ツールの整備、⑸アカウンタビリティの確保と評価システムの確立、⑹ネットワークの構造と機能の公式化を整理した（真山 二〇一二）。

ここで各議論に共通して重要なのは、明らかに伝統的な階統制型の「権威」を発動できないという点である。権威とか指揮命令による管理はネットワークを弱めてしまう恐れがある（O'Toole 1997）。だからこそ、行政官は、自分に権威があると思わず、ネットワークの様態に目を見張りつつ、ネットワーク内の信頼形成と協力調達、そしてネットワークの構造改善を行うことが重要なしごとなのである（ibid.）。

こうした機能はいつでもどこでも同じように発揮されるのではなく、ネットワークの構造の特徴によって発揮され方は異なる点に着眼しなければならない。マンデル（Mandell 1990）と真山（一九九四）は、自発的なものか法令等を契機にしたものかでネットワークが帯びる構造特性の差異を論じているが、各々で諸アクターの協力調達をどのように図っていくか、戦略の重きの置き方にはバリエーションがあるというべきである。

3　政策実施ネットワーク管理と境界連結アプローチ

政策実施ネットワークは管理が重要な要素となる。したがって、ＰＰＰはその構成者の設計、構成者間の関係性を適切に管理しなければならないのである。さて、管理を自治体行政が担うとしたとき、実際ＰＰＰはどのようにつくられていくのだろうか。自治体行政がＰＰＰの管理を行いつつ、他方一緒にＰＰＰを構成する民間アクターはどうそれに対応し、行動を決定するのだろうか。これまでの行政学では、ネットワーク管理論は盛んに論じられてきたが、その実証研究が少なく（Kickert et al. 1997）、かつＰＰＰそのものを立体的に理解する研究はほとんど進められてきていない（Meerkerk and Edelenbos 2014）。どうやって管理が進み、官民のインターフェイスが作られ、各アクターはどのようにそれらを受容し協働に至るのか。そうした動態を解明することで、ＰＰＰの実態を素描しつつその評価を蓄積していくことが、学術的にも実務的にもＰＰＰ論の進展と深化に役立つ。そこで、ＰＰＰの立体的動態的描写に資すると考えられる「境界連結」概念に着眼することとしたい。

（1）境界連結の概念

境界連結（boundary spanning, boundary role）とは、もともと組織論、組織間関係論で盛んに用いられてきた概念である。端的に言えば、自組織と外部環境（他組織等）の境界（接点）に位置し、自組織と外部環境とを結びつける役割のことで、その役割を担う人のことを「境界連結者」[2]（boundary spanner, boundary role personnel）という。組織間関係は、いうまでもなく「組織」と「組織」の関係のことだが、その関係の動態は実際には各組織メンバーが形作っていく。組織を単体として組織間関係を捉える中範囲分析よりも、もっと実態に深入りしてミクロレベルの分析を試みるという研究上のもくろみがこの概念にはあるといえよう。

境界連結を担う人々は本当に様々である。たとえば、組織のトップも境界連結者となる。組織のトップ間協議や意思決定は日常茶飯事であるし、トップだからこそ外交を本務とするのは当然のことである。ただ、組織論の世界では、どちらかというと組織内の各部門同士の関係が議論のメインであった。たとえば、マーケティング部門、販売営業部門、調達部門、人事部門、広報ＰＲ部門、労使関係部門（労働組合との関係）がよく取り上げられる分野である。各部門でも部門のトップから中間管理職、現場担当者それぞれが境界連結を担い得る。

境界連結者は、一般的には情報処理機能と外部代表機能をもつとされる（Aldrich and Herker 1977：山倉 一九九三：Aldrich 2008）。情報処理機能は、相手組織から得た情報を処理して組織内部に提供することである。組織内で扱う情報量をコントロールしたり、生のデータを利用可能な形に変形したりすることで、情報処理のコストを抑え

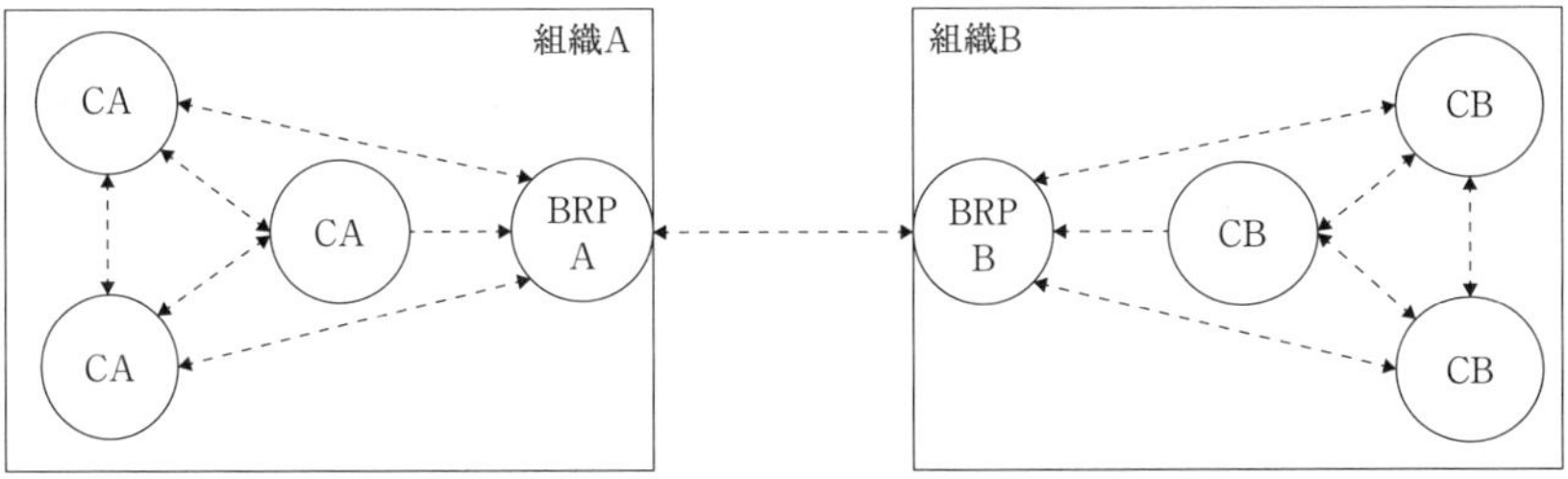

図2－1　境界連結をとりまく構造（Adams（1976）を改変）

BRP＝境界連結者（Boundary Role Personnel）、C＝組織内構成者（Constituent）

る。外部代表機能とは、相手組織の情報や資源を得たり、その中で相手組織と交渉や協議を行ったりすることである。協定や契約を締結する際の交渉とか関係者間の情報交換等、ここには様々な例がある。また、ＣＭ等が明快な例だが、広報を通じて組織の正統性を外界へ主張することもここに含まれる。

境界連結者は、業務上外部との接点をメインとすることになるが、あくまで所属組織の一員として行動することになる。したがって、境界連結者は、まったく自由に行動できるというわけではない。境界連結者の仕事に作用する変数としては、アダムズ（Adams 1976）が参考になる。境界連結者個人属性、与えられる役割特性、そして所属する組織の特性があり、さらには境界連結者と他の組織内のアクター（C）との個人あるいは役割間の関係、そして他の境界連結者との関係といったことを挙げることができる（図2-1）。境界連結といえば、外部との関係がどうしても目立ってしまいがちだが、組織内のメンバー（C）とも調整する面がある。Cとして大きな影響を持ちうるのは直属の上司を含めた上級管理職である。同僚との業務分担という影響経路もあろう。

こうした境界連結は、すでにどういったプロジェクトを行うか、そのスキームや内容が決定されて以降の段階で展開される組織間関係に焦点を当てる概念といえよう。そもそもネットワークを形成するか否かを決める状況ではなく、ネットワーク化の方向が決定されて境界連結が発生するからである。その意味で、具体的な事業やサービスを生み出していく実施段階のネットワークの分析に適した概念なのである。

（2）ＰＰＰにおける官民間の境界連結

(1) ＰＰＰ事業における境界連結

境界連結とは、それを担う人が組織同士の境界にあって、他組織との関係を形成維持するために、他組織に働きかける局面が大きな特徴であるといえる。組織論によれば、情報処理とか交渉・情報交換がメインの機能なのだが、具体的には組織同士を連結する様々な役割がここに該当しよう。その意味で、時点によって境界連結者同士が果たす役割は、各々違うものとなり得ることが十分想定される。

官民ネットワークの世界に境界連結概念を当てはめてみると、仮に行政部門がネットワークの管理者として民間アクターと対峙することになれば、ＰＰＰ事業の担当者は純然たる管理の局面で境界連結に対峙することになる。一方で民間アクターの担当者は行政部門の管理を受けて、それに対応するという面で境界連結に向き合うことになる。行政担当者の考えに提案を出すかもしれないし、より積極的に情報交換を行ったりするかもしれない。場合によっては、行政部門が民間部門に依存せざるを得ず、ネットワークにおける民間部門担当者のパワー（発言力）拡大に繋がってＰＰＰ事業が変質する可能性もある。また、アダムズの整理のように、組織内外の諸変数の影響を受けることになる。たとえば、行政担当者がどのような業務分担を持っているか、上司との関係の特徴は何か、ということが管理行動に影響し、またそれが民間サイドの境界連結者との関係にも波及し得る。このように、境界連結の概念を活用することで、ＰＰＰ事業の内部で官民のネットワークがどのような特徴を持ち、どんなパフォーマンスをもたらしているか、またそこでの課題を立体的動態的に描き出すことができるのである。日本では、まだこの種の研究はほとんど進んでいないが、まだまだ歴史は浅いものの、欧米、とくにヨーロッパで着眼され始めている

状況にある。(3)

(2) 欧米での発見

このアプローチが興味深いところは、境界連結機能どうしがどのように関わっているかを描き出す部分である。その意味で、ネットワークに関係する官民にわたるアクターに事情を訊ねる調査法が用いられることが特色である。例を挙げると、メールケルクとエデレンボス（Meerkerk and Edelenbos 2014）は、オランダの都市開発の領域におけるＰＰＰ事業に参加するアムステルダム市等四つの市自治体のプロジェクト管理者と二つの民間企業の管理者（トップは除いている）に質問紙調査を行った。彼らは、「境界連結」について情報の処理とやりとりの面に着目しつつ、(1)ネットワークと自組織間の適切な情報交換、(2)ネットワークにおける組織間の持続的関係の形成維持、(3)ネットワークの展開と自組織のワークプロセスとの連関を有効にすること、(4)ネットワークにおいて他組織にとっての重要な事柄を理解すること、(5)時機を逃さずネットワークに自組織を動員していくこと、の五つを「境界連結行動」と位置づけている。これらの項目は、官民の管理者に対する質問としてそのまま活用されている。調査では、こうした活動を行う人物がＰＰＰにどれくらいいるかという訊き方をしているが、官民にかかわらず境界連結行動を行う人がたくさんいると認識されているほど、ＰＰＰのパフォーマンスは高くなるという結果が示されている。興味深い研究なのだが、残念ながら市自治体と民間企業の管理者は各々どんな境界連結活動を行ったのか、現実にどうやって境界連結のプロセスが進展したのかということがわからないままなのである。

こうした局面を明らかにするには、もうすこしインテンシブな調査法が必要不可欠であり、事例研究を通じてインタビューを試みたり、参与観察を試みたりすることが重要なのである。そこで、実際ＰＰＰ事業の実施段階に焦点を絞って事例調査を行ったジョーンズとノーブル（Jones and Noble 2008）の研究を繙いてみよう。

ジョーンズらは、イギリスとオーストラリアの七つのＰＰＰ事業の実施段階に携わる官民の中間管理職に対してインタビュー調査を実施した。そこで明らかになったことは、まずは、ＰＰＰ事業実施段階の境界連結を取り巻く「管理環境の構造」をもたらす要素である。一つは、権威が存在しないこと（境界連結者は単独行動ができないこと）、タイムスケジュールの存在と各組織の上級管理職の高い関心の存在、そして境界連結者個人の出世等に絡む欲動（境界連結者が自らの職歴にプラスになれば努力する）である。

さらに見ていくと、そうしたＰＰＰに関わる境界連結者達は、行き詰まりを避けるためにＰＰＰに前向きな気持ち（"momentum"）でいられるかが重要であり、そのためには境界連結者どうしの信頼等に基づく親密な人間関係、そして「暗黙で、非公式な合意」が不可欠だということである。公式のＰＰＰの仕組み（法的な契約とか委員会組織等の構造）の一方で、こうした非公式の「社会心理的な契約」がＰＰＰへの前向きな気持ちを育てるのだという。ある自治体の管理職は、非公式な関係は、諸成果を早いペースで盛り上げるための唯一の方法だとし、「公式の委員会ではスローダウンするしかなく、ＰＰＰを管理できない」と指摘している。事実、ある事例では、ＰＰＰが委員会形式で進められていたが、ことあるごとに意思決定を委員会の場に委ねていたことが災いして、境界連結者同士の非公式の人間関係ができなかったのである。結局、境界連結者自身がＰＰＰに不案内のままとなってしまい、このＰＰＰ事業はタイムスケジュール通りに事が運ばなかったのである。成功したＰＰＰ事業の事例では、境界連結者同士が感情的な結びつきと相互信頼関係をもっていることが分かったのである。

こうした非公式の合意については、全て境界連結者同士の前向きな姿勢だけで達成されるのではなく、境界連結者自身のキャリアパス関心が大きく影響する。与えられた職務を全うすることが出世に繋がるならがんばるのである。くわえて、境界連結者の上司がＰＰＰの遅れや欠損に敏感な場合、前に出てＰＰＰの進展に繰り出すこともあるという。ある上級管理職の人は「みんなにフラストレーションがたまっていたり、疲れていそうなとき、私の仕事はラグビーのコーチのようにみんなを励ますことだ」というのである。まさに、先のアダムズの図2‐1に出て

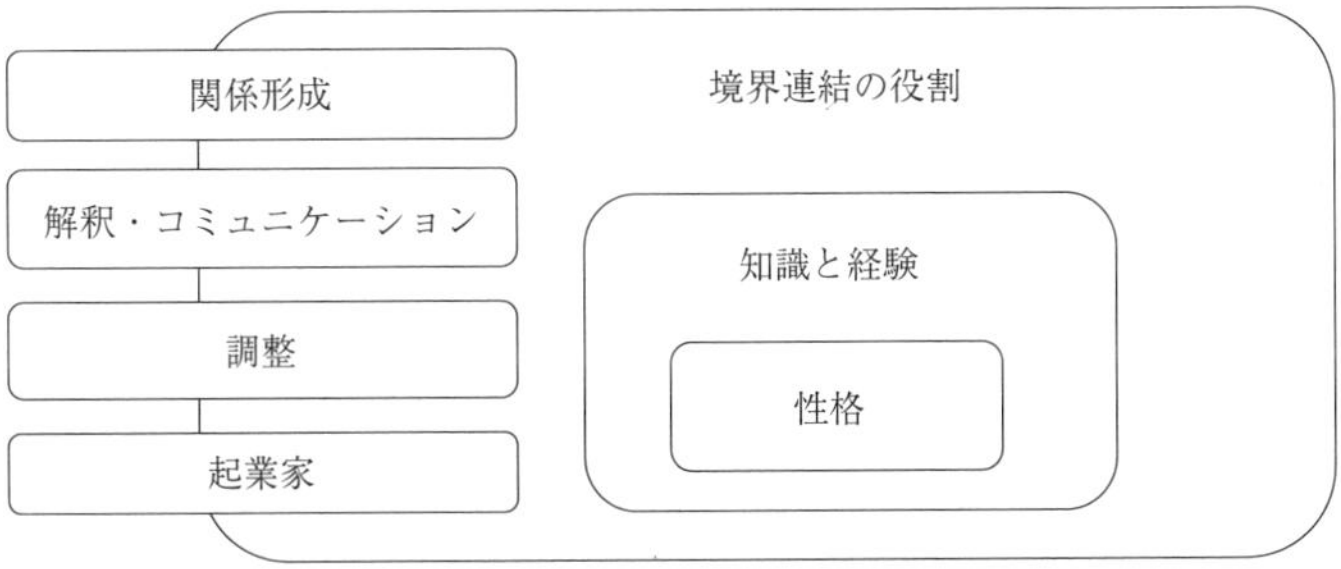

図2－2　境界連結者の役割と能力

出典：Williams 2012。

きた、組織内構成員との関係が境界連結者の仕事ぶりに影響する部分があるのである。

(3) 行政職員のネットワーク管理における境界連結行動の特徴

行政職員がネットワーク管理に従事することが期待されるとして、境界連結というミクロの視点を活かすと何か特色は浮き彫りになるのだろうか。前節に示した研究を見ると、特段官と民とが展開する境界連結の違いは明らかにはされていない。ではとりわけ、PPP管理に携わる際行政側の担当者はどのような行動と能力を発揮すればよいか。

ネットワーク管理論では、行政担当者の管理行動について様々な議論が展開されてきた。なかでも、アグラノフとマグワイアの研究蓄積は大きい。アグラノフたち流にいえば、行政担当者として担うネットワーク管理とは、「POSDCORB」に他ならない（Agranoff and McGuire 2001）。ネットワーク版POSDCORBとしてアグラノフらは、適切なアクターを選び（activation）、参加アクター間の価値・規範を枠付け（framing）、一体感を醸成しつつ（synthesizing）、ネットワークに必要な資源を動員する（mobilizing）の四つの行動を明らかにしている（ibid.）。

ただ、ミクロな質的実証の結果、境界連結行動としてのネットワーク管理を論じたウィリアムズは、大きく分けて四つの行動に区分している（Williams 2012）。第一に、アクターを橋渡しする「関係形成行動」（reticulist）、第二に相互関係維持に関わる「解釈・コミュニケーション行動」（interpreter/communicator）、第三に、計画作成やサービス実施の管理に関わる「調整行動」、第四に、創造や刷新等をもたらす「起業家型行動」（entrepreneur）である（図2-2）。こうした行動の基盤として、「知識と経験」、さらには「個人の性格」も境界連結に影響する。特に、「個人の性格」としていわゆる外向性の有無が重要であるという。

特に、境界連結論で強調されるのは、「解釈・コミュニケーション」の役割である。アグラノフらの言うアクターの選別（activation）を行って以降は、ネットワークを維持することが重要となるわけだが、どうしてもアクター間の「葛藤」が生じ得る。ネットワークはあくまで独立したアクター間の集まりであるという点に鑑みると、「葛藤解消」が重要な役割となる（Hulst et al. 2012）。こうした葛藤解消については、マンデル（Mandell 1990）やキッケルト他（Kickert et al. 1997）がその重要性に触れているが、ミクロレベルの実証で浮かび上がってきた具体的なスキルとして特に「積極的傾聴力（active listening）」や「共感力（empathizing）」が重要な要素となると言う（Williams 2002）。(4)

4　自治体におけるPPPの実態解明に向けて

本章は、自治体行政におけるPPPのネットワーク管理と境界連結をめぐって議論を展開してきた。自治体行政はPPP事業におけるネットワークの管理に重要な役割を果たすことができるが、そこに組織論で形成されてきた境界連結概念を当てはめてみると、ネットワーク管理の一貫として、ある意味本質的である「非公式な人間関係」の「管理」がなし得るか否かが重要であるということを述べた。もちろん、「管理」という面では、PPP担当行政職員は、制約はありつつも、人間関係と信頼の構築のみならず、ネットワークの組織化、交渉等幅広い管理行動を展開しなければならない。

境界連結アプローチによるＰＰＰ研究はだんだんと欧米で広がってはいるものの、まだまだ試行錯誤であり、その数も多いとはいえない。第一、境界連結の定義が曖昧であり、単に「ミクロ」に着眼したことを強調する段階にとどまっている。もっと研究を深めようとすれば、方法論と仮説の精緻化が必要と思われる。さらには、こうした欧米の議論が日本に適合性があるかという点も検討の余地があろう。欧米の研究が対象とするイギリスやオランダの公務員人事は中途採用を前提とするオープンシステムであり、対して日本は定期一斉異動や新規一括採用を前提とするクローズドシステムというように、人事制度が対照的である。

しかし、そうした問題や検討余地はあるが、実にＰＰＰにおけるネットワーク構造が政策パフォーマンスに影響するとすれば、前出の通り、官民アクターによって生成されたＰＰＰ構造を詳細に記述する努力はきわめて重要である。おそらく、境界連結というミクロアプローチを試みたことで、従来の官民ネットワーク管理論が十分描ききれなかった局面を改めて克明にし得たという現時点での成果だけでも大いに評価できるのではないか。こうした面の研究観点は、日本のＰＰＰの実態と課題を詳述するという目的達成には十分資することができよう。日本で研究を進めていけば、欧米の研究とは違ったまた新たな仮説が生成されるかもしれない。

その意味で、境界連結アプローチが示しているのは、体系的な質的分析の重要性である。欧米の諸研究が用いていたのも、半構造化・非構造化インタビュー、あるいは質問紙調査の手法である。日本の政策ネットワーク研究は、その研究手法として文献調査を中心としてきた。中には、膨大かつ詳細に文献を渉猟する優れた研究も存在するとはいえ、どうしてもそこで生成された組織間関係の特質やダイナミクスは描ききれているとはいえない。ミクロな境界連結アプローチが用いる質的分析手法は、確かにデータ収集に膨大なエネルギーと時間を要し、加えてそのデータの整理や入力でも骨の折れる作業が続く、大変なものである。しかし、ＰＰＰの構造と成果を学術的にも実務的にも解明していくためには、この苦労はかかせないものなのだろう。

注

（1）アクター数が少なく閉鎖的な「政策コミュニティ」と参加アクターが入れ替わり立ち代わり変化する開放的な「イシューネットワーク」である。類型としては他にも、新川（一九九一）の政策カーテン、イシューネットワーク、顧客主義、寡占的共同体の四類型とかベルツェル（Börzel 1998）のアングロサクソン型・ドイツ型とか、様々に提唱されてきた。

（2）山倉（一九九三）は「対境担当者」と名付けているが、本章では「境界連結」を採用したい。

（3）行政官僚制の第一線官僚研究でも境界連結の概念が用いられてきたが、あくまで第一線官僚とクライアントとの相互作用が研究対象である（畠山 一九八九）。

（4）この「共感力」や「傾聴」については、すでに自治体職員研修の要素として取り上げられているケースがある（たとえば、彩の国さいたま人づくり広域連合公式サイト http://www.hitozukuri.or.jp 二〇一六年七月三〇日最終アクセス）。

参考文献

今村都南雄『行政学の基礎理論』三嶺書房、一九九七年。

風間規男「新制度論と政策ネットワーク論」『同志社政策科学研究』14（2）、二〇一三年。

新川敏光「政策ネットワーク論の射程」『季刊行政管理研究』第五九号、一九九二年。

畠山弘文『官僚制支配の日常構造――善意による支配とは何か』三一書房、一九八九年。

真山達志「政策実施過程とネットワーク管理」『法學新報』第一〇〇巻第五・六号、一九九四年。

真山達志『政策形成の本質』成文堂、二〇〇一年。

真山達志「地方分権時代におけるネットワークの設計と管理――現代の自治体行政に求められる能力」『法學新報』第一一八

巻第三号、二〇一一年。

山倉健嗣『組織間関係――企業間ネットワークの変革に向けて』有斐閣、一九九三年。

Adams, J. S. "The Structure and Dynamics of Behavior in Organizational Boundary Roles," in Dunnette, M. D.(ed.) *Handbook of Industrial and Organizational Psychology*, Rand MacNally, 1976,.

Agranoff, R. and M. McGuire, "Big Questions in Public Network Management Research," *Journal of Public Administration Research and Theory*, 11 (3), 2001.

Agranoff, R., *Leveraging Networks : A Guide for Public Managers Working across Organizations*, IBM Endowment for the Business of Government, 2003.

Aldrich, H. E. and D. Herker, "Boundary Spanning Roles and Organization Structure," *Academy of Management Review*, 2 (2), 1977.

Aldrich, H. E. *Organizations and Environments*, Stanford University Press, 2008.

Börzel, T. A., "Organizing Babylon : On the Different Conceptions of Policy Networks," *Public Administration*, 76 (2), 1998.

Gray, B., *Collaborating : Finding Common Ground for Muliparty Problems*, Jossey-Bass, 1989.

Goldsmith, S. and W.D. Eggers, *Governing by Network*, Brookings Institution Press, 2004.

Hjern, B. and D. Porter, "Implementation Structures : A New Unit of Administracture Analysis," *Organizational Studies*, 2, 1981.

Hulst, van, M., L. de Graaf and G. van den Brink, "The Work of Exemplary Practitioners in Neighborhood Governance," *Critical Policy Studies*, 6 (4), 2012.

Jones, R. and G. Noble, "Managing the Implementation of Public–Private Partnerships," *Public Money and Management*, 28 (2), 2008.

Kenis, P. and V. Schneider, "Policy Networks and Policy Analysis : Scrutinizing a New Analytical Toolbox," in Martin, B. and R. Mayntz (eds.) *Policy Networks : Empilical Evidence and Theoretical Considerations*, Westview Press, 1991.

Kickert, W. J., M. et al.,(eds.) *Managing Complex Networks : Strategies for the Public Sector*, Sage, 1997.

Kickert, W. J. M. and J. F. M. Koppenjan, "Public Management and Network Management : An Overview," Kickert, W. J. M., *op cit*, 1997.

Klijn, E. H., "Policy Networks : An Overview," Kickert, W. J. M., *op cit*, 1997.

Mandell, M. P., "Network Management : Strategic Behavior in the Public Sector," Gage, R. W. and M. P. Mandell (eds.) *Strategies for Managing Inter-governmental Policies and Networks*, Praeger, 1990.

Meerkerk, I. and J. Edelenbos, "The Effects of Boundary Spanners on Trust and Performance of Urban Governance Networks : Findings from Survey Research on Urban Development Projects in the Netherlands," *Policy Sciences*, 47, 2014.

Marsh, D. and R. A. W. Rhodes, (eds.) *Policy networks in British government*, Clarendon Press, 1992.

O'Toole Jr, L. J., "Treating Networks Seriously : Practical and Research-Based Agendas in Public Administration," *Public Administration Review*, 57 (1), 1997.

O'Toole Jr., L. J., "Interorganizational Relations in Implementation," in Peters, B. G. and J. Pierre (eds.) *Handbook of Public Administration*, Sage, 2007.

Rhodes, R. A. W. and D. Marsh, "New Directions in the Study of Policy Networks," *European Journal of Political Research*, 21 (1–2), 1992.

Williams, P., "The Competent Boundary Spanner," *Public Administration*, 80 (1), 2002.

Williams, P., *Collaboration in Public Policy and Practice : Perspectives on Boundary Spanners*, Policy Press, 2012.

第3章　公共サービスと供給形態の多様化と行政の役割

伊藤慎弐

1　公共サービス

(1) 公共サービスと純粋公共財

今日、公共サービスという言葉そのものは、特別目新しいものではないが、公共サービスに対する期待やイメージは、人によって様々といえよう。たとえば、共働きで幼児のいる家庭においては、保育園や幼稚園は、必要な公共サービスであるし、公共職業安定所で職を探している人にとっては、職安の利用そのものが必要な公共サービスとなる。高齢者にとっては、医療・福祉施設の利用が公共サービスとなるだろう。また、治安維持のための街頭の警察官の日々の巡回活動は、多くの不特定多数の人々に対する公共サービスと捉えられよう。そこで、辞書で公共サービスがどのように説明されているか確認して見ると、公共サービスとは、「広く一般の人々の福利のために公的機関が供する業務。教育・医療・交通・司法・消防・警察など」(『大辞林』第三版)と書かれている。ここには、公的機関がサービスを提供する目的として、「福利」のためとされている。福利とは、幸福と利益という意味であるが、幸福や利益といったものの捉え方は、人によって異なる。幸福という抽象度の高い言葉を除き、単に福利＝利益と捉えた場合でも、利益そのものは、公的機関が提供するものでなくても得ることができる。また辞書の定義には、公共サービスの具体的な例として、医療や教育・司法・消防・警察等が列挙されているが、ここから想起されるのは、ひとまずこれらのサービスがなくなったら困るということと国や地方自治体（以下、自治体）といった公的機関が中心となってこれらのサービスを提供しているといったことであろう。しかし、前記に列挙された公共サービスはすべて公的機関が提供しなければいけないといった根拠とこれらのサービスの範囲や性質そのものについては、この定義からは理解することはできない(1)。

たとえば、公共経済学においては、公共サービスの持つ特徴を理解する上で、公共財の概念について説明を試みている。以下、公共財を手掛かりに公共サービスの性質についてみていきたい。公共財は、その性質上、純粋公共財と準公共財に分かれる。純粋公共財とは、市場メカニズムによってサービス供給が完結しにくいという特徴を有し、(1)排除不可能性と、(2)非競合性という二つの条件を満たすものである。排除不可能性とは、ある人がサービスの提供を受けた場合、他のすべての人も同様にそのサービスの供与から排除されずにサービス提供による便益を受け取ることを指す。対して、非競合性とは、ある人が財を消費しても他のすべての人の消費が減ることがないという性質を持つ。例として灯台の灯りが挙げられる。灯台の灯りは、海を渡る船の数が三隻の場合は、灯りを見ることができるが、一〇隻になったら見ることはできないと言う類のものではなく（非競合性）、船の数や規模に関係なく灯台の灯りは消費される（排除不可能性）。この二つの条件を満たす純粋公共財は、灯台の灯りの他に、国防や治安、一般道路、警察等が挙げられる。それらのサービスの提供主体は、公的機関であり、民（市場）によるサービスの提供は適さないとされている。たとえば、国防のための治安・救助活動を行う際、民でサービスを提供した場合、お金を払った人（サービス購入者）の安全が優先的に確保され、他は危険にさらされることになる。これは、憲法第一三条（個人の尊重・幸福追求権・公共の福祉）、第二五条（生存権・国の社会的使命）を持ち出すまでもなく、社会的に見ても望ましくないといえよう。くわえて、民にお金を払ったサービスの利用者の居場所は、常に一定ではないため、国防といった不確実性の高いサービスは、技術的なレベルにおいてもサービスの供給者と購入者（サービスの受け手）という関係は成り立ち難い。以上のことから、純粋公共財は、規範的・技術的レベルにおいて、公的機関（官）によってサービスの提供が行われるということが自然といえよう。

(2) 準公共財と地方自治体

しかし、現実に提供されている公共サービスの多くは、私的財と純粋公共財の中間に当たる準公共財である。準公共財は、官・民双方で提供されるサービスを指すが、「(1)便益を特定の個人のみに限定すること自体は無理だけれども（排除不可能性）、便益の波及する程度がそれほど大きくないので、地域を限定することで実質的に排除原則を適用できる公共財と、(2)便益を限定すること自体は可能である（排除可能性）が、ある人の消費が別の人の消費を妨げない（非競合性）性質を持つ公共財、の二つに分けられる」（井堀 二〇〇五）[2]。たとえば、一般道は、純粋公共財に当たるが、高速道路は、準公共財である。その理由は、高速道路の場合、利用にあたって料金を払ったものだけが利用できる（排除可能性）が、いったん利用すれば渋滞にならない限り非競合性は見られないからである。このような性質を持つ準公共財は、他に、医療、福祉、教育、上下水道、ゴミの収集、市の図書館、体育館、公会堂、公園といった多くのサービスに当てはまる。たとえば、体育施設の利用において市内料金と市外料金において差をつける場合、排除可能性が存在する。そして、市外の者の利用者が急増すると市内外の施設利用者の便益は相対的に下がる。公園の場合、その利用において料金徴収で差がない場合（無料の場合）、排除性は存在しない。しかし、市外在住者が公園までたどり着くまでの時間、交通機関を利用した場合の料金、車で移動した場合においても駐車場料金が発生することから市内在住者と比べて多くの費用が発生し、排除可能性が存在する。ごみの収集においても、今日では、有料の指定されたゴミ袋を使用しない場合、収集されない事もあることから、ここにも排除可能性が発生する。そして、これらの準公共財の提供の多くは、中央政府によって一律に提供されると言うよりも地域の特性やニーズに合わせる必要性から自治体を中心に提供されるのが望ましい。

（3）財とサービスの一体化

ところで、今まで公共サービスの性質を公共財の概念を用いて説明してきたが、以下ではサービスと財についてみていきたい。サービス（Service）とは、辞書による用語法においては、Serveという動詞の名詞形であり、Serveすることの意味を持つ。Serveの語源はラテン語のServivreであり、その意味は、召使いまたは奴隷である。Serviceの持つ原初的な意味は、召使いや奴隷が主人や君主に対する「奉仕」ないし「貢献」活動を指していた。他には、給仕、接待、商売での値引き、アフター・サービス、附属品を付けるという意味で使われている。これらは、もともと得ることができる利益に附属品をおまけで付けるということに付加価値が加わるが、この場合のサービスは、財（もの）の提供となる。一方アフター・サービスといったサービスは、たとえば、故障した製品の修理やメンテナンスであり、この場合のサービスは、財（もの）の提供にあたらない[3]。

公共財について考えた時、財とサービスの明確な区別は難しい。足立忠夫によれば、たとえば、物としてのテレビという耐久消費財を例に見た場合、購入時はテレビという財（もの）の購入になるが、購入後テレビは、長期にわたり無形の便益を継続的に提供することから財とサービスが一体化するという性質を挙げている。くわえて、政府が建設する道路や治山治水のための施設、学校等は有体物である財と捉えられるが、その後は先のテレビと同様に、長期にわたり交通の便や安全、教育の向上といったサービスを提供することから、財とサービスの一体化は、民間財に比べ公共財に著しく見られると指摘している[4]。

(4) 公共サービスの生産性とサービス提供組織の行動原理

私的財(市場財)と公共サービスの生産性の違いは、どのようなものであろうか。民間営利組織(以下、民間)が提供するサービスは、市場機構の中で、見返りの高い顧客(購買者層)へのサービスの提供に終始することが可能である。くわえて、戦略を立て、最も見返りの大きい(売れると予想される)マーケットを開拓することもできる。民間においては、契約違反を犯したり、法的に違法な行為を取らない限り、採算が取れない場合、サービス供給を停止したり、事業から撤退しても問題はない。近年、CSR(企業の社会的責任)の理念・思想に基づき見返りを求めない慈善事業等にも積極的に関わる企業もみられるものの、企業の行動原理が利潤の最大化を第一の原理としている点については変わりない。したがって、田尾雅夫が指摘しているように、民間組織においては、生産能率(Production Efficiency)が重要なサービス提供の指標になる。(5)

一方、公的機関の場合、サービスの提供にあたり、公平・平等が組織規範とされていることから、民間のように経済性や効率性のみに特化したサービスの提供に終始することはできない。たとえば、廃校寸前の児童数が少ない小学校を児童数当たりの教師の割合が高いという理由(金銭的コストが高い)のみで、利用者(児童と両親)の意向を無視して直ちに廃校にし、近隣の学校を紹介するといったことは社会的にみても望ましい行動をとったとはいえない。ある自治体において待機児童の数が少数だからとして政策課題として取り上げる必要はないと判断し、何ら対策を講じなかった場合、公的機関はその役割を果たしていないと住民の目に映るだろう。したがって民間と異なり、公的機関が主体となって提供するサービスの場合、たとえ非効率であっても、必要な所にサービスが行き届いているという配分の能率(Allocation Efficiency)が重要な指標になる。配分の能率そのものが公共の利益に関わってくるからである。ここに公的機関によるサービス提供が民間によるサービス提供のように利潤の最大化だけを求めて行動する原理が当てはまらないことがみてとれる。しかし、公的機関がこの規範を実現するために、需要に対し必要なだけサービスを供給するには限りがある。この点について、マイケル・リプスキー（M. Lipsky）は、公的機関の現場にいるストリートレベルの官僚（第一線職員）たちが提供するサービスには、需要が供給を超えて増加する傾向にあると指摘している。リプスキーは、ラッシュアワーの交通渋滞を緩和するために、車線を増やすことで一時的には効果がみられるものの、通勤時間の短縮を求める人々がその道路を利用するために集まった結果、以前より渋滞がひどくなった例を挙げている。また医療といったヒューマン・サービスの領域においても同様にサービスが拡充されると、それに伴って利用者も同時に増えることからサービスの供給は追いつかなくなる傾向にあると指摘している。(6)

2　公共サービス提供における教義

（1）NPM

以上のことから、公的機関が提供するサービスには、見返りを期待できない（利益を挙げる事に向いていない）サービスについても提供しなければならない（公平・平等）といった規範があることから、民間企業と比べた場合ハイコストな組織だということが分かる。

この公的機関については、財政状況が良好な場合には、大きな政府のもと政府中心に公共サービスが提供される。しかし、オイルショック以降、先進諸国の財政状況の悪化に伴い、公的部門における様々な改革が断行され、従来の改革とは異なる方向で改革が進んだ。これらの改革は、ニュー・パブリック・マネージメント（New Public Management：以下、NPM）と呼ばれ、この改革によって、公共サービスの供給形態の変化が見られるようになる。NPMとは、一般に、イギリスやニュージーランド、オーストラリアといったアングロサクソン諸国の行政改革を中心として生まれたものと理解されており、その核心部分は、「民間企業の経営理念・手法・成功事例などを参考として、行政経営の効率化を図るもの」とされている。(7)

NPMは、一九八〇年代のOECD諸国における行政改革の特徴について、それ以前に行われてきた改革との違いを説明する際に、クリストファー・フッドによって一九八九年に用いられたことが初めだとされているが、(8) NPM改革の背景は、次の三つに集約される。第一に、一九八〇年代に英米を中心に広がった「新保守主義の潮流」および第二次世界大戦後、一貫した「大きな政府」への反省の中から「小さな政府」を志向する動き（「官から民へ」、「税制負担減」等）、第二に、先の大きな政府の反省から見られる政府の守備範囲（これまで政府が主体となって担ってきた公共サービスの範囲）の見直し、第三に、政府組織の運営方法（官僚機構の問題点を効率性という観点から見直す）についての見直し、が挙げられる。(9)

（2）日本におけるNPMの流れ

わが国においては、一九九〇年代後半にNPMの影響がみられる。一九九七年の行政改革会議（橋本行革）の最終報告（Ⅲ新たな中央省庁のあり方）のなかで、政策の企画立案機能と実施機能の分離が唱えられ、企画立案機能は、本省が中心に行い実施機能については可能な限り外局、独立行政法人に分離することとされている。一九九七年時点では、NPMという言葉は、政府レベルでまだ使用されていないものの、イギリスのエージェンシーに見られる企画立案部門と実施部門の分離を独立行政法人に当てはめている点を鑑みれば、この時期からNPM改革の萌芽が見られる。

二〇〇一年六月（小泉政権時）には、「経済財政運営と構造改革に関する基本方針二〇〇一（骨太の方針）」においてNPMが本格的に取り上げられ、公共サービスの提供について、市場メカニズムを可能な限り活用し、「民間でできることは、できるだけ民間に委ねる」という原則の下に、公共サービスの属性に応じて、民営化、民間委託、ＰＦＩの活用、独立行政法人化等の方策の活用に関する検討を進める、ということが謳われている。二〇〇四年五月一二日に行われた地方分権推進会議の最終報告においては、ＮＰＭを「住民を行政サービスの顧客と捉え、行政部門への民間的経営手法の導入を図る」とし、⑴顧客主義・住民志向、⑵業績主義、成果志向、⑶市場メカニズムの活用（政策立案部門と執行部門の分離を含む）、⑷公会計改革（複式簿記・発生主義会計の導入等）、⑸行政組織のフラット化、分権化をＮＰＭの要素として挙げている。一九九七年の行政改革会議（最終報告）から先に見た二〇〇四年の地方分権推進会議の最終報告が提出された間に、供給形態の多様化に関する法の整備が着々と進んでいることは注目に値する。

(3) ＰＰＰ

前述したように、ＮＰＭの流れは、これまでの行政における従来の改革と異なる発想の下、改革が行われており、これまでの市場の失敗に対して大きな政府・政府の失敗に対して小さな政府という二元論による循環とは異なる。それを表す概念として、ＰＰＰ（Public Private Partnership 官民協働）がある。ＰＰＰは、元はイギリスのブレア労働党政権時に、ブレア以前の保守党政権（サッチャー、メージャー）で生まれたＰＦＩ（Private Finance Initiative）制度の見直しに端を発する。ブレア以前のイギリスのＮＰＭ改革においては、ＰＦＩに見られるように公的部門のパートナーは狭義に捉えられていた。またＮＰＭ改革の結果、公的部門のスリム化に伴い、一定の効率化が見られた半面、公共サービスの質の改善がなされたかにおいては十分な評価は得られなかった。そこで、イギリスでは、行政のパートナーを民間企業に限らず、広くＮＰＯやボランタリーセクターとのパートナーシップを認め、多様なアクターが連携協力して公共サービスを提供するという思想をもつＰＰＰの導入に至っている。わが国では、ＰＰ

Pはこれまで公的部門直営で提供してきた公共サービスを民に開放し、官民連携開発事業、公設民営、PFI、指定管理者、包括的民間委託等、といった諸制度および手法を積極的に活用し、(1)新たな雇用の創出への期待、(2)行政コストの削減を期待して設けられたものであるが、その範囲は、広範囲にわたる。NPMとPPPによってもたらされた多様化の流れにより、公共サービスは、行政サービスを内包する概念として捉えられるようになっている。以下、これらの動きを供給形態の多様化に関する制度の特徴とともに順に見ていきたい。

3　供給形態多様化に関する整備と制度概要

(1)　NPO

わが国における、供給形態の多様化の最初の動きは、一九九八年の特定非営利活動促進法（NPO法）の制定にみられる。NPO法の成立は、わが国におけるNPM改革の潮流に乗ったというより、まだNPMの考えが日本に浸透する以前の一九九五年に起きた阪神淡路大震災時に活躍したボランティア活動の積極的な活動を評価したことに端を発する。したがってNPO法は、活動資金の調達や組織の運営体制が不安定なボランティア団体の活動を安定化させるために取られたと考えるのが妥当である。NPOの活動領域は、(1)保険・医療又は福祉の増進を図る活動、(2)社会教育の推進を図る活動、(3)まちづくりの推進を図る活動、(4)学術、文化、芸術又はスポーツの振興を図る活動等の一二の活動分野からスタートしたが、二〇一一年に法律が改正され、現在は二〇の活動分野が設けられている（二〇一六年三月三一日現在：認証NPO法人数五万八七〇）。

表3－1　わが国における供給形態多様化関連年表

1997年（平成9）	・行政改革会議最終報告：(「企画立案と執行の分離」)
1998年（平成10）	・特定非営利活動促進法（NPO法）
1999年（平成11） (1999年9月施行)	・民間資金等の活用による公共施設等の整備等の促進に関する法律（PFI法）
2000年（平成12）	・地方分権一括法施行、介護保険法スタート
2001年（平成13）	・今後の経済財政諮問会議による「経済財政運営と構造改革に関する基本方針2001」「市場の活用」 ・独立行政法人制度開始
2002年（平成14）	・行政機関が行う政策の評価に関する法律
2003年（平成15）	・地方独立行政法人法、地方自治法改正（指定管理者）
2004年（平成16）	・地方分権改革推進会議「最終報告」
2008年（平成20）	・競争の導入による公共サービスの改革に関する法律（公共サービス改革法（市場化テスト））

出典：内閣府HP、行政改革会議HPを参考に筆者作成。

（2）ＰＦＩ

一九九九年には、ＰＦＩ法（民間資金等の活用による公共施設等の整備等の促進に関する法律）が制定されるが、この制度は、一九九二年にイギリスで導入されたＰＦＩ制度に倣い、日本版ＰＦＩとしてスタートしたものである。ＰＦＩは、公共サービスの提供に際して公共施設の整備や維持管理が必要な場合に、用いられるもので、国や自治体が直接施設を整備するのではなく、民間資金を活用して民間に施設整備と公共サービスの提供を委ねる手法のことである。

ＰＦＩ事業の対象施設は、(1)公共施設（道路、鉄道、港湾、空港、河川、公園、水道、下水道、工業用水道等）、(2)公用施設（庁舎、宿舎等）、(3)公益的施設（公営住宅、教育文化施設、廃棄物処理施設、駐車場等）、(4)その他の施設（情報通信施設、新エネルギー施設、リサイクル施設、観光施設、研究施設等）と多岐にわたるが、その事業の実施方法は、様々である。事業類型は、地方公共団体が民間事業者へお金を支払う、(1)サービス購入型と地方公共団体が民間事業者へお金を支払わず、利用者が料金を支払う、(2)独立採算型、そして(1)のサービス購入型と(2)の独立採算型を合わせた、(3)ミックス型がある。

事業類型は、(1)BTO、(2)BOT、(3)BOO、(4)RO、(5)BLTの五つの方式に分類される。(1)のBTO（Build-Transfer-operate）は、民間事業者が施設等を建設し、施設完成直後に公共施設等の管理者等に所有権を移転し、民間事業者が維持・管理および運営を行う事業方式である。(2)BOT（Build-operate-transfer）は、民間事業者が施設等を建設し、維持・管理及び運営し、事業終了後に公共施設等の管理者等に施設所有権を移転する事業方式である。(3)BOO（Build-own-operate）は、民間事業者が施設等を建設し、維持・管理及び運営し、事業終了時点で民間事業者が施設を解体・撤去する等の事業方式である。(4)RO（Rehabilitate-operate）は、施設を改修し、管理・運営する事業方式。所有権の移転はなく、地方公共団体が所有者となる方式である[10]。(5)BLT（build-lease-transfer）は、民間事業者が、施設を建設し、行政に施設をリースした上で、運営し、リース代を受け取ってあらかじめ設定した投資費用を回収した後、施設の所有権を行政に移す方式である。

以上のようにPFIには、多くの事業方式があるが、実際にPFI事業を行う際、行政は、選定された事業者が設立する特定目的会社（SPC：Specific Purpose Company）と契約を結び、その中でサービス内容やリスク分担、事業期間等が定められる。事業期間の決定は、契約に基づくがPFIは、施設建設において民間資金を投入するという性質上、その投入資金を回収するために長期の契約を結ぶという特徴を持つ。PFIの事業数は、制度導入以来毎年増加傾向にある（二〇一五年九月三〇日時点の事業数：国六九事業、地方三九八事業、その他四四の計五一一事業[11]）。

（3）指定管理者制度

二〇〇三年六月には、地方自治法改正に伴い新たに指定管理者制度が導入されている。指定管理者制度とは、「公の施設の管理に関する権限を指定管理に委託して代行させる制度のこと」である。「公の施設」の例として、自治体が設ける公共ホール、図書館、公民館、宿泊休養施設、公園、体育館、老人福祉センター、駐車場等が挙げられる。「指定管理者制度は、住民の福祉を増進する目的をもってその利用に供するための施設である公の施設について、民間事業者等が有するノウハウを活用することにより、住民サービスの質の向上を図っていくことで、施設の設置の目的を効果的に達成する[12]」ことを狙いとして設けられている。

指定管理者制度が導入される以前では、「管理委託制度」と呼ばれ、公の施設の設置の目的を効果的に行うことが認められた場合、公共団体、公共団体および地方公共団体が出資している法人（五〇％以上の出資法人）で政令で定められるものに限り、公の施設の管理を受託することができるようになっていた。公の施設を管理することのできる団体は、農協、自治会等の公共団体や土地改良区等の公共団体、政令で定める出資法人等に限定されていた。しかし、指定管理者制度の導入により、設置者である自治体が指定する法人その他の団体であれば、組織の公共性を問わず、株式会社や公益法人、ＮＰＯ法人等の団体も含まれるようになり、この点が制度導入による大きな変化となっている（地方自治法第二四四条の四第三項）。

指定管理者制度を導入する場合、⑴指定の手続き、⑵管理の基準、⑶業務の具体的範囲について条例で定めることになっている。指定の方法については、条例に従い、指定の期間等を定め、議会の議決を経て、指定管理者を指定することになっている。「公の施設」の利用に係る料金については、指定管理者が自らの収入として収受することができる。指定管理者に指定された団体は、毎年度終了後、事業報告書を提出することが義務付けられており、事業報告書の提出により、自治体は、指定された指定管理者の、⑴管理業務の実施状況、⑵公の施設の利用状況、⑶管理経費等の収支状況といった運営状況等が把握できるようになっている（地方自治法第二四四条の二第七項）。

また指定管理者の指定の継続が不適当な場合には、地方自治体の長は、指定管理者に対し、指定の取消し、又は業務の全部又は一部の停止を命令することができる（地方自治法第二四四条の二第一〇・第一一項）。以上のように、指定管理者制度は、従前の管理委託制度に比べ、参入領域が拡大し、管理権限が大幅に移譲されたものとなっている。

一方で、地方公共団体の長による取消し、業務の停止が行われることを鑑みればより強い監視・監督権限が設けられているのが分かる。指定管理者は、先述したPFIと異なり、建設資金は含まれず、既にある公の施設の管理・運営を行うことから、PFIと比べて金銭的な負担は小さく契約期間も三〜五年と短いという特徴を持っている。

(4) 独立行政法人制度

二〇〇一年には、イギリスのエージェンシー制度を参考として創設された独立行政法人制度（日本版エージェンシー。以下、独立行政法人）が導入されている。独立行政法人は、行政改革会議最終報告で述べられた「企画立案と執行の分離」の実現といえる。独立行政法人の目的は、「公共上の見地から行う事務及び事業の確実な実施を図り、もって国民生活の安定及び社会経済の健全な発展に資すること」（独立行政法人通則法第一条）とされている。この制度創設の意図は、政府の機能をその頭脳に当たる企画部門と手足に当たる執行機能とに切り分け、執行機関であるエージェンシーに権限を移譲することで、業務の効率化やサービスの質の向上を図ることにある。

独立行政法人は、行政主体の性格を持つが、国からは、独立した法人格を持つ。その意味で、独立行政法人への移行は、民営化の一部とみなすことも可能であるが、むしろ、民営化に馴染まない業務ということが、独立行政法人化の前提条件となっている点で一般の民営化とは異なる。独立行政法人の法的枠組みは、まず独立行政法人通則法によって、すべての独立行政法人の共通のルールを設定し、個々の独立行政法人の運営の詳細は、それぞれ個別に制定される法律（独立行政法人個別法）によって、各法人の名称、目的、業務範囲等が定められている。独立行政法人は、これまでの特殊法人や認可法人が制度本来の趣旨に反して、効率的な運営がなされていないという問題意識に基づき設置されており、従来の特殊法人と比較すると組織のガバナンスが強化されている点で異なる。具体的には、(1)企業会計の導入、(2)中期計画・中期目標の設定、(3)総務省及び主務省に置かれる独立行政法人評価委員会

表3－2　4制度の比較

項　目	PFI	指定管理者	地方独立行政法人	市場化テスト
適用対象	公共施設の整備・運営等	公の施設の管理	試験研究、大学等	公共サービス
自治体との関係	民法上の契約	管理権限の委任	設置する法人	民法上の契約＋一定制限
設立及び供給者の決定	入　札	申請を審査して指定	議会の議決を前提に、地方自治体の長、主務大臣の認可	官民競争入札
サービスの提供期間の特徴	投資に見合う資金回収に必要な長期の契約	複数年の契約が可能であるが、投資を伴わないため、事業期間は比較的短い	組織が存続の限り無期限。	契約に基づく期間。
根拠法	PFI 推進法	地方自治法（第244条改正）	地方独立行政法人法	公共サービス改革法（競争の導入による公共サービスの改革に関する法律）
モニタリング	自治体 金融機関	自治体 第三者機関	第三者委員会 （評価委員会）	第三者委員会

出典：宮川・山本編（2009：48）を基に，加筆修正して筆者作成。

による年度業務実績、中期目標等の評価、(4)財務諸表を含めた組織・業務全般における積極的な情報公開等である（国の独立行政法人の数は、現在、八八法人（二〇一六年四月一日時点）。

自治体においては、二〇〇三年から独立行政法人の設立が認められるようになっている。設立に際し、議会の議決を前提に、都道府県にあっては、総務大臣が、市町村・特別区においては都道府県知事がそれぞれ、(1)設立、解散等を認可する点と、(2)対象可能な事業（試験研究、大学の設置・管理、病院事業等）が限定されている点を除けば、先の国の独立行政法人とほぼ同様の制度である（地方独立行政法人の数は、大学六八、公営企業五一、試験研究機関一〇、社会福祉一の計一二二、二〇一六年四月一日時点）。

(5)　市場化テスト

市場化テストは、官が提供主体として提供してきた「公共サービス」の分野に市場原理を導入し、官民が対等な形で入札を競い、(1)ハローワーク、(2)社会保険庁型、(3)行刑関連施設の三分野八事業において試行的に導入されている。

この制度は、もともと一九八〇年代のイギリス（保守党政権）の自治体に導入されたCCT（Compulsory Competitive Tendering：強制競争入札）に端を発するものである。CCTは、当初入札の対象が自治体の現業部門に限られていたが、自治体組織の内部の業務に至るまで入札の対象が拡大され導入されている。中央省庁レベルでは、一九九二年に市場化テストとして導入されているが、これらはCCTと異なり強制ではない。なお、CCTは、制度導入当初から、自治体に対する国の過度の関与が問題視されていたが、価格競争の激化、公務員の身分の不安定さという労働組合からの批判もあって、二〇〇〇年のブレア労働党政権によって廃止されている。

わが国の市場化テストは、「行政が提供しているサービスと同種のサービスを提供する民間事業者が存在する場合に、公平な競争条件下で行政と民間で競争入札を行い、価格と質の両面でより優れた方が落札する」という制度であり、行政のコスト削減策として利用される場合の外部委託とは異なる点に特徴がある。なお、市場化テストは、国だけではなく自治体も実施主体と位置づけている。自治体が提供してきたサービスについて民間事業者の参入を認めるにあたっては、その対象を特例「特定公共サービス」とし、法令上の特例を設けることにより、民間事業者もサービスを提供することが可能となっている。特定公共サービスとは、(1)戸籍謄本、(2)納税証明書、(3)外国登録原票、(4)住民票、(5)戸籍の附票、(6)印鑑登録証明書の「窓口六業務」のことを指す。

また特例（特定公共サービス）を講ずる必要のない業務については、地方自治法及び地方自治法施行令に基づき、条例、規則に手続きを規定することで、官民競争入札を実施することが可能となっている。落札後は、行政・民間いずれが落札した場合でも、同様に、効率的にサービスを提供することが求められる。

4　今後の公共サービス提供における行政の役割——自治体行政を中心として

以上のように、わが国における供給形態の多様化の動きは、二つの流れに大別される。一つは、阪神淡路大震災を契機として成立したＮＰＯ法によるボランティア団体の組織化である。阪神淡路大震災前にもボランティア団体は、多く存在していたが、ボランティアという性格上その数や実態は把握できておらず、これまで税制上の優遇措置等も特に設けられていなかったことから、(1)行政機能の補完機能と(2)事業推進の行政のパートナーとしての二つの役割が求められて導入されたものである。

もう一つは、先述したイギリスをはじめとするアングロサクソン系諸国や他のＯＥＣＤ諸国に見られるＮＰＭ改革の影響である。わが国では、とりわけ、イギリスの影響を強く受けていることが、ＰＦＩ、独立行政法人、市場化テスト等の導入において見てとれる。このことによって公共サービスの提供において民の官への関わり方がサービスの範囲や手法において大きく変化し、公共サービスの供給形態のバリエーションが広がっていることが確認できる。また地方分権の進展と重なり、自治体は従来にも増して、公共サービスの提供においてその供給方法の選択の幅が広がったといえよう。そこには、期待がある半面、課題も少なくない。一つの例を見てみよう。指定管理者導入七年後の二〇一〇年一二月に出された総務省自治行政局長通知によれば、指定管理者導入の際の選定基準は、価格のみではなくサービス水準の確保も考慮する必要性が書かれている。指定管理者制度は、前述したように、二〇〇三年の地方自治法の改正によって制度化されたものであるが多くの自治体で指定管理者の指定が二巡目に入ったにもかかわらず、制度の主旨に反して価格偏向になっている観は否めない。たしかに昨今の自治体を取り巻く厳しい財政状況を考えれば、当然、価格を重視した選定は必要であるし、コスト意識をもたない自治体は、官民問わず経営体として健全とはいえない。

しかし、指定管理者の選定に見るまでもなく、供給形態の多様化の進展によって「価格ありき」でサービスの質についての十分な検討がなされないままサービスが提供され、公共サービスの質の低下が叫ばれる例も少なくない。価格競争に勝った事業者は、利益を出すために人件費を削り、直営時には、正規職員を中心に提供されてきたサービスが、非正規職員中心にサービスが提供され、正規職員であっても人員が削減されたりと、保育園等の民間委託においては細かなサービスが行き届かないという問題も挙げられている。更に、指定管理者やＰＦＩにおいては、当初予定していたような利益が出ないことから、経営が困難になり、不本意ながら事業主体としての撤退や契約を解除するという事例も見受けられる。自治体は、価格＞質という関係を見直し、価格優先主義に偏らないようにするために、質についての十分な検討を行った上で選定すべきであろう。しかし、サービス提供者側が考える質とサービス利用者側が考える質が必ずしも同じとは限らない。選定者である自治体は、利用者が求める質の水準を把握することに努め、利用者が求める質（水準）を選定基準に組み込み、その質の水準を満たす提供者（直営も含む）を選定できるようにしなければならない(13)。そして、自治体は、選定した事業者に関する情報とサービスの中身について積極的に公表する必要がある。事業者として参入を考えている民間はもとより、利用者にとっても情報の提供は、サービスを受ける上で役に立つのはいうまでもない。

公共サービスにおける供給形態の多様化が進み成功・失敗事例がある程度蓄積された今日、自治体には両者の事例について比較検討することが肝要であろう。その際、新しい手法を取り入れた場合と自治体自身が公共サービスを提供する場合（DIY=do-it-yourself）も含めた検討（組織改革を含む）が必要となる。自治体には、サービスの質と効率性を両立させるために必要な条件整備が求められている。

注

（1）本章では、公共サービスという用語に統一して、行政サービスという用語を使わずに、論じているが、公共サービス＝行政サービスという等式が成り立つのかについての検討は、今村（一九九七）が参考となる。
（2）井堀（二〇〇五：八〜九）。
（3）わが国に初めてサービスという言葉が導入されたのは、大正末期に自動車が輸入された頃のサービス・ステーションが始まりだとされている。当時、自動車の修理を意味するアフター・サービスとしてのサービスの意味が理解されず、何か新しい製品をもらうことだと考えられていた。詳しくは尾崎正久（一九五五）を参照。
（4）財とサービスの一体化の説明については、足立（一九九〇）に依拠している。
（5）官民におけるサービスの生産性の捉え方は、田尾（一九九三）の論文に依拠して説明を行っている。
（6）この点については、リプスキー邦訳（一九九八）を参照。
（7）大住荘四朗『パブリック・マネジメント』日本評論社、二〇〇二年、一二頁。
（8）ＮＰＭという言葉は、クリストファー・フッドの論文、Hood, Christopher［1991］"A public management for all seasons?" Public administration, vol. 69, spring, pp.3–19. を指して、ＮＰＭ元年として使用されることが多いが、フッド自身が初めてＮＰＭという用語を使ったのは一九八九年だと述べている。詳しくは以下を参照。㈶農林水産奨励会・農林水産政策情報センター『英国における複数年度予算制度等に関する調査報告書』平成一八年一月。
（9）大住、前掲書、一三〜一四頁。
（10）ＰＦＩの類型は、内閣府ＨＰ、ＰＦＩ推進室による説明に依拠している。詳しくは、以下を参照。http://www8.cao.go.jp/pfi/tebiki/kiso/kiso11_01.html（二〇一五年一〇月二七日最終アクセス）
（11）内閣府ＰＦＩ推進室ＨＰ。http://www8.cao.go.jp/pfi/pfi_genjyou.pdf#search='pf+%E4%BA%8B%E6%A5%AD%E6%95%B0-（二〇一六年三月二二日最終アクセス）
（12）総務省ＨＰ。http://www.soumu.go.jp/menu_news/s-news/01gyosei04_01000004.html（二〇一六年三月二二日最終アクセス）

（13）小金井市では、学童保育において直営か民営化について質の低下が見られない場合のみ、民間委託も賛成という学保連の考えに基づき、市民が検討を重ね、学童保育運営基準を市に提案した。しかし、市民と行政側の質の捉え方の違いの溝を埋めることはできず、市民の提案とは開きがある基準案が行政によって作成されたという事例がある。詳しくは、東京小金井の親たち（二〇一〇）を参照。

参考文献

足立忠夫『市民体行政関係論』公職研、一九九〇年。

井堀利宏「官と民の役割分担」井堀利宏編『公共部門の行政評価』東京大学出版会、二〇〇五年。

今川晃・馬場健編著『市民のための地方自治入門』改訂版、実務教育出版、二〇〇五年。

今村都南雄「公共サービスへの接近」今村都南雄編著、地方自治総合研究所監修『公共サービスと民間委託』敬文堂、一九九七年。

大住荘四郎『パブリック・マネジメント』日本評論社、二〇〇二年。

岡本信一『独立行政法人の創設と運営』行政管理研究センター、二〇〇一年。

奥野信宏『公共経済学』第二版、岩波書店、二〇〇七年。

尾崎正久『自動車日本史』下、自研社、一九五五年。

行政改革会議ＨＰ。http://www.kantei.go.jp/jp/gyokaku/

経済財政諮問会議「今後の経済財政運営及び経済社会の構造改革に関する基本方針」内閣府、二〇〇一年六月二六日公表。

田尾雅夫『公共経営論』木鐸社、二〇一〇年。

田尾雅夫「行政組織の生産性――地方自治体の場合」『組織科学』第二六巻第四号、一九九三年。

東京・小金井の親たち編著『民間委託で学童保育はどうなるの』公人社、二〇一〇年。

東北産業活性化センター編『公共サービスの民営化』日本地域経済研究所、二〇〇五年
外山公美・平石正美・中村祐司・西村弥・五味太始・古坂正人・石見豊『日本の公共経営』北樹出版、二〇一四年。

内閣府ＨＰ。http://www.cao.go.jp/

内閣府公共サービス改革推進室〔編集〕『詳解公共サービス改革法』ぎょうせい、二〇〇六年。

㈶農林水産奨励会・農林水産政策情報センター『英国における複数年度予算制度等に関する調査報告書』平成一八年一月。

馬場健「公共サービスと行政サービスについての整理」『法政理論』第三九巻第二号、二〇〇七年。

前田成東「市場化テストと自治体行政」『まちづくり研究八王子』第四号、二〇〇七年三月。

三橋良士・榊原秀訓編著『行政民間化の公共性分析』日本評論社、二〇〇六年。

宮川公男・山本清編『行政サービス供給の多様化』多賀出版、二〇〇九年。

宮脇淳『公共経営論』ＰＨＰ研究所、二〇〇三年。

Lipsky, M., *Street Level Bureaucracy : Dilemmas of The Individual in Public Services*, Russell Sage Foundation, 1980.（＝田尾雅夫訳『行政サービスのディレンマ——ストリート・レベルの官僚制』木鐸社、一九九八年）

第4章　政府民間関係の多様化と政策実施における行政責任

狭間直樹

1　政府民間関係と行政責任論

(1) 概　要

本章では、政府民間関係の多様化、なかでも公共サービスの民間委託に焦点を当て、行政責任のあり方を検討する。行政責任とは、市民によって行政機関に与えられた任務（およびその達成）、任務が達成されない場合に行政機関によってなされる弁明、行政機関に与えられる制裁である。より良い行政活動のための行政機関の自律性、そして行政機関への統制が行政責任論の課題となる。公共サービスの民間委託が進展し、政府民間関係が複雑化する時代において、自律と統制をどのように捉えるべきか、が本章の問いである。

この問いに対して本章は、公共サービス民間委託の進展によって、自律性は民間事業者に移転され、行政機関による民間事業者に対する統制が重要になってきたことを指摘する。従来からの行政責任のみならず、「事業者の自律的責任」、「事業者統制」と呼ぶべき行政責任の視点が発生していることを強調する。公共サービスの民間委託は、行政責任を曖昧にしたと指摘されることが多いが、この曖昧さは「事業者の自律的責任」の相当部分が民間事業者に移転され、それに対する「事業者統制」が必要になったことにより発生している。公共サービスの民間委託によって、公共サービスを担う民間事業者に対しても、個々の職員の自律性、有効な外部統制が求められているのである。

本章は、こうした「事業者の自律的責任」、「事業者統制」を、公立図書館への指定管理者制度導入を事例として検討し、最後に行政責任論の意義と限界を指摘する。

(2) 自律と統制

行政学における行政責任に関する代表的な知見は、行政責任の定義、行政責任向上の方法を論じていると思われる。

行政責任を定義するにあたっては、足立忠夫による「責任」の概念整理が有益である。足立は本人・代理人の関係を想定して、責任を任務的責任、応答的責任、弁明的責任、受難的責任の四つに分類している（足立 一九七六：二二六～二三七）。任務的責任とは、本人により代理人に対して与えられた任務である。「責任の重大性を痛感する」と言った時の「責任」の意味であり、本人・代理人に認識される、未実施の状態の任務であると考えられる。応答的責任とは、代理人がこうした任務を実施して、任務に応えることである。「彼は責任を果たした」と言った時の「責任」の意味である。弁明的責任とは、代理人が十分に応答していない時に、代理人に求められる弁明である。「責任を追及する」と言った時の「責任」の意味である。受難的責任は、代理人の弁明が認められない時、代理人に課（科）される制裁である。「責任をとる」と言った時の「責任」の意味である。

本人を市民、代理人を行政機関とした場合、市民によって行政機関に与えられた任務、行政機関が任務に応えること、行政機関の任務実施に問題がある場合の弁明、そして行政機関に課（科）される制裁、が行政責任の大凡の内容となろう。

また、C・J・フリードリッヒとH・ファイナーの行政責任論争も、行政責任の定義に深く関わっている。フリードリッヒは、より積極的に行政機関が行政課題に対応することこそが行政責任の達成であるとし、議会による統制を主張する伝統的な行政責任論を乗り越えようとした。フリードリッヒは「機能的責任（functional responsibility）」と「政治的責任（political responsibility）」という二つの責任概念を提案した。「機能的責任」とは「客観的に確立された技術的・科学的な『標準』にしたがって判断し行動する責任」であり、「政治的責任」とは「市民感情に応答して判断して行動する責任」である（西尾 一九九〇：三五九、三六〇）。行政機関の活動は膨大な領域に及び、社会の進展にあわせて日々変化しており、その活動においても高度で複雑な専門的知識が求められることが多い。問題やミスの無い活動をしていくことも重要であるが、慎重に活動するあまり、無難な前例踏襲に固執し、単なる杓子定規な事務作業ばかりに努力を傾注するのも問題である。フリードリッヒの責任論においては、より積極的に市民のニーズを的確に把握し、客観的に優れたサービスを提供していくことが理想的な行政責任として強調されていると思われる。こうした行政責任を担保するのは、個々の行政官僚の良心、同じ専門知識を共有している同僚のチェックといった問責者の外在性である。

これに対してファイナーは議会による統制といった外部統制を改めて強調し、フリードリッヒを批判した。ファイナーによれば、責任とは「XがYについてZに対して説明できること（X is accountable for Y to Z）」であり、アカウンタビリティ確保のための外部統制が強調される。外部統制の無い責任は無効なのである。前述のように、責任の概念は、代理人に与えられる任務、任務が達成されない場合の弁明・制裁を意味するが、自律的な任務の達成を強調しているのがフリードリッヒ、他律的な弁明・制裁による任務達成を強調しているのがファイナーであるように思われる。

行政学者による両者への評価を比較した場合、フリードリッヒの責任論に対しては批判的な指摘が多いように思われる。特に「機能的責任」は、その脆弱性が指摘されている。「客観的に確立された技術的・科学的な『標準』にしたがって判断し行動する」ことは決して容易ではない。高度に科学的な領域においては、そもそも科学的な「標準」が何を指すのか、行政官に判断できないことも多く（たとえば原子力行政）、人間の精神領域に関わる分野や、あるいは利用者の主観的な満足度が大きな影響を持つ分野においては、「標準」を定めることが難しいことも多い（たとえば教育行政）。また、行政官に対する統制手段が無ければ、行政官が「標準」に従って判断し行動したかを確認することもできない。さらに、「機能的責任」「政治的責任」を行政責任として、その向上を図ろうとした場合、行政官のインセンティブ向上が課題となるが、統制手段が無ければ、行政官本人の意欲や良心に期待する以外に方策は無く、議論は行き詰まってしまう。

結局のところ、行政責任論は、行政統制のあり方についての議論に落ち着いていると思われる。C・ギルバートは、こうした行政統制の方法を具体化している。「内在的／外在的（internal/external）」、「公式的（制度的）／非公式的（非制度的）（formal/informal）」の二つの対立軸にもとづき、四象限で具体的な行政統制のあり方を整理している。今村（一九九六）によれば、「内在的・公式的」な統制とは、行政機関内部の指揮命令系統における統制であり、各行政機関内部での上司の部下に対する指揮監督、官房・総務部局による管理統制、国の各省庁などに対する財務省の予算・会計統制などが具体例として挙げられる。これに対して「内在的・非公式的」な統制とは、同僚による評価や意思伝達などである。「外在的・公式的」な統制とは、行政機関外部からなされる統制であり、司法（裁判所）による審査、立法（国会）による法律・予算案等の議決、国政調査権などが具体例として挙げられる。これに対して「外在的・非公式的」な統制とは、市民からの苦情・要求・陳情、各種の利益団体からの圧力、マスメディアの報道などが挙げられる。

前述のフリードリッヒとファイナーの責任論とギルバートの統制論の関係は定かではない。フリードリッヒの責任論は自律的責任を本質とし、行政官本人の良心をよりどころとするものであるから、そもそも統制の範疇に属さないものであるかもしれない。せいぜい、非公式的統制の範囲内に収まるように思われる。ファイナーの責任論は他律的責任を本質とし、特に議会による統制に主眼を置いていると思われるから、内在的・非公式的な統制ではなく、より外在的で公式的な統制を重視する立場であると思われる。

このように行政責任論は、行政責任の定義、行政責任の達成のための、個々の行政官の自律性、行政機関に対する他律的な統制のあり方といった視点を提供するものであるといえよう。

(3) 民間事業者の責任

近年の政府民間関係の変容は、こうした行政責任の概念に再検討を促すものではないだろうか。郵政民営化のように、多くの公共サービスが民営化され、政府の事業の実施責任が民間に移転された。また、特殊法人や独立行政法人など、政府本体ではない公的団体を設立する動きも見られる。さらに、政府が事業の実施主体であるものの、その実施を民間事業者に委託する民間委託も進展している。

特に、市町村レベルの民間委託に注目し、実際に公共サービスが市民に提供されるまでの過程を想定して、委託を受けた民間事業者も含めて責任の所在を整理したのが図4-1である。実際の事業実施に当たっているのが民間事業者であることを踏まえると、民間事業の自律的責任や民間事業者に対する統制の議論が必要であると思われる。「内在的／外在的」、「公式的（制度的）／非公式的（非制度的）」という対立軸は単に行政組織だけにあてはまるものではなく、民間企業その他、どのような組織にでもあてはめることが可能である。企業においても、株主による議決、監督官庁や監査機関による外部統制、内部組織間の調整など様々な統制が存在することは容易に想像できる。民間委託によって、「事業者の自律的責任」、「事業者統制」というべき責任の視点が発生していると考えられる。

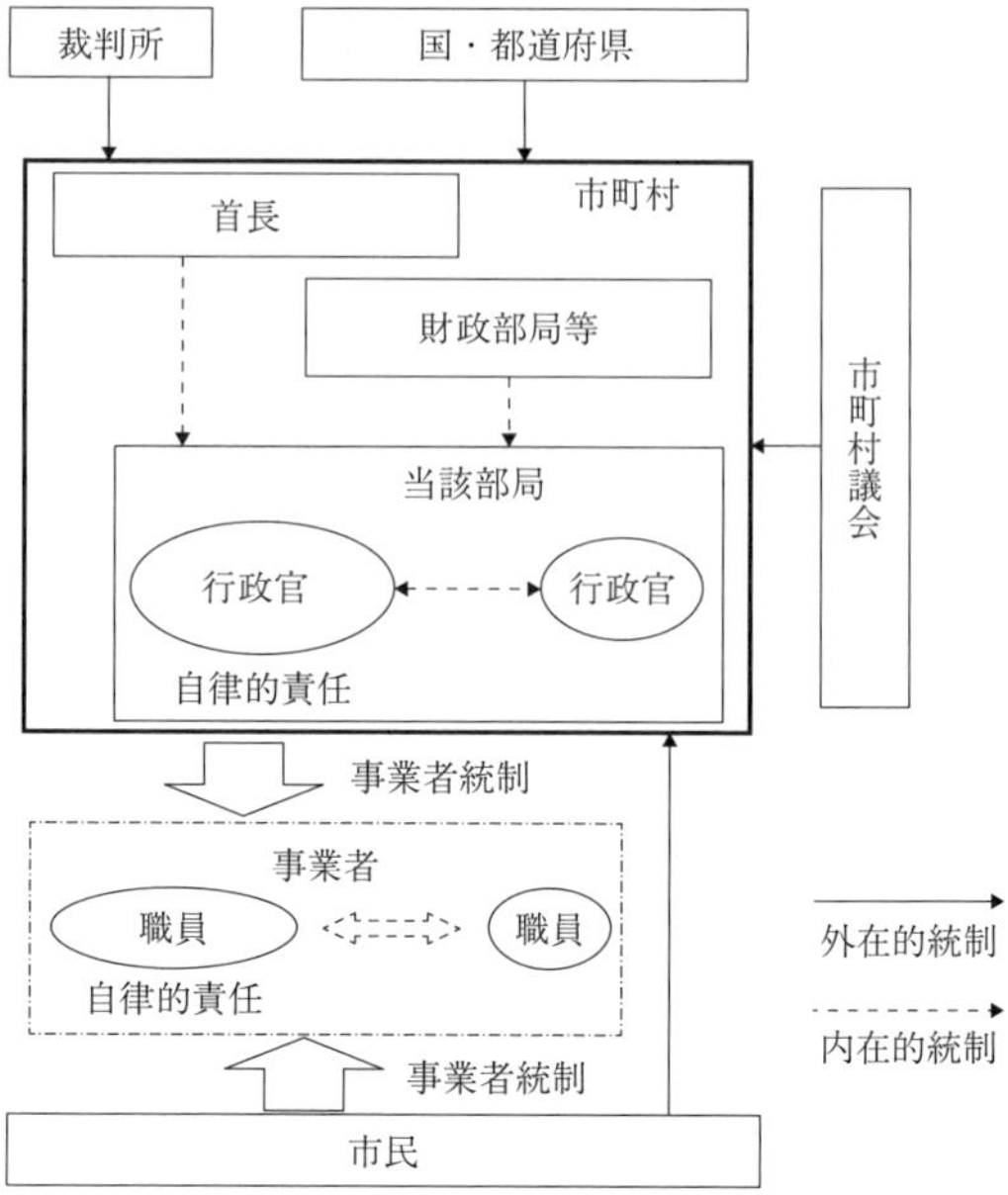

図４－１　自律的責任と統制

出所：筆者作成。

民間事業者の職員は、利用者のニーズを判断して、一定水準のサービスを自発的に提供していく責任があるし、民間事業者が適正に事業を実施しているのか、行政機関による統制が必要となるのである。

こうした「事業者の自律的責任」、「事業者統制」という視点を強調したからといって、従来の行政責任の意味が消滅するわけではないが、従来の行政責任の意味合いは変化する可能性がある。行政機関は自らの自律的責任を民間事業者へと移転させ、自らに対する統制を民間事業者に対する統制へと変化させていくかもしれない。

毎熊浩一は、近年提唱されたＮＰＭ（New Public Management：新公共経営）において、異なった責任の理論が強調されていると述べている（毎熊 二〇〇二）。一方では、ＮＰＭ型レスポンシビリティが強調される。顧客への応答性、業績向上を目的として、現場での裁量が積極的に容認される。自らリスクを負い、積極的に裁量を行使する「起業家（entrepreneur）」精神を持った行政官が期待されており、行政官の自律性を強調する側面があると思われる。他方で強調されるのがＮＰＭ型アカウンタビリティであり、これは管理式アカウンタビリティと市場式アカウンタビリティに分けられる。管理式アカウンタビリティは、行政に裁量を積極的に認める代わりに、客観的な成果を求める統制である。監査や業績測定などがそれにあたる。市場式アカウンタビリティは、競争原理による統制である（毎熊 二〇〇二：一〇六、一〇七）。これら二つのアカウンタビリティは、その手段が異なるものの、他律的な統制である。毎熊は「両者が容易には両立しえないのではないか」（毎熊 二〇〇二：一〇九）として、その矛盾や相克を指摘している。たしかに、行政内部において、自律的なNPM型レスポンシビリティと他律的なNPM型アカウンタビリティを同時に推進することは、自動車のアクセルとブレーキを同時に強く作動させるのと同じように、大きな軋轢を生むであろう。

しかし、公共サービスを積極的に民間委託すれば、行政内部における、このような矛盾や相克からはひとまず逃れられる。NPM型レスポンシビリティは民間事業者に肩代わりさせ、行政機関はNPM型アカウンタビリティに徹するのである。委託先の民間事業者にはなるべく大きな自律性を与え、結果については、委託元である行政機関が統制を強化する、という役割分担を成立させるのである。

一般に、公共サービスの民間委託を進めると、行政責任が曖昧になると言及されることが多い。民間委託によって、行政責任が曖昧になる、というのは単に弁明や制裁が課（科）される対象が曖昧になるということだけでなく、自発的・積極的に公共サービスを改良していく、自律的に任務を達成していく主体も曖昧になるということである。フリードリッヒの責任論には一定の意義があるものの、行政機関は現実においては、厳格な統制を重視せざるをえず、市民のニーズを把握して、客観的基準に従いつつ、柔軟に判断・行動することが困難である。民営化や民間委託は、フリードリッヒの言う機能的責任・政治的責任を民間に委ねることで成立させようとしているのである。

こうした事態の進行は、民間事業者の自律性を、行政機関がいかに統制するべきかという問題を引き起こしていると思われる。また、行政機関が傍観者的な無難な立場に安住する可能性を広げていると思われる。

めることを、公共施設への指定管理者制度導入を事例にして検討してみたい。

2　指定管理者制度について

（1）制度概要

公共サービスの民間委託の進展によって、「事業者の自律的責任」、「事業者統制」という視点が行政責任論に求められていること、そこにも様々な課題があることを、公共施設への指定管理者制度導入を事例にして検討してみたい。

公共施設の委託は、指定管理者制度によって始まったわけではない。従来からの、いわゆる（旧）管理委託制度において、地方公共団体の管理権限の下、「地方公共団体の出資法人のうち、一定要件を満たすもの（二分の一以上出資等）」や公的団体に公共施設の事務・業務が委託されてきた。

二〇〇三年の地方自治法改正によって、地方自治体が出資するいわゆる外郭団体だけでなく、自治体の指定を受けた「法人その他の団体」（つまり株式会社などの民間事業者も含まれる）にも公の施設を管理する権限を委任できることになった。こうした仕組みは、管理する団体を指定することから、指定管理者制度と呼ばれる。レクリエーション・スポーツ施設（体育館、野球場など）、産業振興施設（展示場など）、基盤施設（駐車場、公園、公営住宅、水道施設など）、文教施設（文化会館、博物館、美術館、図書館など）、社会福祉施設（保育所、病院など）といった様々な自治体施設に導入が図られている。

出井・吉原（二〇〇六）を参考にして、指定管理者導入の手続を次の三段階に分類した。第一に、条例制定の段階がある。指定管理者を導入する個別の施設について条例を定めるのが基本となるが、その自治体の指定管理者全体の手続を定めた条例制定を伴うこともある。また、同時に基本方針やガイドラインが策定される場合もある。第二に、指定管理者の選定の段階がある。指定管理者は公募が原則であるが、非公募の場合もある。公募の場合、一定の期間を設けて事業者を募集し、応募者に対して現場での説明会開催といった情報提供が行われるのが一般的である。選定にあたっては、選定委員会が設置され、委員会による選定基準・評価項目にもとづいて指定管理者が選定される。選定基準にもとづいた評価を得点化し、合計得点の多い業者を自動的に選定する方法をとる自治体もあれば、選定委員による協議（総合評価）によって選定する自治体もある。選定結果の公表にあたって、選定理由や得点、審議結果をどの程度公表するのかも自治体によって様々である。第三に、モニタリング・管理の段階がある。施設を運営する管理者に対して、事業報告や協議の場が設けられ、施設管理の状況が把握される。

（2）指定管理者の現状

全国の指定管理者導入状況を知る上で、総務省自治行政局行政経営支援室による「公の施設の指定管理者制度の導入状況等に関する調査結果」（二〇一二年一一月）は有益である。都道府県の施設に関してみれば、公の施設の全体数一万一六二四に対して、七一二三（六一・三％）の施設に指定管理者制度が導入されている。公営住宅を除いた公の施設数は四六九九であり、このうち二三五二（五〇・一％）の施設に指定管理者制度が導入されている。この計算においては、市町村の施設は除かれているため、すべての地方公共団体の導入状況を把握することはできないが、かなりの程度の施設が指定管理者制度によって運営されていることは間違いない。

では、一体どのような組織が指定管理者に指定されているのであろうか。都道府県、指定都市、市区町村ごとに、株式会社、一般社団・財団法人および公益社団・財団法人等（公社なども含まれる）に限って、その占有率をまとめたのが表4-1である。社会福祉施設を除けば、多くの施設において株式会社と社団・財団法人等が指定管理者に選ばれているのが分かる。この調査では、自治体と関連の深い、いわゆる外郭団体の多くが社団・財団法人等に分

表4－1　指定管理者の占有率　（単位％）

施設種別	自治体	委託先	
		株式会社	社団・財団等
レクリエーション、スポーツ施設	都道府県	21.1	32.4
	指定都市	21.2	35.5
	市区町村	29.5	31.9
産業振興施設	都道府県	25.3	51.1
	指定都市	17.2	47.1
	市区町村	24.5	10.9
基盤施設	都道府県	17.7	63.5
	指定都市	41.2	33.3
	市区町村	20.5	39.3
文教施設	都道府県	13.3	50.6
	指定都市	8.8	39.2
	市区町村	7.4	12.1
社会福祉施設	都道府県	3.6	19.3
	指定都市	1.6	15.9
	市区町村	4.3	7.1

出典：総務省（2014）より筆者作成。

類されていると思われるが、指定管理者制度においても、そうした団体が管理者に指定されていることが多いと考えられる。また、この調査によって、都道府県施設の六三・八％、指定都市施設の六三・三％、市区町村施設の三八・九％が公募により選定されていることが明らかとなっている。

日本経済新聞社産業地域研究所が二〇〇八年度に全国の市区を対象に実施した調査には、全国の市区の指定管理者の公募割合がまとめられている（日本経済新聞社産業地域研究所 二〇〇九）。九州七県の市のみを対象とすると、八八団体が指定管理者の公募割合を回答しており、八〇％以上と回答したのが一二団体、五〇％以上八〇％未満と回答したのが一八団体、三〇％以上五〇％未満と回答した自治体が一一団体、三〇％未満と回答した自治体が、四七自治体となっている。

3　公立図書館への指定管理者制度導入

(1) 図書館と指定管理者

指定管理者制度は地方自治体が設置する様々な施設に導入されているが、大きな議論を呼んでいる施設の一つが図書館である。図書館は、図書館法第二条において、「図書、記録その他必要な資料を収集し、整理し、保存して、一般公衆の利用に供し、その教養、調査研究、レクリエーション等に資することを目的とする施設」と定義される施設である。地方公共団体の設置する図書館が公立図書館である。

全国の公立図書館で、指定管理者を導入する動きが拡大している。市区町村立図書館に限ってみれば、二〇一三年度までに、全国で一七四自治体、三九二図書館が導入しており、今後も増加が予想される。全国的にみると、指定された管理者には、民間企業が多く、二〇〇五年度から二〇一三年度までに指定管理者制度が導入された三九二の図書館のうち、二九一の図書館が民間企業による運営となっている（日本図書館協会 二〇一四）。図書館の業務を大まかに分類すると、図書の選定（収集・除籍）およびレファレンス業務、窓口業務（図書の貸出・返却・予約等）、管理業務（館長業務、職員管理、財産・物品管理）に分類される。図書館の最も中心的な業務は図書の選定およびレファレンス業務であると考えられるが、指定管理者になると、すべての業務が指定管理者の業務となる可能性がある。

公立図書館の指定管理者導入に積極的な自治体は、制度導入のメリットを主張している。多くの場合、開館日数・開館時間が拡大されたこと、貸出者・貸出点数が増加したこと、利用者の満足度が向上したことなどが制度導入の成果として主張される。

一方で、反対意見も根強い。民間企業が公立図書館を運営することの問題点が指摘されている。たとえば、日本図書館協会は、次のように述べている。「日本図書館協会は、公立図書館の管理運営形態はそれぞれの自治体、および図書館の状況に合わせて創造されるべきもの、多様であるものと考えております。しかし指定管理者制度の適用は適切ではないと考えております。司書集団の専門性の蓄積、所蔵資料のコレクション形成は図書館運営にとって極めて重要なことですが、これは一貫した方針のもとで継続して実施することにより実現できます」（日本図書館協会 二〇一〇年三月一日）。指定管理者は三年や五年で指定期間が終わってしまう可能性もある。司書に対する研修や経験蓄積が困難となるのではないか、という指摘である。また、図書館法第一七条によって、図書館は本の貸出・レファレンス業務からは利用料金をとることができない。指定管理者は人件費など、コスト削減に全力を注いで委託料から収益を発生させるほかなく、結果として、過剰なコスト削減が図書館サービスの内容を悪化させるかもしれない。図書の貸出、つまり読書の普及は、読書という基本的な知的行為の機会の平等を図るために必要な機能である。指定管理者によって、この機会がダメージを受けるかもしれない、という主張は根強い。実際に、図書館への指定管理者の導入は、他の施設と比べると、低調であり進行が遅い。二〇一〇年の日本図書館協会調査によれば、指定管理者を導入しない、とした市区町村は五一四団体に上っている（日本図書館協会 二〇一〇年七月八日）。

（2）武雄市図書館をめぐる議論

数ある指定管理者導入事例の中でも、株式会社カルチュア・コンビニエンス・クラブ（Culture Convenience Club、以下、CCC）を指定管理者とする、いわゆる「TSUTAYA図書館」は、佐賀県の武雄市図書館に導入されたほか、いくつかの自治体で導入が図られており、大きな議論を巻き起こしている。

武雄市においては、二〇一二年五月に構想が発表され、二〇一三年四月一日よりCCCによる図書館運営が始まった。三六五日開館を理想とする当時の市長がCCCによる運営を希望し、非公募により指定管理者とした。指定管理者導入には数々の利点があり、「TSUTAYA図書館」を高く評価する声も多い。第一の利点は経費削減である。図書館のリニューアル費用については市が四・五億円を負担する一方で、CCCが三億円を負担した。年間運営費用における市の負担は一・一億円となり、約一〇〇〇万円が削減されたと武雄市は主張している（『日本経済新聞』二〇一三年四月一日）。第二の利点は、図書館の開館時間の拡大である。閉館日は無くなり、開館時間は四時間延びて午前九時から午後九時までに延長された（『読売新聞』二〇一四年一一月三〇日朝刊・大阪）。第三の利点は、図書館のサービス内容の変化である。当初一七万冊であった蔵書数は二〇万冊まで増やされる。館内にはスターバックスが出店し、併設される書店では雑誌の販売やDVDのレンタルなどが行われ、東京都渋谷区でCCCが運営する代官山「蔦屋書店」が移築されてきたような雰囲気が醸し出されているという。また、CCCのTカードを用いて自動貸出機で貸出を行えば、一日一回、三ポイントのTポイントが付与される仕組みとなっている（楽園計画 二〇一三：二九～三七）。第四の利点は、図書館が武雄市の地域おこし・まちづくりに大きく貢献したと考えられることである。二〇一三年度の来館者は約九二万人となり、改修前の三・六倍となった（『読売新聞』二〇一四年一一月三〇日朝刊・大阪）。図書館が武雄市の知名度向上に貢献していると考えられる。また、CCCは武雄市図書館が約二〇億円の経済効果を地域にもたらしたと主張している。様々な利点を反映して、利用者の満足度も高いようである。二〇一三年六月二七日から七月一日にかけて、武雄市教育委員会が行った利用者アンケートでは、図書館について、「大いに満足」と答えた人が三二・九％、「満足」と答えた人が五一・二％となり、全体の八割以上が満足であると回答しているという（『朝日新聞』二〇一三年八月一日朝刊・佐賀）。こうした高い評価を背景に、二〇一五年一〇月には海老名市（神奈川県）がCCCを指定管理者とする図書館を開設、多賀城市（宮城県）、高梁市（岡山県）、延岡市（宮崎県）、周南市（山口県）でも同様の計画が推進されている（『読売新聞』二〇一五年一二月三〇日朝刊・中部）。

しかし、多くの利点が主張され、高く評価される一方で、問題点も指摘されるようになっている。第一の問題点は、選書と配架方法の問題である。武雄市図書館の書籍の中に、一〇年以上前の資格試験の問題集などがあり、選書の質が問題となった。ＣＣＣは、これらの書籍がＣＣＣの関連会社であるネット中古書店から購入された中古本であることを明らかにした。また、武雄市教育委員会は、書架の安全対策工事の経費が緊急に必要となり、図書購入費を削減したことに原因があることを明らかにした（『毎日新聞』二〇一五年一一月二三日朝刊・東京）。ＣＣＣは新たな蔵書を寄贈するなどの対応を行ったが、一部の市民は図書購入費の安全対策工事への流用は違法であるとして、当時の責任者に損害補填などを請求するよう求める住民監査請求を行い（『朝日新聞』二〇一五年一〇月二二日朝刊・佐賀）、さらに、市が当時の市長に損害賠償を請求するよう求める訴訟が起こされる事態に発展している（『朝日新聞』二〇一六年一月一五日朝刊・佐賀）。また、配架方法を問題視する意見もある。武雄市図書館では、一般的な日本十進分類法ではなく、蔦屋書店での図書の配置を取り入れた独自の「ライフスタイル分類」という配架方法が取られており、本を探しにくいという指摘がある。また、ＣＣＣが指定管理者でなくなった場合に書架の大幅な入れ替えが必要となるため、職員の負担が重くなる可能性も指摘されている（『毎日新聞』二〇一五年一一月二三日朝刊・東京）。

第二の問題点は、個人情報保護をめぐる問題である。Ｔカードは様々な商業施設で利用されており、そのデータは商品開発の際のマーケティングなどに用いられている。図書館の貸出履歴などの個人情報が商業用のデータベースと結びつけられることに当初より懸念が示されている。Ｔカードの機能がない従来型の図書館利用カードも用意されていること、貸出履歴などの情報は図書返却の段階で抹消され、Ｔポイントのデータベースには蓄積されないことなどの措置がとられているが、引き続き個人情報保護の観点から図書館運営をチェックすることは重要であると思われる。

第三の問題点は、公共施設における営利性追求の問題である。図書館内に雑誌やDVDなどの販売・レンタルスペースが設けられていることには批判もある。また、公立図書館におけるTポイントの利用に関しても、それが営利追求と密接に関連していることを認識しておく必要があると思われる。Tポイントを通じて収集された情報によって行われるマーケティング事業はCCCの事業活動の柱の一つであるが、同様の事業を行う他社との競争も激しくなっている。CCCによる図書館運営の背景には、公立図書館の利用にTポイントを取り入れることで、その信頼感や知名度を向上させれば、競争で優位になるという企業戦略があると思われる。特定の事業者のポイント普及に市役所が荷担してよいのかという点については議論が必要であるし、少なくとも営利企業の戦略について市民は十分に認識しておく必要があると思われる。

様々な問題点が明らかになったことから、CCCを指定管理者とする図書館整備を図る自治体において市民団体による反対運動も発生している。小牧市（愛知県）では、CCCを指定管理者とする新図書館計画に反対する市民団体が計画の賛否を問う住民投票の実施を直接請求、住民投票を実施する事態に発展した。投票の結果、賛成二万四九八一票、反対が三万二三五二票となり、市長は計画を白紙撤回せざるをえなくなった（『読売新聞』二〇一五年一〇月五日朝刊・東京）。

（3）図書館民間委託における行政責任

CCCを指定管理者とするいわゆる「TSUTAYA図書館」をめぐる一連の動きには、伝統的な行政責任論の範疇に収められるものも多い。武雄市図書館は、市長や市役所幹部のリーダーシップによって進められたと思われる。図書館をカフェのようにして、まちづくりの拠点にしていくという事業展開は、議会による統制から生み出されたものでなく、きわめて自律的である。開館時間の延長などの成果や、高い利用者満足度を考慮すると、自律的な行政責任がある程度は達成されたと言えそうである。一方で、選書の妥当性や個人情報保護をめぐって一定程度の行政統制もなされた。武雄市民による損害賠償請求訴訟、小牧市などにおける住民投票の実施は、司法や議会による外在的・公式的統制に分類されるし、テレビや新聞の情報発信、市民が直接インターネット上で行う情報発信は外在的・非公式的統制の機能を果たしたと言えよう。CCCによる図書館運営をめぐる議論は、行政責任論における伝統的な自律と統制の問題を映し出していると思われる。

しかし、公共サービス全体の実施を考えたとき、従来の行政責任では捉えられない部分もあるように思われる。図書館の雰囲気、配架方法、Tポイント付与といった武雄市図書館の特徴的なサービス内容はCCCという民間事業者によって生み出されており、今後も事業者の発想や創意工夫で図書館サービスの重要な部分が実質的に変化していく可能性を示している。公共サービスの内容の実質的部分が民間事業者の自律性によって導かれていく可能性を示唆していると思われる。図書館の運営に関わるCCCの役員は、従来からの貸出に偏る図書館を黒電話に喩え、CCCが運営する図書館の方向性を次のように述べている。「目指すのはスマートフォン。電話だけど電話だけじゃない。コミュニケーションを求める人、学びたい人、暇つぶしの人……それぞれに居心地の良い空間と時間を提供する」（『読売新聞』二〇一四年一一月三〇日朝刊・大阪）。公共サービスがどのような内容であるべきか、その基準を設定することは容易ではない。図書館もまた、そのあり方をめぐって、様々な議論が展開されてきた。従来の基準を超える、新しい図書館サービスのあり方を民間事業者が提案したことに他ならず、今後、様々な公共サービスにおいて「事業者の自律的責任」が重要になることを意味していると思われる。

一方で、「事業者統制」も大きな課題であることが明らかとなった。どのような基本方針で事業者を選定するのか、どのような図書館を目指すのか、自治体には方向性の明確化が求められる。選書内容や配架方法をめぐっては様々な議論があり、自治体が責任をもって関与すべき立場にあることは間違いない。市役所の担当部署、担当職員にも図書館サービスに関する専門知識が求められるし、指定管理者の選定方法、民間事業者の提供するサービスの評価といった監督体制の整備が不可欠であると思われる。

財政の逼迫、市民のニーズの多様化に伴い、政府は、公共サービスへの自律的な対応を民間事業者に委ね、自らは事業者を統制する立場に姿を変えている。自律と統制の問題は、政府民間関係の問題へと進展した。「事業者の自律的責任」、「事業者統制」のあり方を行政責任論の範疇に収めていくべきではないだろうか。

4　行政責任論の課題

行政学における行政責任論は、責任の定義、実際の統制方法を論じている。個々の行政官の自律性の存在を明らかにし、実際の統制にどのようなルートが存在しうるのかについて大まかな見取図を描くことに、行政責任論の意義が見出されそうである。しかし、同時に、限界も大きいと言わざるをえない。個々の公務員は、どうすれば自律性を発揮できるのかについて行政責任論は沈黙せざるをえない。行政統制に関しても、たとえば、首長や議会による行政統制が実際にどの程度機能しているかについての議論は政治過程論的な分析になろう。実現すべき公共サービスの基準については、図書館などそれぞれの専門分野の議論を待つ必要があるし、そうした基準の達成を目的とした有効な監査や評価のあり方を模索する議論は政策評価論に分類した方がよさそうである。そして、実際に政策実施に大きな問題が生じた場合に、誰にどのような責任を負わせるのが妥当かといった議論は著しく行政法学的なものになろう。行政責任論は、公務員の自律性の向上や、具体的な統制手法については無力と言わざるをえないのである。

公共サービスの民間委託をはじめとして，政府民間関係は明らかに多様化している。行政責任論の意義が全体像を捉えることにあるとすれば，多くの事例を検討して，委託先の民間事業者も含めた上で公共サービス全体を俯瞰し，公共サービス全般に共通する自律と統制のあり方を一般化することが今後の行政責任論の課題であるに違いない。

参考文献

足立忠夫「責任論と行政学」辻清明編『行政学講座第1巻　行政の理論』東京大学出版会，一九七六年。

猪谷千香『つながる図書館――コミュニティの核をめざす試み』筑摩書房，二〇一四年。

出井信夫・吉原康和『最新事例　指定管理者制度の現場』学陽書房，二〇〇六年。

今村都南雄「行政責任と統制」今村都南雄・武藤博己・真山達志・武智秀之『ホーンブック　行政学』北樹出版，一九九六年。

総務省自治体行政局行政経営支援室「公の施設の指定管理者制度の導入状況等に関する調査結果」（二〇一二年一一月）。総務省公式サイト（http://www.soumu.go.jp/）より二〇一五年一一月八日最終アクセス。

西尾勝「行政国家における行政裁量――その予備的考察」溪内謙・阿利莫二・井手嘉憲・西尾勝『現代行政と官僚制　上』東京大学出版会，一九七四年。

西尾勝『行政学の基礎概念』東京大学出版会，一九九〇年。

日本経済新聞社産業地域研究所『二〇〇八年度（第六回）全国市区の行政比較調査データ集（行政革新度・行政サービス度）』日本経済新聞社，二〇〇九年。

日本図書館協会「公立図書館の指定管理者制度について」（二〇一〇年三月一日）（日本図書館協会公式サイト（http://www.jla.or.jp/）より二〇一五年一一月一五日最終アクセス）

日本図書館協会「図書館における指定管理者制度の導入の検討結果について二〇一〇年調査（報告）」（二〇一〇年七月八日）（日本図書館協会公式サイト（http://www.jla.or.jp/）より二〇一五年一一月一五日最終アクセス）

日本図書館協会「図書館における指定管理者制度の導入の検討結果について二〇一四年調査（報告）」（二〇一四年八月二五日）（日本図書館協会公式サイト（http://www.jla.or.jp/）より二〇一五年一一月一五日最終アクセス）

根本彰『理想の図書館とは何か――知の公共性をめぐって』ミネルヴァ書房、二〇一一年。

橋本圭多「政策過程における行政責任論の諸相――原子力政策をめぐる専門家のアカウンタビリティ」『公共政策研究』日本公共政策学会、第一二号、二〇一二年。

毎熊浩一「ＮＰＭ型行政責任再論――市場式アカウンタビリティとレスポンシビリティの矛盾」『会計検査研究』会計検査院、第二五号、二〇〇二年。

真山達志「行政官僚制と政策過程」今村都南雄・武藤博己・真山達志・武智秀之『ホーンブック　行政学』北樹出版、一九九六年。

楽園計画『図書館が街を創る。――「武雄市図書館」という挑戦』ネコ・パブリッシング、二〇一三年。

第5章　政策実施と市民の討議

髙橋克紀

1　政策の具体化と市民からのコントロール

(1) 決定後の変容に対して

公式の政策決定は内容がまだそれほど具体的ではないことが多く、議会や政権執行部は政策の実質的な内容をあとの行政過程に委ねる。そこで、具体化された計画は市民が想像したのとは大きく異なった姿になることもある。さらに、議会で明確にできることまで行政過程に投げてしまう傾向も知られている(1)。よって、公式決定後に具体化されて実施されようとしている政策内容を市民がチェックしなくていいはずはない。

これは専門技術を素人に評価できるのかという疑問を招きそうだが、専門的・技術的判断とされるものでもその実態はさほど信頼に足るものではなく、また、素人でも理性的で妥当な議論ができることは少人数での討議参加の実験的な取組みなどで示されている。もちろん、素人の判断が専門家より信頼に値するなどとは言えず、民主政治にはこれを市民的な話合いに委ねていくことが求められている。

しかも、このような紛争はしばしば公式決定が終わって活動が具体化する段階で顕在化してくる。決定時には政治的妥協も必要であるし、後に生じてくる困難を予想するにも限界があるから、市民参加を立案過程の早期から始めることではカバーできない。本章は、形成過程での参加拡大を前提に、実施過程での市民による具体化チェックの可能性について考えてみたい。

(2) 実施過程の二つの性質

政策が公式に決定していることと、あとから市民がそれを大きく変更できるような制度的手続きを設けることは矛盾している、と思われるかもしれない。行政学を含む政策研究では、実施過程には、政策決定を具体的な行政活動に変換していく行政の計画立案（実施計画の策定）の段階と、その具体的計画を各担当部門で進捗させる段階とがあると理解してきた（西尾 二〇〇一）。前者は「立案」に含めた方が日常的理解には適いそうだが、公式決定との差異を考慮するとこのような分け方になる（森田 二〇〇〇）。つまり、実施過程には二つの性質があった。前者は政治的決定と密接につながった具体的な計画策定であり、後者は、現場組織で職員が一般市民と接する（いわゆる「ストリートレベル官僚」の）活動と密接している。

そこで、実施過程におけるこの境目を目安にして、政策の具体化内容を市民が問い直せてもいいのではないか、と素朴に考えてみよう。この差異を通常の政策過程モデルをもとに視覚化したものが図5-1である（髙橋 二〇一五b）。

この市民的審査（図5-1では「実施スキームの市民的承認」）は、まだ抽象的な政策と、それに基づくはずのプログラム（施策）の間が整合的であるとは認めがたい場合に、そのプログラムだけを否定する。ということは、政策決定が曖昧だったり、当初の決定と大きく食い違う内容で実施されようとする政策は、その具体化内容が市民に承認されないかぎりどこまでも差し戻しを求められ続ける。これは、当初の政策を変更して政治的に決定しなおすか、政治的には後退しても一般市民が受け入れられるプログラムを開発するように促すものである。

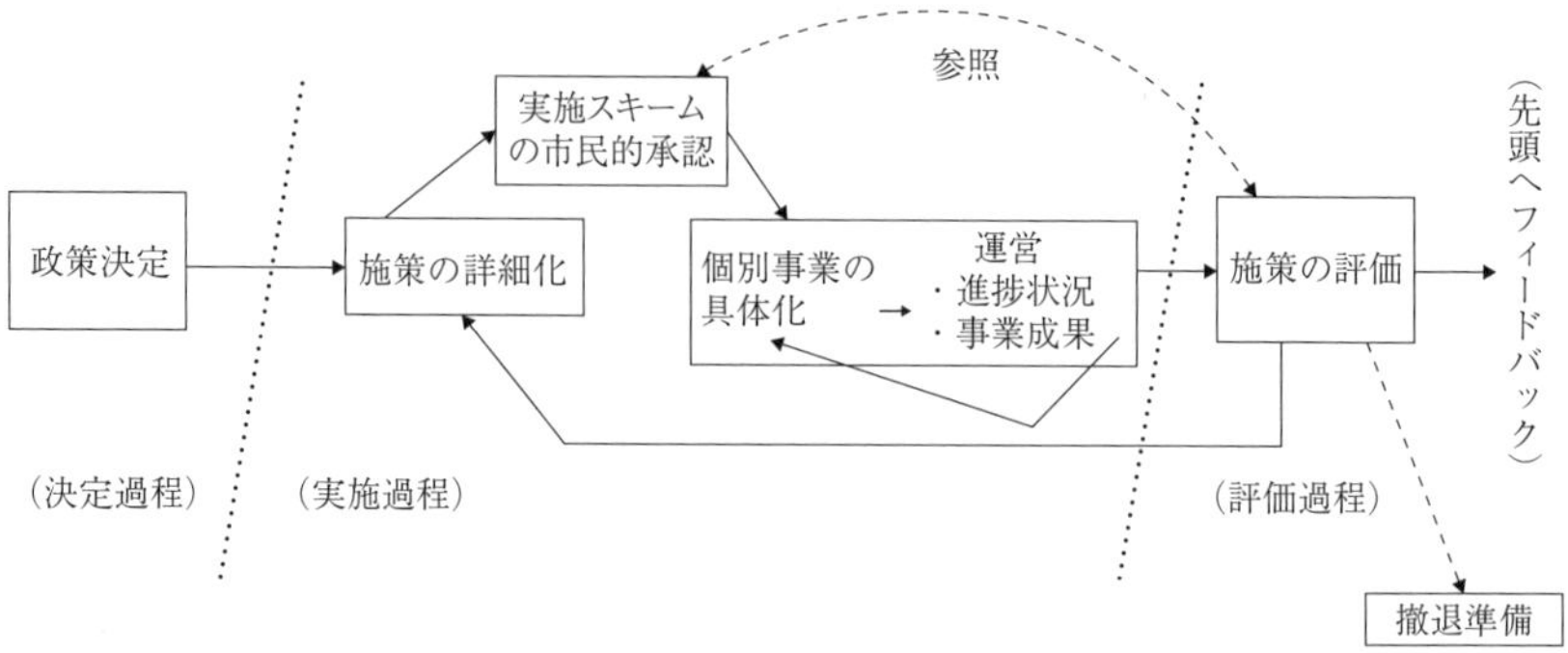

図5-1　問い直し志向の概念図

出典：高橋（2015b：164）。

この差し戻しでは容認しがたいものをまず却下するという働きが目立つが、これを実施過程における「問い直し志向」と呼ぶことにしよう。しかし、これは住民投票で政策決定を白紙に戻そうというものではないから、政策の大枠は変えないが対話を通して代替的な実現方法を見出すという努力につなげることも期待できる。こうした、成果につなげるための工夫の努力を「実現志向」と呼ぶことにしよう。[2]

これまでの実施論はほとんどが「実現志向」で、特に行政学系譜の研究動向では市民と行政の協働（サービスの共同生産）による公共サービスの螺旋的向上を重視してきた。そもそも、図5-1は実施論の初歩的観点である。新規政策が曖昧な場合にはよく妥当するが、政策のほとんどは既存事業の延長にあり、切替えたくても過去を引きずりながらゆっくりと変化させていくのが通例であるから（政策遷移）、実現志向は図5-1のような整理では捉えにくい。

にもかかわらず実現志向が主流であることは、概念の混乱を示唆している。ここで「問い直し志向」に目を向けるのは、実現志向のままでは、政策決定後に生じる政治的に対立しそうな変容を扱うのが難しいからである。協働論では当該サービスを利用しない一般市民がそのサービスの公共的意義をどう考えているのかを扱いがたいので、一般市民には、実質的なサービス充実は「知らないところで」「行政と一部の市民」が「既得権益」を作っているといった疑念を抱かれやすい。これは、単にマスメディアに（またはそれを通した人気政治家に）市民が騙されていると決めつけて済む話ではなく、公共的な承認や討議が足りないままの「公共」サービスになっていなかったかと振り返ってみることが求められる（髙橋 二〇一五a）。

以下では、第2節で市民的討議の捉え方を概観し、第3節で実施論における曖昧さや政治性を重視した主要研究を手がかりに検討し[3]、第4節でまとめを述べる。本章は主に考え方を整理するものだが、実施論はしばしば理論の不在を批判されてきたので、こうした議論も必要である。

2　市民的討議

(1) ミニ・パブリクスの試み

ある政策について市民同士でよく話し合うことは政治学の根幹である。その現実的な仕組みを開発しようとする運動に触発されながら、「討議」や「熟議」と呼ばれる研究動向が日本でもこの一〇年ほど注目されてきた。討議や熟議とは「deliberation」（話合い、審議、慎重な検討）の訳語である。九〇年代の米国で感情的な政治闘争よりも、司法審査や都市計画における理性的な討議手続きが法哲学や政治学で注目され[4]、昔から参加民主主義として論じられてきたテーマが再活性化している。近年の研究では、英国やEU内の事例に刺激されながらその具体的な形態を実践的に分析するものが多い。

その実践的形態とは、無作為抽出された一般市民が少数の討議グループに編成されて、政策課題の詳しい情報を得た上で話し合い結論を出す、という合意形成の代替的な形態を求めた市民運動で、ドイツのPZ（Planungszelle）が代表的である[5]。通常の市民参加では利害などで対立する当事者の話合いが重視されるが、デリバレーションの運動は議会政治の場に上りにくい多様な意見を公的決定の場に反映させようとしており、実行されてきた事例では議会や行政に対する諮問として位置づけられている。

市民は抽選で討議に召集されるわけではなく、主催団体からの招待に応じた人の中から属性に偏りを生じないように配慮して選ばれ、参加者には日当も支払われる。こうした手法は参加者の属性を統計的に偏らせないためであり、理想的に言えば、この小集団はある社会（国）の人口属性を正確なミニチュアのように再現することが期待でき、それゆえミニ・パブリクスとも呼ばれている。

ミニ・パブリクスの討議は、判断に必要な情報を提供されたあと、五人程度の小グループを五つほど作り、それぞれに中立的な進行役をつけて、与えられたサブテーマについて話合いをする。一日四〜五回（小グループはその都度組み替えられる）、三日にわたって行われるのが基本形である。最終的に全体の結論を参加者自身でまとめて報告書を作成して主催者に答申し、マスメディアにも公表する。

日本では、東京圏の市区を中心に、ＰＺを手本にした「市民討議会」が多く試みられ、三鷹市のケースが標準型と認識されている（篠藤ほか 二〇〇九）。ただ、概して設定されるグループ数と話合いにかける時間数は圧倒的に少なく、まとめの報告書作成、情報を提供する専門家の選び方などもまだ徹底されていない（篠藤 二〇一二）。

こうした動向に少し先立って、先端科学技術をめぐる「コンセンサス会議」が日本でも試みられた（ただしメンバーは公募）。コンセンサス会議はＰＺよりも全体の参加規模が小さく（一〇〜一五人程度）、争点に結論を出すことを目的とするのではなく、専門的科学者と一般市民の認識ギャップを埋め、市民の疑問をきっかけに専門家が問題を捉えなおす機会をつくりだそうとする（木場 二〇〇〇）。

日本におけるこれらの事例分析によると、参加者は専門的な情報の理解も早く、「素人の話合いは成り立たないのではないか」といった不安はあたっていない。ただ、参加者が退職世代の男性に偏りやすいほか、討議を経て意見が変わる人の割合も概して少ない（同じ意見でも理由をよく考えるようにはなる）など、無作為抽出によるほうが選挙より民主的な代表選出方法であるとか形骸化した議会制に取って代わるべきという期待と現実には乖離がみられる。[6] むしろ、ＰＺの開発者ペーター・ディーネルは、直接の話合いの機会を通した地域コミュニティにおけるマイノリティ包摂を重視してきたように（Dienel 1986）、出発点の問題意識を確認し直した方がよい。

三鷹市の市民討議会でも、実際には行政の広聴活動や住民間の問題認識の調整を重視していた。二度目の市民討議会では対立の大きかった高速道路のジャンクション建設をテーマにしている。これは国と都の建設事業であり、市が国土交通省を説得して、本来は地権者らの（地元）同意手続きの場に無作為抽出の市民が加わるかたちで開催され、立場の異なる参加者から成る地元の要望をとりまとめることに成功した（篠藤ほか 二〇〇九）。

広聴としての役割は新宿区が明示的に位置づけており、新宿区ではいわゆる「事業仕分け」に市民討議会方式が用いられた（長野 二〇一四）。区は討議会の結論に必ずしも従っておらず、担当課が廃止を念頭に検討していたものについて市民に（廃止を）後押ししてもらった格好になっており、市民の声を聞いて考え直すというよりも、首長の政治主導に市民が協力するかたちで用いられている。[7]

ミニ・パブリクスの形態が政治的に利用できることは言うまでもなく、これらを広報手段に用いるのは不適切である。ただし広報・広聴は本来は行政の宣伝ではなく市民からの批判や視点の切り替えを求めてなされるべきものであるから、住民の意思を引き出し、住民自身の合意形成を促すように運営されるならば、それもデリバレーションに積極的に含めて理解してよいであろう。

（2）メディエーションへの注目

前述のように、ＰＺは住環境問題や都市計画の合意形成を主な対象分野としており、行政が先に立てた計画に強い反対が起こった後に取り組まれる事例もよく報告されている。そこでは行政と利害関係者、また異なる利害関係者同士に生じやすい相互不信や感情的なこじれを乗り越えていくことが重要になる。そこでは、ミニ・パブリクスとは異なるが、開発事業をめぐるその仲裁（mediation）も市民による話合いが役立っている。

紛争仲裁の専門家（mediator）は、対立する当事者に望ましい妥協案を与える（受け取らせる）のではなく、それぞれが自ら解決能力を発揮できるように対話の環境を整えていく。感情的対立を緩和し、お互いが一定の信頼関係を築けるようにする。そのため、双方から偏っていると思われないように細心の注意を払い、お互いが現実的に何を相手に求めるべきかを見つけさせる（レビン小林 一九九九）。メディエーションは民事訴訟（損害賠償や離婚など）の調停技術や都市開発の合意形成手法として専門的に実践されているが、政治理論ではあまり目を向けられていない。

しかしジョン・フォレスターはずっと以前からこの関心に取り組んでいた。熟練の仲裁者は、「権力、権力、権力」というリアリストと「対話、対話、対話」という理想主義者とが対立する中間でデリバレーションを成り立たせており（Forester 2009 : 3）、その実践的技術が様々なメディエーターから詳しくインタビュー調査されている。それによると、メディエーターがその問題を解決しようと身を乗り出すべきではなく、対立する人々が攻撃的になりそうになるのを食い止め、現状がともに望ましくないものであってそこから脱出するという共通利益を見出せるようにしていく。それが最終的な解決になるわけでもないのだが、理念的対立は続いても当該問題に関していまから何をすべきかについては合意が得られやすいという。

その具体例はフォレスターの著書に詳しいが[8]、ここでは別の文献（Forester et al. 2011）から、建築家でメディエーターとしてカナダで活躍してきたS氏の、行政にありがちな姿勢を明示したエピソードを二つ紹介したい。一つ目は、大規模なごみ焼却工場建設をめぐる大きな対立である。その計画について自治体は公開の「討論会（debate)」を七〇〇人収容規模の会場で開催しようとしていた。市長はこの計画にたいていの人々が反対するが実業界は賛成して対立するだろうとみており、議会は討論会が暴力沙汰にならないよう警察を出動させようと考えていたほどであった。この「討論会」を翌週に控えた時点でS氏は仲裁役を依頼されたのである。S氏はこの説明会を「討論会」と呼ぶのを止めさせ、全議員が出席するも発言はせずにメモをとるだけにし、地方マスメディアがパネリストに質問できるようにし、コメントしたい人も誰でも出席できるようにすることを条件に引き受けた。当日、開会にあたってS氏は、来場者がもっと情報を必要としており、他の意見を聞く必要があり、その意見交換のためここに集まっているのであって、その場がレクチャーや討論会としてなされるのではない、と説明した。すると会場の人々はすぐに落ち着き、意見交換は何の騒乱もなくスムーズに行われたのであった（Forester et al. 2011 : 301）(9)。

もう一つは、ホテルの所有するビーチをめぐる紛争である。ホテルはその私有ビーチに入ってくる人が増えたことからフェンスを張り巡らしたところ、地元の人々と激しい摩擦が生じた。州の司法局はこれをホテルの所有権に対する闘争と捉えてS氏に仲裁を依頼した。しかしS氏が調べてみると住民はホテルの所有権に抗議していたのではなく、もともと狭いビーチがさらに狭くなって都市部からやってくる日帰り海水浴客で溢れるため、地元の住民が困っていたのであった。S氏はそこで外部の海水浴客を収容できる場所を確保するよう当局に進言している（Forester et al. 2011 : 295–296）(10)。

以上、本節ではデリバレーションにどのような捉え方があるのかを確認してきた。フォレスターの事例は政策決定前のプロセスを扱ってはいるが、対立の様子は日本で公式決定後に生じる紛争事例とあまり変わらないので、本章の参考に適していると思われる。

3　実施論につなぐ

（1）政策の曖昧さと社会的対立

しばらくデリバレーションから離れて、政策の政治性や曖昧さについてみていく。政策として公式に決定されたものには解釈の幅があり、明確に定めればそれだけ合意調達も難しくなる。政策実施論は、こうした政策の曖昧さ（ambiguity）と実施過程における政治的紛争の二律背反に注目してきた。その代表として、実施過程が政治的（立法的）解決の回避に対処しているというエブリン・ブラッドキンの実施過程理解（Brodkin 1990）と、政策実施を政策の曖昧さと社会的コンフリクトから分析したリチャード・マットランドの類型化（Matland 1995）を取り上げたい。

⑴ 政治的回避

ブラッドキンが要約しているように、七〇～八〇年代に台頭した政策実施論は、社会政策の拡大（ジョンソン政権の「偉大な社会」）における大きな期待とその挫折のギャップを主に取り扱っており、その立法的意図が官僚組織の対処行動によって阻害されることをしばしば問題にしてきた。ただ、福祉国家をめぐる政策にはシンボル的な争いが大きく、立法過程で政治家はその対立を意図的に曖昧にし、具体的紛争を「技術的」な行政過程に投げるので、実施過程は必然的に政治的紛争を担うことになる。

ただ、これは消極的な意味ばかりではない。たとえば、障害者への給付の拡大や縮小は立法的決定によってよりも、障害を定義する医療上の基準を変更するという行政的手段でなされており、「政治経済状況の変化への政策対応は、少なくとも最初は、立法手段での目に見えて公然とした論争よりも曖昧な官僚機構という手段を通してなされてきた」（Brodkin 1990 : 115）。本来は政治的である問題解決を実施過程で行政機関が対応した方が、論争的な立法手段を通すよりもうまくいくのである。政治的言明と官僚組織の行動実態の落差は必ずしも職員の消極的な適応行動の産物ではなく、実施過程は政治の一つの（有効な）手段なのだと考えられる。

これは政治家が行政をうまく隠れ蓑に使っているのか、それとも行政が政治家を積極的にカバーしているのか。どちらもありうるが、類似の観点として、社会政策の拡張期は行政の資源不足を提唱集団を含む外部の人材との非公式ネットワークで補っていたこと（Heclo 1978）を考慮すると、責任を逃れたい政治家と、特定の利益を実現したい行政や専門家とが結果的に政治を回避しようとするという実施過程の問題点がここで浮かび上がってくる。

(2) 曖昧さとコンフリクトによる政策実施の類型化

マットランドは、表5-1のように、政策の曖昧さとコンフリクトの大小を組み合わせて政策実施のタイプを四つに分類した。第一はコンフリクトが小さく政策が明確なものである。実施するだけの技術は必要だが、政策の成否は資源が安定的に供給されるかどうかで決まるので、このタイプの実施なら単純な政治行政二分論で足りる（表5-1中の①）。第二は曖昧だがコンフリクトの小さい政策実施で、「実験的」な政策実施である（②）。どのような方策が効果的であるかは分かっていないので、試行錯誤的になされる（たとえば就学前教育）。

表5-1　マットランドによる政策実施の四類型

		コンフリクト	
		小	大
あいまいさ	小	①行政管理的	③政治的
	大	②実験的	④シンボル的

出典：Matland（1995：160），ただし引用者が簡略化し番号を追記した。

実施過程の捉え方が学界で論争的になるのは、主に右側の二つのためである。コンフリクトの大きな争点では、政策が明確であるほどその実施も政治的に大きな抵抗を受ける（③）。この場合、政策への反対は主に実施方法についてではなく、先行する政策決定が妥当でないことを問題にしているので、その政治的抗議や不満は次の選挙をめぐる闘いとして公的に取り上げられる。ただ、裏返していうと、この「政治的」実施は実施過程が容易に政治問題化するので、実施論としてこれに注目する意義は小さいかもしれない[11]。

そこで、コンフリクトが大きく曖昧な（意味を限定しにくい）政策の実施こそが問題だといえる（同④）。そんな政策では実施できそうにないが、たまたまある地域で推進者が連携できると必要な資源を得られ、実施が可能となる。マットランドはこれを「シンボル的」政策の実施と呼ぶ（たとえば地域おこしの住民運動）。この政策は理念的で、実際に何をするのかはよく分からない。内容によっては実施過程で政治的対立に至るであろう。

このように、ブラッドキンとマットランドの概念化を用いることで、「曖昧な政策決定」が実施過程でどのような問題を生じるかが捉えやすくなる。では、これに沿って、実施過程の二つの志向にとってどのような話合いが望ましいかを考えていこう。

（2）問い直し志向と実現志向

市民の話合いのあり方との関係を、問い直し志向から検討していこう。シンボル性が高くコンフリクトも大きく、ゆえに具体的にどのような問題に対処しようとしているのか不明確な政策（表5-1の④）では、これを公的な再検討の場に戻した上で、問題を政治決定レベルに投げ返す（④→③）か、理念的な対立はともかく現実的に対応すべきことを実験的な取組みとして容認できる範囲で特定していく（④→②）ようにしないと、市民的討議には過重な負担をかけてしまう。

そこでの討議は、行政や推進者の提唱する取組みが依拠している問題分析と、具体策（実施計画）が上位目的（政策）にどう寄与するのかという論理構成を中心に扱うので、その形態についてはコンセンサス会議か陪審制度（司法手続き）が参考になる。その上で、②の実験の個別内容の吟味には倫理性が深く関わってくるので（たとえば個々人の保護・見守りと監視・操作がコインの裏表であるように[12]）、素人市民の捉え方と専門家グループの討議とを往復させることが望ましい。行政が一般市民からどうメンバーを選ぶかは信頼を得にくいところなので、そこに住民の代表としての正統性を期待するよりも複数の選択形態を並走させるべきであろう。たとえば公募による検討グループと抽選によるグループとで異なる結論が出されたなら、それを市民の討議結果として一本化しようとする必要はなく、それぞれの結論を一般市民が比較しながら考えることができればよいのである。問い直し志向での討議は意見をまとめることよりも決定内容から具体化までの過程に歪みやすり替えがないかにウエイトを置く。

次に、実現志向について考えてみよう。日本の政策実施研究では、サービス提供現場の（参加志向による）相互作用を重視してきたので、②と④は一体的に捉えられており、非政治的に対応可能な問題領域はマットランドよりも広く想定されていることになる（そして③はほとんど取り扱われていない）。こうした実現志向では、政策の出発点が曖昧なことはそれほど問題ではなく、その後の運営で様々なニーズに対応して具体化していくことができればよい。市民からのサービス提供活動（その運動）は、ある市民の理念がたまたま条件にもめぐまれて具体化し長い試行錯誤を経て発展してきたというケースが多い。そうした、年月はかかるが現場の取組みと既定の上位政策の協議を重ねて文脈ごとに具体化していく（運営現場から上位政府にまたがった「舵取り」の）プロセスこそが実施過程である、と理解されている（Hill and Hupe 2009）。[13]

しかし、実現志向は②と④をおおむね一体的に理解するので、提供関係の外部にいる一般市民の疑念とはすれ違いやすい。専門的な政策共同体では、市民に理解が進まないのは技術的・専門的な知識等の欠如ゆえであると思い込まれやすく（藤垣・廣野 二〇〇八）、そこでは④と②の線引きを意識し（協働の関係者にとっては区別しづらいにしても）、④→②の合意形成を目指して、推進派・懐疑派それぞれ捉え方に限界があることを見つめなおすような話合いの場をつくり出そうとすることが求められる。

（3）両志向を合わせて

既存のサービス提供関係の外部から強い批判や疑問が生じている場合や、新たな政策が既存の提供関係ではカバーできない（または主要アクターを意図的に組み替えようとする）場合には、協働関係内のコミュニケーションに頼ることはできず、政治対立の色彩を帯びた問い直し志向を活用していく必要がある。ただ現実に、問い直し志向は多数派にとってメリットの乏しい行政活動を駆逐せんとする政治攻勢になりそうである。

そこで、問い直し志向が多数派の横暴に陥らないように、またそこで不公正な手法や意図的に歪められた問題構成に回収されないようにするために、すべての利害関係団体を加えた、メディエーターによる当事者間の協議とミニ・パブリクスを併用した市民の話合い（deliberation）が求められる。個々人で言いたいことはあるにしても多くの市民はそれほど明確な主張や根拠をもって考えているわけではないので、ステークホルダー間の協議と個々人の関心の公式的表出を区別して、ミニ・パブリクスはむしろ利害関係団体間の合意が一般市民にとっても妥当なものと受け止められるかどうかを問題にする、というようにセットで運用する方がよい。

次に、価値観や経済構造などの背景から深刻な対立を抱えている場合、メディエーションに大きな期待をかけることはできない。問題をそれまでのように行政的課題として扱うよりも、明示的に政治的闘争の課題として位置づけなおす方が紛争の前提を確認しやすい。対立は無関心より合意形成にはプラスなのである（Forester 2009）。行政は起こり始めた紛争を抑えないと対立が深刻化して手をつけられなくなると怖れがちだが、市民が気づき始めた違いに蓋をすることになっては逆効果である。それぞれがどのように異なった捉え方をするように至ったのかを知り、違いがどのようなものであり、どこまでなら差し迫った問題状況に折り合いをつけられるかを市民自身が考えられるような場を目指すべきである。

以上を視覚的にまとめたものが表5-2であり、その要点は次の三点である。第一に、曖昧でコンフリクトの大きな政策実施は専門的・技術的知見を生かして明確な実験に変換されるべきである（④→②）。第二に、価値観や利害の対立が大規模に刺激されると討議が②に向かうことはできないから、それを市民のデリバレーションに負わせるのは負担が大きすぎる。これは闘争を含めた政治的討議の場に切替えた方がよい（④→③）。第三に、そこで当初の政策決定の具体化に議論を限定するのが難しいなら、実施過程の討議というより政策決定のやり直しに取り組むべきであるが、対立が課題それ自体よりもそれまでの交渉の手続きやメンバーの人間的不審などに大きく影響されている場合は、メディエーションを活用して、範囲や条件を明確にして実験的実施を目指していくべきである（よって③から②の矢印は破線で表した）。

ちなみに①への矢印がないのは、行政の技術的条件で足りる政策は実施論の関心ではないからである。むしろ、実施論の対象は、潜在的に③であったものを行政に①として対処されてしまう場合である。たとえば、戦後の集団予防接種における事故多発のように（手塚 二〇一〇）、行政・医師・市民による政策の前提理解の乖離（特に副作用の大きさや発症後の対応の乏しさ）が露呈すると①としての政策実施は成り立たなくなり、同じものが③にあてはまるようになる。

表5－2　市民的討議の目指す先

		コンフリクト	
		小	大
あいまいさ	小	①行政管理的	③政治的 ↑
	大	②実験的 ←	④シンボル的

出典：前掲の Matland（1995：160）に引用者が番号と矢印を追加した。

4　変容と承認

本章は、政策の曖昧さと対立に関して実施論におけるブラッドキンとマットランドの先行研究を用い、政策内容のコントロールに向けた市民の話合いのあり方を政治学のデリバレーション論を参照して、都市開発等におけるメディエーターの実践的技術をフォレスターに従って考えてきた。

政策は公式決定の後に変容するものだが、その過程は一般市民の知らない専門的な環境でなされやすく、そのバイアスを市民がコントロールしうるような公式の方策が必要である。これが特に必要なのは政策決定が曖昧で社会的コンフリクトが大きな場合である。当然それは市民間に感情的対立を招きやすいので、その政策のシンボル的意味をめぐる了解の背景や文脈を市民間や市民と行政の間で確認できるような話合いが求められる。捉え方が大きく異なってきたのはどのような経緯によるのか、また具体的課題についてはどこまでなら取組みに合意できるかをそこでの焦点とする。

理論的に曖昧になりやすい政策実施論において本章は一定の概念整理を提示したと思われるが、討議の詳しい成立条件や過程などにはまったく届いていない。今後はそれらを視野に入れて、理念的な面での懸念と了解可能な具体的解決行動とがどのように討議されるかについての詳細も探っていきたい。

注

（1）政治家（選出公務員）は、支持者への体面から非現実的な条件を追加したり（Pressman and Wildavsky 1984［1973］）、行政や専門家や司法の判断に丸投げして選挙における争点対立から逃げたり（岡山 二〇一二）、国会が安易に委任立法を用いることも指摘されている（谷 二〇一二）。

（2）厳密には、難しい計画や曖昧な目的の実現を達成していくために設計者が細部まで指示を出し、工程を徹底して管理・誘導していく（フォロワーが進んで強権的指示を受け入れる）こともありうるが、政策実施論はこれに批判的なので、本章では政策実現を協働に限定する。

（3）この二節分はそれぞれ拙稿を要約し部分的に項目を追記したものである（髙橋二〇一五a、二〇一五b）。

（4）主張に温度差はあるものの、理性的討議による普遍化可能な合意を目指したハーバーマスのコミュニケーション理論（Habermas 1990, 1992）への関心が高まったことが学界動向の背景となっている。

（5）　直訳すると「計画細胞」となって意味が伝わりそうにないことから、今日では「市民陪審」が推奨されている。この名称自体は、英国で（司法の）陪審員制度をモデルにPZと同時期に行われた運動であるが、PZとの交流も長く、今日ではあまり区別されずに用いられている（松下ほか 二〇一三）。ただしブレア政権の取組みは宣伝色が強く批判も招いてきた。

（6）　二〇一二年、国が将来の脱原発に向けたスケジュールをテーマに行った所謂「エネルギーDP」（PZと世論調査を組み合わせた「討論型世論調査」）の事例では多くの問題が生じた。政府の思惑に反して即時脱原発派が多数を占めたこの討議結果では討議参加者の偏りが明瞭に表れ（菅原 二〇一二、木下・田中 二〇一五）、さらに政府はこの結果に困惑して調査結果の信憑性を否定する方向で幕引きを図ったのであった。

（7）　これを長野（二〇一四）は「首長突破型」と呼び、参加と動員の危うさを指摘している。

（8）　先住民族が重視する地区の不動産開発など興味深い例が取り上げられているが（Forester 2009）、それは先に拙稿で紹介したので（髙橋 二〇一五ａ）、ここでは行政のエピソードを取り上げる。

（9）　最終的に、これを静かに聴いてきた議員たちは住民投票によって解決する道を選び、結局、建設提案は退けられた（Forester et al. 2011 : 301）。

（10）　司法局は問題が観光局に移るので喜んだ、という役所の本音にも触れられている（Forester et al. 2011 : 296）。

（11）　実施過程の政治闘争は当然に政治学的関心を集め、政治史や政治過程論はよくこの面を扱っている。実施論が台頭したのは、組織内外の運営要因の大きさという政治学者・政策分析者には意外な面に注目させたからであった。そして、その意外性は一度共有されると、さほど政治学者の興味を引くものではなくなる（cf. Pressman and Wildavsky 1984［1973］、真山 一九九一、真渕 二〇〇九）。

（12）　これは福祉国家による自由と支配をめぐる政治／社会理論に直結する（Rose 1999, Mik-Meyer and Villadsen 2013 ; Beck and Lyon 2013）。実施論はこの観点との接続を目指していくべきではないかと筆者は考えている（髙橋 二〇一四）。

（13）　これは政策実施概念のガバナンス論的理解で、「舵取り」は政府間階層の三層を一体的に（trias gubernandi）考えている（Hill and Hupe 2009 : 123–127）。

参考文献

足立忠夫『現代の公共問題と市民』ぎょうせい、一九七八年。

今川晃「政策を実施するのは誰か」新川達朗編『政策学入門』法律文化社、二〇一三年。

今村都南雄『行政学の基礎理論』三一書房、一九九七年。

今村都南雄『官庁セクショナリズム』東京大学出版会、二〇〇六年。

稲増一憲『政治を語るフレーム』東京大学出版会、二〇一五年。

牛山久仁彦「住民と行政の「協働」を考える」『季刊行政管理研究』第一一九号、二〇〇七年。

大澤恒夫「鞆の浦ミディエイション」『法制研究』第七九巻第三号、二〇一二年。

岡山裕「専門性研究の再構成」内山融・伊藤武・岡山裕編著『専門性の政治学』ミネルヴァ書房、二〇一二年。

金井利之『実践自治体行政学』第一法規、二〇一〇年。

木下健・田中宏樹「公共的討議は、「代表性」の確保に成功したか」『同志社政策科学研究』第一六巻第二号、二〇一五年。

木場隆夫『コンセンサス会議における市民の意見に関する考察』科学技術庁政策研究所、調査資料七〇、二〇〇〇年。

篠藤明徳ほか『自治を拓く市民討議会』イマジン出版、二〇〇九年。

篠藤明徳「計画細胞会議」、「市民評議会」篠原編『討議デモクラシーの挑戦』岩波書店、二〇一二年。

篠原一編『討議デモクラシーの挑戦』岩波書店、二〇一二年。

菅原琢「公開データから得られる「エネルギー・環境の選択肢に関する討論型世論調査」の教訓」『中央調査報』第六六一号、二〇一二年。

髙橋克紀『政策実施論の再検討』六甲出版販売、二〇一四年。

髙橋克紀「公共サービス改革と公共的対話について」『姫路法学』第五六号、二〇一五年a。

髙橋克紀「政策実施と教科書モデル」『姫路法学』第五七号、二〇一五年b。

武智秀之『政策学講義』中央大学出版部、二〇一三年。

谷福丸『議会政治と五五年体制』信山社、二〇一二年。

玉村雅敏編『社会イノベーションの科学』勁草書房、二〇一四年。

田村哲樹『討議の理由』勁草書房、二〇〇八年。

手塚洋輔『戦後行政の構造とディレンマ』藤原書店、二〇一〇年。

長野基「討議民主主義に基づく市民参加型事業アセスメントの取り組みの研究」『年報行政研究』第四九号、二〇一四年。

松浦正浩『実践！　交渉学』筑摩書房、二〇一〇年。

西尾勝『行政学』新版、有斐閣、二〇〇一年。

西尾勝『自治・分権再考』ぎょうせい、二〇一三年。

藤垣裕子・廣野喜幸編『科学コミュニケーション論』東京大学出版会、二〇〇八年。

松下啓一ほか『熟議の市民参加』萌書房、二〇一三年。

真渕勝『行政学』有斐閣、二〇〇九年。

真山達志「政策実施の理論」宇都宮深志・新川達郎編『行政と執行の理論』東海大学出版会、一九九一年。

真山達志『政策形成の本質』成文堂、二〇〇一年。

真山達志「政策実施過程での政策の変容」新川達朗編『政策学入門』法律文化社、二〇一三年。

村松岐夫『行政学教科書』第二版、有斐閣、二〇〇一年。

森田朗『現代の行政』放送大学振興会、二〇〇〇年。

森田朗『会議の政治学』慈学社出版、二〇〇六年。

山谷清志『政策評価』ミネルヴァ書房、二〇一二年。

レビン小林久子『調停者ハンドブック』信山社出版、一九九九年。

Ansell, Ch. and Torfing, J., *Public Innovation through Collaboration and Design*, Routledge. 2014.

Beck, U. and Lyon, D., *Liquid Surveillance*, Polity, 2013.（＝伊藤茂訳『私たちが、すすんで監視し、監視される、この世界について』青土社、二〇一三年）

Brodkin, E., "Policy Politics," D. J. Palumbo and D. J. Calista eds, *Implementation and Policy Politics*, Greenwood Press, 1990.

Dewey, J., *The Public and It's Problem*, Alan Swallow, 1927.（＝阿部斉訳『現代政治の基礎』みすず書房、一九六九年）

Dienel, P., "New Options for Participatory Democracy," C, Yadav ed., *City Planning Administration and Participation*, 15, 1986.

Forester, J., *Dealing with Differences : Dramas of Mediating Public Disputes*, Oxford University press, 2009.

Forester J. et al., "Learning from Pracitce in the Face of Conflict and Integrating Technical Expertise with Participatory Planning," *Planning Theory and Practice*, 12（2）, 2011.

Edelman, M., *The Symbolic Use of Politics*, University of Illinois Press, 1964.（＝法貴良一訳『政治の象徴作用』中央大学出版部、一九九八年）

Gastil, J. and P. Levine, *The Deliberative Democracy Handbook*, Jossey-Bass, 2005.（＝津富宏ほか監訳『熟議民主主義ハンドブック』現代人文社、二〇一三年）

Habermas, J., *Sturkturwandel der Öffentlichkeit*, Aufl., Suhrkamp, 1990.（＝細谷貞雄・山田正行訳『公共性の構造転換』第二版、未來社、一九九四年）

Habermas, J., *Faktizität und Geltung*, Suhrkamp, 1992.（＝河上倫逸・耳野健二訳『事実性と妥当性——法と民主的法治国家の討議理論にかんする研究』上・下、未來社、二〇〇二、二〇〇三年）

Heclo, H., "Issue Networks and the Executive Establishment," King, A. ed., *The New American Political System*, American Enterprise Institute for Public Policy Research, 1978.

Hill M. and Hupe, M., *Implementing Public Policy*, 2nd, Sage, 2009.

Lipsky, M., *Street-level Bureaucracy*, 30th anniversary expanded edition, Russell Sage Foundation, 2010［1980］.

Matland, R., "Synthesizing the Implementation Literature," *Journal of Public Administration Research and Theory*, 5（2）, 1995.

Mik-Meyer, N. and Villadsen, K., *The Power and Welfare*, Routledge, 2013.

Pressman, J. and A. Wildavsky, *Implementation*, 3rd. University of California Press, 1984［1973］.

Rose, N., *Powers of Freedom*, Cambridge University Press, 1999.

第6章　地方自治体における政策の終了と失敗
――滋賀県高島市における地域自治組織の廃止事例をもとに――

田中　優

1　問題関心

学術的にみて、「政策終了論」はこれまで「十分な配慮や注意が払われてこなかった」（Ferry and Bachtler 2013 : 255）領域といえる。いわゆる「政策過程」の中でも、「アジェンダ設定」・「政策案の策定（問題の構造化を含む）」・「政策決定」・「政策実施」・「政策評価」のパートに関しては、それぞれに厚みのある研究蓄積がなされているのに比して、わが国における「政策終了論」の主な先行研究としては、岡本（一九九六、二〇〇三）の論考が目立つくらいで、日本公共政策学会においても、『公共政策研究』第一二号（二〇一二）でようやく特集に取り上げたに過ぎない（海外の学術雑誌では、一九七六年の *Policy Sciences*、一九九七年・二〇〇一年の *International Journal of Public Administration* で特集が組まれている）。公共政策学の泰斗であるラスウェルが、政策過程に関する「of の知識」という概念を披露し、その中の最終第七段階目に「終結（Termination）」（Laswell 1956 : 2）を挙げていたにもかかわらず、現状、シックな研究がなされているとは到底いえないのである。

ただ、この実態に関しては、「政策の形成、実施、評価とくれば、『論理的に終了や変更がある』と推測する程度の認識であり、それが実践活動としてどのように行われるのかについては、想像の域を出ていなかった」（山谷 二〇一二：六二）という指摘を真摯に受け止める必要があり、今後は、「公共政策」における「政策終了論」の確立を目指して、研究者も実務家も深い考察を重ねていかなければならないのである。[1] したがって、筆者の立ち位置もまずはここに定め、本章の目的としては、政策終了に至るメカニズムを明らかにするというテーマを掲げることにしたい。

けだし、（広義の）「政策」というものが、「問題」に気づき、そのあるべき姿（将来像：「目的」・「課題」）を設定する中で解決のアプローチ（「処方箋」）がデザインされていくものだとするならば（足立 二〇〇五、二〇〇九）、「目的」が達成され、「課題」を乗り越えられた場合には、「処方箋」（狭義の「政策」）はその役目を終え、終了に向かうはずであり、このことを、本章では、「良い終了」と定義する。[2] 逆に、「課題」が解決されていないにもかかわらず終わってしまうものもあり、これを「悪い終了」と考える。前者が現実にほとんど起こらず、後者が発生してしまうメカニズム（いつ、なぜ、どのようにして終わるのか、誰が終わらせるのか）[3] について、本章では、滋賀県高島市における地域自治組織の廃止事例をもとに考察を展開する。

なお、地域自治組織については、近年の住民自治の実質化や基礎的自治体における「地域分権」「地域協働」[4] の制度化という文脈で導入または検討されている仕組みであるが、そういった時流のもと、早期に終了を迎えた当該事例（その設置から廃止に至るプロセス）を考察することは、取りも直さず、後発自治体に対して政策成功（ローカル・ガバナンスにおける地域自治組織を活用した取り組みが定着すること）の含意を示すことにもなろう。

2　政策終了論の先行研究

政策終了研究は一九六〇年代に開始されたもので、その時以来、「政策はなぜ終了するのか」や「終了に影響を与える要因は何か」、「ある政策が他のものより終了しやすいのはなぜか」といった問いが重ねられてきた。本節では、事例の考察に入る前に、その分析枠組みともなる先行研究における知見を、まずは整理しておきたいと思う(5)。

(1) 政策はなぜ終了するのか

政策体系の目的手段関係を考慮した場合、仮に、政策や組織が所期の目的を達成してしまったなら、政策が継続される理由はなくなるということになる。また、政策過程の中で、(社会環境の変化を意識した) 政策評価が行われ、効率性や有効性の観点から存続が難しいと判断された場合も、「政策継受」か「終了」ということになる。これらは、合理的な終了(「良い終了」)と定義されることになるが、現実社会ではなかなか生じないことでもあり、規範としては意義のあるものだが、実態面を捉え説明する分析視点としては十分とはいえないとする批判もなされている(岡本 二〇〇三)。

一方で、近年の研究では、「合理性」を主因にした終了分析も行われている。たとえば、柳(二〇一二)は、自治体病院事業の廃止事例を取り上げ、政策の存在理由の有無が審議会の政策知識により裏打ちされることによって、まさしく存在理由という合理的要因が政策廃止に関わるアクターの態度を変えたということを明らかにしている(6)。

また、松岡(二〇一四：一三七)によると、「政策縮小段階から政策終了段階でも」、「施策実施の体系構築」を通じ、「行政機構の合理性確保」が行われていると述べ、政策法令体系や施策構造体系から説明のつかない行政活動は縮小ないしは終了へ向かうということを証明している。

（2）政治的・経済的要因からの影響

わが国における二〇〇九年の民主党への政権交代事例や「八ツ場ダムのマニフェストによる事業中止」騒動が示唆しているように、政権交代や議会における勢力分布の変化、あるいは、首相や首長のリーダーシップの強さや有権者の絶大な支持など政治的要因によって、政策終了はしばしばもたらされることになる。たとえば、砂原（二〇一一）では、都道府県のダム事業が分析され、事業開始時の知事とは異なる支持基盤を有した知事に代わることで廃止が進むことが実証され、また、三田（二〇〇九）は、国の川辺川ダム事業を事例に、事業反対派勢力支持の首長が選出されるなど、政治的資源の変化を休止要因として取り上げていることなどに明らかである。

他方、経済的要因の影響については、デレオン（DeLeon 1983）は財政上の必要性を挙げており、イェ（Ye 2007）やグラディとイェ（Graddy and Ye 2008）は、財政環境の悪化が引き金になり、終了政策については、政府全体の予算における配分割合が徐々に下げられてくるといったことを取り上げている。たとえば、民主党政権の目玉政策であった「子ども手当」が、当初のデザイン通り進まなかった点については、財源不足や二〇一一年に起きた東日本大震災の復興財源確保の優先という状況があり、経済的要因が政策終了を促すということも分かりやすい分析視角である。しかしながら、クラウス他（Krause et al. 2015）は、アメリカの地方政府による地球温暖化防止プログラムの中止事例を研究し、「政治的イデオロギーの変化」と「プログラム自体の有効性」が影響を与えていることを明らかにしたものの、「経済的な条件はそれほど重要な因子ではない」という点を導き出しており、政治的要因に比べて経済的要因の一般化には、さらに研究を重ねる必要がありそうである。

（3）政策自体の性質が及ぼす影響

ここでは、どのような（政策の）性質が終了を導きやすいか、あるいは逆に終了を阻害するのかについて整理しておきたいと思う。

カウフマンは、組織の「厚さ」（組織構成員の自律的な活動や独立性、専門的な技術や知識を有していることなど）が廃止への抵抗度を規定する（Kaufman 1991：144）と述べ、カーペンターとルイスは、組織の「存続期間」に着目し、組織が廃止される確率は、組織の設立直後からしばらく経った後にいったん増加し、その後にまた減少するということを実証してみせた（Carpenter and Lewis 2004）。また、カークパトリックらは、政策や組織の「年齢」や「不可視性」、政策が対象とする問題の複雑性などを性質の例として挙げ、政策や組織について新しいものほど終了しやすいといったことや、目立たないプログラムやプロジェクトほど、終了議論の俎上には載せにくいといったことを整理したが（Kirkpatrick et al. 1999）、実証的に確かめられておらず、政策自体の性質が及ぼす影響についても今後の課題となっているところが多い[7]。

（4）分析枠組み

本研究で具体的に検証する滋賀県高島市の地域自治組織の廃止過程の分析においては、カークパトリック他（Kirkpatrick et al. 1999）の政策終了過程における諸要因を整理したシャーレン（Scherlen 2012）のモデルを使用する（図6-1参照）。

このモデルによると、政策の終了決定（非決定）という従属変数は、政策固有の性質（たとえば、長く続く政策や〈Longevity〉、複雑な課題を扱う幾重にも組み合わされた政策〈Issue Complexity〉は終了しにくい）や政治的環境（終了推進連合が強大なものである場合や〈Termination Coalition〉、迅速に終了過程が進められた場合〈Speed〉などは終了が起こりやす

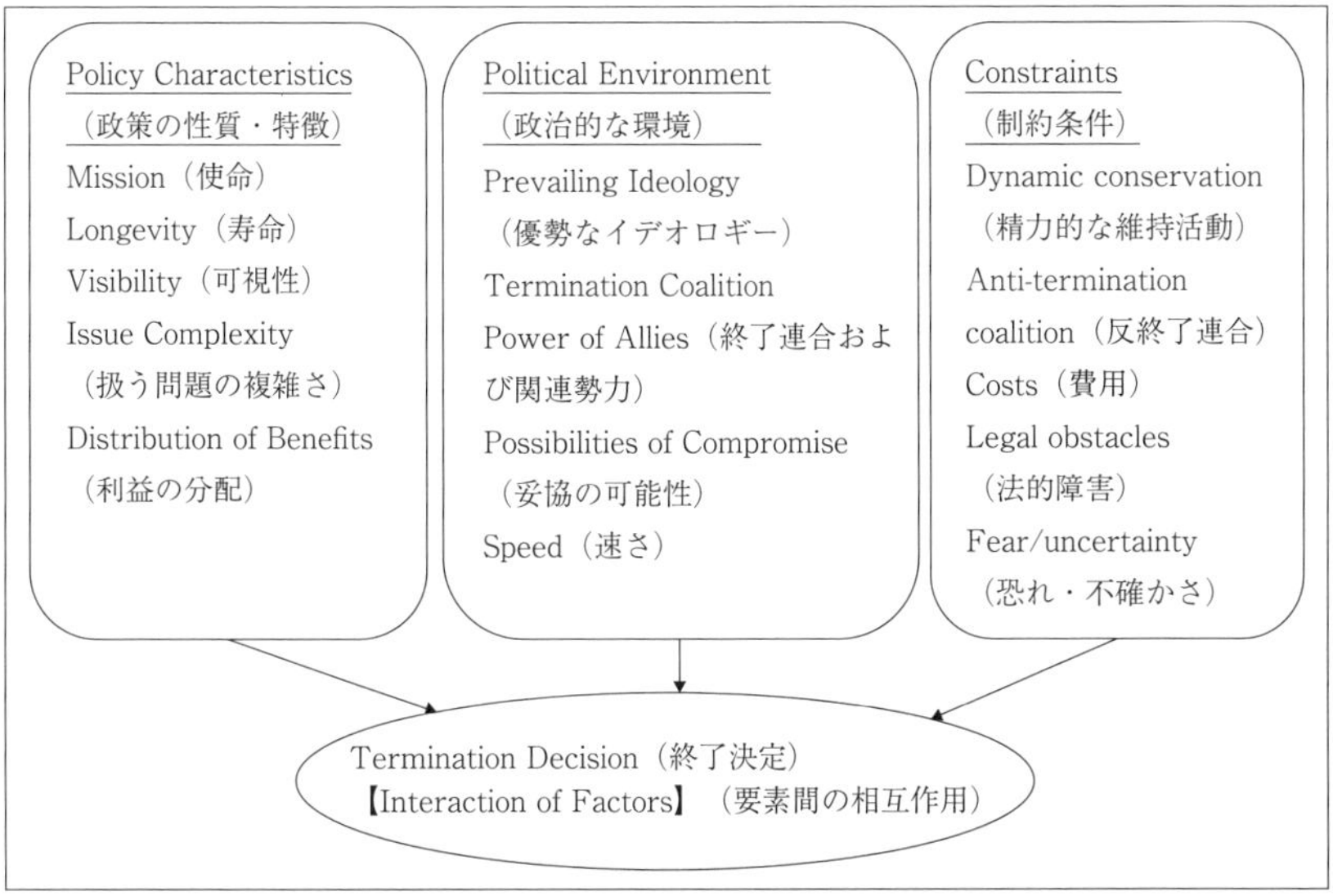

図6－1　政策終了の概念図（Conceptualizing the Policy Termination Process）
出典：Scherlen（2012：70）に基づき，（各訳語）の記載など筆者一部加工。

い）、そして制約条件（終了にかかるコストが膨大なものであったり〈Costs〉、制度が法的に守られているような場合〈Legal obstacles〉には終了が阻害されたりする）に含まれる複数の独立変数が相互に関連・作用し合って、もたらされるということになり、終了に至る（至らない）過程を分析する枠組みとしては非常に分かりやすいものになっている。したがって、次節からは、諸アクターや諸変数が、どのような影響を高島市の地域自治組織の廃止に与えたのかという観点から考察を展開していくことにしたい(8)。

3　滋賀県高島市「まちづくり委員会」の廃止事例の考察(9)

滋賀県高島市は、琵琶湖の西部に位置し、二〇〇五年一月一日、マキノ町、今津町、安曇川町、高島町、新旭町、朽木村の五町一村が合併して誕生した自治体で、面積は東京二三区よりも大きい。これまで、合併後一〇年が過ぎる中、市長はすべて一期四年でその任を終えている（二〇一六年現在で三人目の市長を迎えている）。二〇〇五年七月から、住民代表からなる「まちづくり委員会」（高島市版地域自治組織）を六つの旧町村ごとに発足させ、住民主導のユニークなまちづくりを仕掛ける工夫を合併早期から行ってきた自治体でもある。

ところで、今回の考察にあたって高島市事例を選択した理由については、地域自治組織による分権型・協働型のまちづくりが活発になりつつある近年、高島市が全国の中では早くから取り組んだが設置後一〇年で廃止となったケースで、未だ希少な事例といえるためである。結局、当該事例の終了過程を考察することは、これから分権・協働政策を展開していこうとする自治体にとって示唆に富む内容を得られると思ったからである。

（1）地域自治組織とは何か

高島市の事例に入る前に、まずは一般的に「地域自治組織」がどういったものかを確認しておくことにする。

歴史的に見ると、「今後の地方自治制度のあり方に関する答申」（第二七次地方制度調査会、二〇〇三年一一月一三日）では、「基礎自治体における住民自治充実や行政と住民との協働推進のための新しい仕組み」として、地域自治組織の制度化や仕組みに関する具体的な提案がなされており、これは後に、「地域自治区」（二〇〇四年地方自治法改正）および「合併特例区」（二〇〇五年「市町村の合併の特例等に関する法律」施行）という制度設立へと繫がっていった。その後、「新しいコミュニティのあり方に関する研究会報告書」（二〇〇九年八月二八日）が発表され、地域の多様な主体の集まりで意思決定を行う「住民による協議の場」とそれを実施するための「地域協働体」の構想が提起された（今川 二〇一三：八一～八二）。

現在では、前記地方自治法改正による「地域自治区」の仕組みは一般化したとはいえないものの、「住民自治の拡充のため、より住民に身近な地域の単位における地域共治（ローカル・ガバナンス）の推進主体となる地域自治組織を複数設置し、それらに対して自治体から何らかの権限配分を図る動きが幅広く展開されて」（初谷 二〇一四：一八九）きている。

こうして、現下の文脈においては、当初の法律改正によって導入されたものというより、各自治体が独自に設置した「ある一定区域において、地域住民の参加を基盤とする協議会組織、およびそれを支える行政組織から構成される、地域自治活性化のための集合体」（三浦 二〇一一：六三）をして、「地域自治組織」と呼称することが一般的になりつつあることが理解できている。

（2） 高島市「まちづくり委員会」

(1)概　要

それでは、高島市の地域自治組織として導入された「まちづくり委員会」がどういうものであったのかを確認するために、当時の新聞記事を引用しておこう。

「高島市は、住民代表からなる『まちづくり委員会』を六つの旧町村ごとに発足させ、住民主導で地域の特性を生かしたまちづくりに七月から乗り出す。市長の決裁なしに、まちづくり委員会の提言をもとに支所長らの権限で素早く身近な仕事に取り組めるのが特色。自然・生態系の保全、特産品の開発、環境対策、福祉、教育などあらゆる分野が対象となる。年間約一億円の資金を用意し、各支所（支所のない旧新旭町は市企画部が担当）へ配分する。旧町村ごとに、支所長らの推薦や公募によって市民の中から十数人の委員を選び、市長が委嘱する。報酬はない。海東英和市長は『市民が発案し、熱意で運営する高島版・地域自治組織。特色あるまちづくりに貢献してほしい』と話している」

（『朝日新聞』二〇〇五年六月四日付朝刊）

この内容を読む限りでは、前記した三浦（二〇一二）の「地域自治組織」の定義に当てはまることが理解できる。続いて、高島市がどういった意味を付与していたのか、設置の根拠から確認しておく。

(2)根拠規程

「まちづくり委員会」のルールは、「高島市地域自治組織設置規程」として、二〇〇五（平成一七）年五月二三日告示第二七九号として出され、同年六月一日から施行されたものであった（二〇一五（平成二七）年三月三一日をもって廃止）。

まず第一条には、設置の目的が「市内のコミュニティにおける地域自治力を高めるとともに、各地域の魅力あるふるさとづくりを推進するため、旧町村域を単位として高島市地域自治組織を設置する」ことが謳われており、第三条には「まちづくり委員会」を定めたものとして、第一項に、「各自治組織には、住民の代表からなるまちづくり委員会（以下、委員会）を置き、支所（新旭地域にあっては新旭振興室）との協働により、次に掲げる事項を遂行する」と述べられていた。それは、⑴地域振興事業補助金を活用した事業計画の策定、⑵担当区域における各種まちづくり事業の推進、⑶自治会や各種まちづくり団体との意見調整、活動支援、⑷担当区域内における本市の施策に関する事項という内容であった。第二項、第三項は委員の選任に関するもので、委員会の定数は支所長が定めることができ、担当区域に住所を有する者の中から支所長が推薦し、市長が委嘱するという方式をとっていた。なお、委員属性については、多様な意見を反映することに留意しながら、⑴区長または自治会長その他地域を代表する者、⑵ＮＰＯ等地域のまちづくりを推進する団体を代表する者、⑶まちづくり活動等に積極的に参加している個人、⑷学識経験を有する者、⑸公募により選任された者によって構成されるとしていた。最後に予算などの権限については、第八条として、「市長は、地域の特色ある事業を推進するために、毎年度予算の範囲内で一定額をまちづくり事業費として予算化し、各支所（新旭地域にあっては新旭振興室）に予算内示を行う」旨が定められ、事業の計画と執行については、第九条で、支所長らは、まちづくり委員会と十分な協議を行うよう書かれていた。そして、第一〇条において、市長は、自治組織が行う事業および予算執行の権限について、支所長らに委任することも述べられていた。

これら設置の趣旨などからも明らかなように、高島市の地域自治組織である「まちづくり委員会」は、ルーティーンの親睦行事や市役所からの下請け・依頼事だけを片付けていればよいというものではなく、むしろ「①住民の想いに耳を傾け、②地域の課題を発見し、よくなる方向を見定め、③住民の力を集めて課題解決に取り組む組織であり、そのために、④地域住民を束ねて話し合い、地域のことを地域で決めることができ、時として、⑤地域を代表して行政と対等に交渉し協力することができる組織」（乾 二〇一五：三三）と見なすことができたのである。

(3) まちづくり委員会の廃止過程

ここでは、市長部局の動きをまず確認し、議会および市民（主としてまちづくり委員会に関わった人たち）サイドの反応がどのようなものであったかをみておくことにする。

(1) 市長部局の動き

高島市が二〇〇五年に合併して一一年。その間、三代の市長が登場し、現在の福井正明市長（二〇一三年二月就任）によって「まちづくり委員会」は廃止となった。

福井市長は、選挙公約で「一体感のある高島市」というテーマを掲げる中（『福井正明の政策集――市民の皆さまとの約束』二〇一三年を参照）、就任して半年後の二〇一三年夏頃から、「まちづくり委員会」の廃止を思い描き出した。きっかけとなった出来事は、旧町村単位で行われていたイベントへの、これも旧町村単位での職員動員が継続的に行われているという事実を知ったことであった。自身が掲げた「一体感のある高島市」に向けては、それぞれの地域が交流することが必要であるのに、人（住民・職員）が垣根を作ってしまっていると彼の目には映ったのであり、合併して八年が経つ市役所内部でさえもそうであったという事実は、そのバラバラの象徴である旧町村単位で設置されている「まちづくり委員会」の廃止へと駆り立てたのであった。

一方で、所管部局（現市民協働課）のスタンスは継続であり、当時の担当課長は、それぞれの地域のまちづくりを否定するのはよくなく、もちろん個々でやっているだけで市民の一体感を目指していないケースがあることも認識していたものの、（実質的に支所を経由した）各まちづくり委員会への一律の補助金配分という方法[10]を改め、それぞれの単位で課題解決の提言をしてもらい市全体の予算で拾い上げていく構想を練っていた。しかし、この案が福井市長によって否定されると、今度は、各まちづくり委員会を残しながらもそこから代表者を選出し、市域全体のまちづくり委員会（代表者会議）を立ち上げることで生き残りを図ろう（市長の譲歩を引き出そう）とした。然るに、廃止を推進する市長にとっては、この時点で、担当部局は「終了抵抗勢力」であったということになる。

しかしながら、担当部局をして、市長の廃止方針を翻意させるほどの「合理性」を提示することは叶わず、二〇一四年一〇月に、市民協働課は市長判断を受け入れ、抵抗勢力であることをやめた。そして、以降は、地域間の垣根をなくした全市で一つの「まちづくり推進会議[11]」という組織を構想していくことになったのである。

ちなみに、この前段階として、二〇一四年四月には、まちづくり委員会の根拠である「高島市地域自治組織設置規程」の一部改正がなされていた。ここでは、廃止を推進したい市長の意向が色濃く反映されることになったのだが、第三条のまちづくり委員会の位置づけについて、当初規程に見られた、各地域のまちづくりを補助金の活用により企画立案・実施していくという姿は後退し、新たに「一体感のあるまちづくり推進方策の検討」という役割が盛り込まれることになった。このことで、旧町村域を単位とする地域自治組織の性格は一層わからないものになってしまったことは言うまでもなかった。

こうしてみると、先行研究にも見られたように、当該政策導入当初の首長が去り、政権交代によって違うイデオロギーや価値観を持った首長が登場することによって、政策終了の推進がなされた一例と考えることができ、（終了推進）首長の強いリーダーシップによって成し遂げられたものということが理解できるのである。

(2) 市議会を通じてのやりとり

議会が制度上も、実態としても、政策形成や終了に関して大きな影響を与えるアクターであることに論を俟たない。ただ、今回の高島市事例については、「まちづくり委員会」の根拠規程が「要綱」であったということもあり、その設立から廃止に至るまで、高島市議会は議決案件に関わる直接的な決定アクターとしては登場してきていない。しかしながら、市民を代表する存在として、二〇〇五年の「まちづくり委員会」導入以降、どういった一般質問を投げかけ、市長部局側からの回答を引き出してきたのか等について、左記により時間順に確認しておきたいと思う。[12]

◎二〇〇五（平成一七）年六月定例会六月二三日：林弘議員質問、海東秀和市長（当時）答弁

高島市では、「まちづくり委員会」導入と同時期に「地域審議会」（合併特例法に基づく新しい組織で、旧町村単位に設置。旧町村から各二〇名合計一二〇名の委員が推薦決定されていたもの）も立ち上げられており、当時の林弘議員からは、「同じような内容の組織を立ち上げる必要は、どこにあるのか」と問われていた。この質問に対して、当時の海東秀和市長は、「まちづくり委員会と地域審議会の権能や役割等につきましては、まちづくり委員会が任意の協議組織であるのに対して、地域審議会は、法に基づく組織であり、新市建設計画の遂行状況や、また変更にあたっての諮問など、所管する事項が先の委員会とは別であると考えており、役割が違うものでございます」と答弁していた。

しかしながら、次の質問答弁でも認めているように、市民にとっては、そもそも「まちづくり委員会」が何を

目指して何を行うものかなど非常にわかりにくいものになっていたようである。

◎二〇〇五（平成一七）年九月定例会九月二七日：林弘議員質問、青谷佐智男企画部長（当時）答弁

「市民の皆様に地域自治組織等の設置趣旨を十分に周知できていないのではないかというご指摘でございます。果たして、その事につきましては、ご指摘のとおり十分周知徹底ができているかという事につきましては、今しばらく時間も必要かと存じますが、色んな機会、また手段を講じまして、これらの周知徹底に努めているところでございます」というように、この答弁からは、「まちづくり委員会」導入時の市民側への説明不足が明らかになっていた。

◎二〇〇七（平成一九）年九月定例会九月一一日：竹脇一美議員質問、海東秀和市長（当時）答弁

「（新市総合計画方針「心の通う人づくり」に関連した：筆者補足）地域の個性を大切にした一体感の醸成について。各地域の個性や特性の共有化、一体化として旧町村ごとにまちづくり委員会が設置され、地域課題に対応しつつ、各支所との連携の中で地域の個性を活かした方向に進んでいるのだろうか」という質問に対して、「行政主導型の委員会運営などの課題も浮かび上がり、今後のまちづくり委員会の活性化に向けた検討を行う時期に来ている」と述べており、このことは、高島市と協定を結ぶ龍谷大学の協力による「市民協働のまちづくり推進指針～高島市らしい市民協働の実現に向けて～」（二〇〇八年三月）の策定へと繋がっていくことになった。この指針において、まちづくり委員会の活性化方策が提言[13]されることになったのだが、このことはすなわち、制度導入後三年も経たないうちから、まちづくり委員会の形骸化を市として認識していたということを端的に表していたのであった。

◎二〇〇八（平成二〇）年九月定例会九月一一日：大西勝巳議員質問

しかしながら、その提言が十分に活かされてきたかというと疑わしいものがあった。たとえば、大西議員はまちづくり委員会について、「その活動内容については、広く情報として公表をされておりません」と述べていたし、次のような課題認識も市役所担当部局からは示されていた。

◎二〇〇九（平成二一）年六月定例会六月一六日：山川恒雄議員質問、古谷和美企画部次長（当時）答弁

まちづくり委員会についてては、「その取組につきましては地域間に差異が生じるなどの課題がございます。さらに、委員会の存在や活動内容が市民にあまり知られていないことや、委員同士の交流が十分でなく、他地域の情報が把握できていないことも挙げられます」と述べており、「市民協働推進指針」に基づくフォローアプローチが企図されておりながらも、その実効性は怪しいものとなっていた。

そして、いよいよ廃止を決定した福井市長とのやり取りが開始される。

◎二〇一三（平成二五）年三月定例会三月一三日：万木豊議員質問、福井正明市長答弁

「現在六つの支所単位でのまちづくり委員会が設置され、それぞれの旧町村単位でのまちづくりに取り組まれておりますが、高島市全体の一体的なまちづくりの醸成につながらないのではないかと考えられますことから、今後、このまちづくり委員会も含め、支所単位ではなく市全体の中で、市民の皆さんの参加の具体的な方法やその役割、さらには一体的な機運の醸成につなげるためのあり方も含め、新たな市民参加に向けました組織の設置に向けた検討をしてまいりたいと考えているところでございます」とあるように、前述の市長公約に基づく廃止へ向けた意思表明が初めてなされたのであった。

◎二〇一三（平成二五）年六月定例会六月一八日：廣本昌久議員質問、清水安治政策部長（当時）答弁

「（まちづくり委員会をして、――筆者補足）一体感が醸成されていないと言われる根拠はどこなのか」という質問に対して、「各まちづくり委員会のエリアをまたがる、あるいは全市に及ぶ課題について、オール高島での政策提案や意見交換する仕組みが整っていなかったことなどが挙げられ」ると答えているが、そもそも、「まちづくり委員会」に期待されていたことはそういうものではなかったはずであった。

次の答弁をご覧いただきたい。

◎二〇一三（平成二五）年一〇月決算特別委員会：前川勉議員質問、田谷伸雄市民活動支援課長（当時）答弁

田谷課長は、まちづくり委員会について、「市民協働と一致するものというように考えております」と答えているように、「まちづくり委員会」をなくせば、その時点で、高島市における市民協働のツール・回路が失われることに自覚的であった。市民活動支援課長という立場もあるが、前記したように、この時点での行政担当部局は、廃止という方向に反対であったことがここからも看取されよう。

◎二〇一四（平成二六）年一二月定例会一二月九日：粟津泰藏議員質問、山本博和政策監（当時）答弁

まちづくり委員会について、「合併の大きな目標である高島は一つの合言葉を実現させるために、地域の活性化を図るための役割を十分発揮されてきたのでしょうか。成果があれば具体的にお伺いします。問題があれば、それはどこにあり、どうされたのでしょうか、伺います」との質問に対し、「それぞれの地域に応じたまちづくりや身近な課題解決を図りながらも、地域の枠を超えた全市に及びます課題対応や、本市の将来にわたります政策実現に向けた一体感のあるまちづくりにつながる組織の構築が必要と考えているところでございます」と直接

的な回答を避け、「⑴市長部局の動き」でも明らかにしたように、この時期にはすでに、市長方針に基づく廃止へ向けた方向性を認めていることが分かる。

そして、次の通り、二〇一五（平成二七）年三月に市長の口から初めて「まちづくり委員会」の廃止が明言されていく。

◎二〇一五（平成二七）年三月定例会三月六日：澤本長俊議員質問、福井正明市長答弁

「一体感のあるまちづくりに発展させていくために、これまで設置運営されてまいりました六つのまちづくり委員会をこの際廃止し、新年度より新たに市全域を包括いたしますまちづくり推進会議を設置するものでございます」。

ここに、二〇〇五年に設置されて以来、市民協働のツールとして企図されてきた旧町村単位の「まちづくり委員会」は役割を終えることになったのである。

⑶まちづくり委員（市民）からの反応

市民からの反応としては、「まちづくり委員会」を閉じ、新たに「まちづくり推進会議」を立ち上げるにあたって開かれた意見聴取会（二〇一五年一〜二月に実施）の内容から、次のような声が寄せられていたことが明らかになっている。

◎「まちづくり委員会」廃止に否定的な意見

「地域の細かいところまでのまちづくりは推進会議で反映されるのか」、「地域を良くすることを考え、まちづくり委員会に参加してきた。まちづくり委員会を残して、代表者組織を作ってもいいのではないか」、「（まちづく

り推進会議の）準備や企画に一年ぐらいかかり、動きが遅いと思う。なぜ地域のまちづくり委員会を解散するのか。空白ができる」、「まちづくり委員会の上部組織を設けたらいいのではないか」、「まちづくり委員会では、参加して初めて地域を再発見できた」。

◎「まちづくり委員会」廃止を肯定する方向の意見

「廃止は仕方ない」、「自分たち委員も（まちづくり委員会を通して：筆者補足）どこへいけばいいか分からなくなっている」、「自分たちでまちづくりをやるしかない」、「まちづくり委員会が解散し、ボランティア活動になると活動の規模は小さくなる。フェードアウトせざるを得ない」、「一〇年たつとまちづくり委員会がバラバラになっているのはわかる。ＮＰＯや素人がいろいろ身近な活動をやっていくべきで、大きいことは上部組織にお願いするべき」、「地域では何もかも固定化してきている。狭い地域から広域に変えていくのもいいと思う」。

こうして、まちづくり委員会委員の意見だけを拾い上げてみると、賛否が拮抗しているようにも見えるが、市民全体として「廃止に賛成あるいは反対」という運動が起こることはなかった。「まちづくり委員会」の導入については前記の朝日新聞以外に四誌六件の記事が書かれていたが、その廃止については一つも取り上げられることはなく、もはや存在感はなくなっていた[14]。

（4）政策終了のメカニズム

ここでは、考察のまとめとして、第2節で示したシャーレン（Scherlen 2012）のモデルを使い、高島市のまちづくり委員会の終了過程について構造化を図っておきたい[15]。

(1)「政策の性質（特徴）」(Policy Characteristics)

①「まちづくり委員会」自体、行政内ルールである要綱設置であって、条例など自治体としてオーソライズした公式のルールには位置づけられておらず、方向性や目標などに関して共有化を図る努力を行政としては積極的に行ってこなかった（各支所にお任せ）という結果を生み出した。こうして、「まちづくり委員会」関係者にとってはミッションが曖昧なままで時間が過ぎていくことになり、本来の政策意図とは違うかたちで活動が展開されることになってしまった。たとえば、「（まちづくり委員会について：筆者補足）年数がたつ中で、……やはり割り当てられた予算を消化するというようなことになってきていたのも、これは否めない事実」（「まちづくり委員会」委員経験者であった青谷章議員の発言：二〇一五年（平成二七）三月定例会三月九日）という指摘に代表されるように、委員会の目的が変容してしまった。当初は、まちづくり委員会に選ばれたメンバーが、自分たちの地域の問題に気づき、課題を設定し、解決方策を考えて支所に提案し、事業化されたものにつき自分たちで動かしていくという「企画実践型」を期待されていたはずであった。しかし、いつしか、地域内の各種団体からイベントなどの提案を捌くという「補助金選別マシーン」[16]になってしまった。また、設置当初より、「自治会」や「地域審議会」など同じような組織もあって役割・機能分担が分かりにくいものになっていた。

②「まちづくり委員会」は二〇〇五年に導入された新しい制度であり、長く続いているものに比べ基盤が脆弱であった。このことは、ベリー他（Berry et al. 2010）の研究で明らかにされている通り、プログラムができて最初の一〇年間にもっとも終了の恐れがあるという傾向に該当する。[17]

③「まちづくり委員会」が市民にどれだけ見えていたかということは、今回の考察結果からは判断しづらい。ただ、議会の質問が二〇〇五年以降断続的に出されていたことを鑑みると、市民代表である議員にはよく見えていたのかもしれない。しかし、この事実をもって、「見えていない組織ほど続く可能性は高い（反対に見えているものは

終了過程にのせられやすい)」ことを証明はできない。

④問題の複雑さ(Issue Complexity)は、扱う課題の多様性(政策目標の焦点化が図られていない状態)が終了を跳ね返すことにもなるというものであったが、本事例では逆に、地域状況の複雑さを前にして、イベントなど取り組みやすいものをゴールに走ってしまった傾向が見られた。そしてこのことは、前記した①とも関連するように、まちづくり委員会のミッションを曖昧にしていったし、「予算選別マシーン」と映った人もいた。少なくとも、複雑性に対応すべく「まちづくり委員会」は存在しており、したがって、必要な組織で、終わることはできないと唱える人はいなかった。

⑤市民にとって、まちづくり委員会を通じて得られる利益(便益)や効果が明確でなく、廃止の際、反対を唱えるほど価値のある存在にはなっていなかった。一般的に市民からの政策に対する支持は欠かせず、とくに経済的な恩恵を被るような政策の廃止についての市民の抵抗は強くなる(Henry 2015)。結局、目に見えた利益(便益)が「まちづくり委員会」によってもたらされたわけではなく、市民からの廃止反対の動きは起こらなかった。

(2)「政治的な環境」(Political Environment)

①二〇〇七年三月に作られた新市総合計画では、「(1) 地域の個性を大切にした一体感の醸成」が挙げられ、施策方針として「各地域の個性や特性の共有化、一体化」を実現するものとして、「まちづくり委員会」の位置づけ強化が図られていたのだが(松岡(二〇一四)による「合理性の獲得」)、方針後半部分を受けた「一体感のある高島市」という言説が支配的なものとなり、「まちづくり委員会」はむしろ一体感を阻害するものとして廃止市長(福井氏)の公約になってしまった。こういった政権交代による政府の支配的イデオロギーや価値観の変化は、経済・効率性以上に「政策終了の窓を開く」(Ferry and Bachtler 2013 : 258)ことになる。また、ヘンリー(Henry 2015 : 27)が「プログラムを立案した人々の多くが去った場合には、その政策の寿命は短くなりがち」と指摘したように、

「まちづくり委員会」を立ち上げた本人（海東市長：当時）の退場は当該制度を守るものとはならず、結果的に短命化を促したと見ることもできた。

②「終了推進（反対）連合」については、「政策の性質（特徴）」の⑤でも見たように、結成はされてこなかった。

③「まちづくり委員会」を所管していた部局の「大きさ」や「強さ」はどのようなものであったのか。組織のサイズなどは終了を拒む要因になっていたかもしれないが、高島市の場合、本庁の担当部門がどの程度の調整権限・調整能力を有していたかは疑わしかった。たとえば、このことは、龍谷大学の協力によって作られた「推進指針」のフォローがほとんどなされなかったことなどにも明らかであった。また、支所自体も、合併当時三〇人程度の人員で、地域振興・窓口業務・土木業務・産業振興業務・福祉業務を担っていたが、現在では規模としては八名程度のものとなっており、「まちづくり委員会」に直接向き合う組織としては非常に小さくなっていた。

④妥協の可能性があるかどうか（Possibilities of Compromise）については、組織とプログラムの生き残り戦略として使われるものであったが、二〇一四年一〇月の廃止受け入れまで、担当部局側は市長とまちづくり委員会維持の交渉をしていた。たとえば、各まちづくり委員会を残しながらもそこから代表者を選出し、市域全体のまちづくり委員会（代表者会議）を立ち上げることで生き残りを図ろうというアイデアや二〇一四年四月の規程一部改正もその現れであったが、市長の強力なリーダーシップの前に譲歩の可能性は奪われていた。

⑤終了過程の速さ（Speed）については、ゆっくりと進めるよりも速いほうが終了は成功しやすいというのが先行研究の知見であったが、二〇一三年二月に当選した福井市長は、二〇一五年三月末に廃止へと運んだわけで、速い終了過程であったといえよう。これが可能になった要因は、前記した「政治的な環境」の①②③が関係していたといえる。

(3)「制約条件」(Constraints)・「非制約条件」(Unconstraints)

①市役所（本庁）として積極的な関与を図ってこなかった。したがって、終了を抑制することはできなかった。かつての議会答弁にあったように、「まちづくり委員会」が「市民協働と一致する」と所管部局が認めていたならば、各支所に任せきりではなく「地域協働による意思が自治体全体の政策形成過程に反映するような制度設計がなされているのかどうか[18]」や「地域協働を主管する本庁の担当部門がどの程度の行政組織内部の調整権限・調整能力を有しているか」（今川 二〇一三：八三〜八四）というメタ的な政策デザインも行うべきであったのだが、そのような展開は見られなかった。また、二〇一一年に自治会補助金がまちづくり委員会から外されたという経緯も廃止過程に影響を与えたということが考えられた。わが国では、自治会の補助金をセットにして地域自治組織を維持しているケースが多く見受けられており、地域権力構造で力を持つ自治会[19]がまちづくり委員会から実質的（＝金銭的）に分離されたということは、「まちづくり委員会」を精力的に維持していく主体がいなくなったことを意味しており、首長としても廃止しやすくなったということなのである。

②まちづくり委員会を廃止することに関して「終了反対連合」が存在していなかったため、終了を抑制するものはなかった（前述の議会・市民の状況を見れば明らか）。

③まちづくり委員会を終了するにあたっての費用が安く済むものだった。たとえば、条例規定されていないという事実は、議会との調整コストがあまりかからないことを意味していたし、無報酬のまちづくり委員については、廃止の説明を担当課がして回り、セレモニーとしての意見聴取を行っただけで済んだ。さらに、二〇一五年度から、「まちづくり委員会」の代わりになる組織として市役所が設置した「まちづくり推進会議」についても、会議開催費用などの予算が年間数十万円積まれているに過ぎなかった。先行研究では、「予算が多く付いていると終了しにくい」（Ferry and Bachtler 2013 : 259）ことが指摘されているが、本事例はまさしく'vice versa'（その逆もまた真なり）

であった。

④二〇〇八年に作られた「市民協働のまちづくり推進指針」では、「まちづくり委員会」改革の方向性は打ち出されたものの、それは、法的拘束力や強制性を伴って進捗管理を促すものではなかった。結局、高島市では、そこで打ち出されたものを担保し、「まちづくり委員会」をツールとしたような地域協働政策を包括的・体系的に進めていく根拠になる「まちづくり基本条例」・「自治基本条例」のようなものが作られていなかった。一般的に、これらの条例は、地方自治体レベルの最高規範的性格を有しているとされており、地域自治組織的な制度や地域協働政策がそこにきちんと位置付けられていた場合は、デレオンが述べる、憲法に基づく政策は終了しにくいということになったはずである（DeLeon 1978）。

⑤「まちづくり委員会」が終了することに対しての市民における恐れや、損得が不確かなものに対する忌避感は、前記の通り、直接的な利益を被っていなかったのだから、大きなものにはなっていなかった。一部のまちづくり委員からは終了に否定的な意見も出されていたが、全体として心理的な終了拒否感はもたらされなかったといえる。

以上、これらの終了要因を概念図に整理すれば、図6-2のようになる。

シャーレン（Scherlen 2012）のモデルをベースに、高島市「まちづくり委員会」の終了原因を読み解くと、様々な要因が相互に関連し合ってもたらされたことが理解できる。これら独立変数のうち、どれが最大因子で最小因子かなどのミクロな分析については、今後の研究に譲らなければならないが[20]、今回の考察結果は、これまでに示された終了理論の妥当性をテストし、かつ、地域協働・地域分権という文脈における政策終了のモデル提示を行ったという点で有意義なものであったと評価できるだろう[21]。

なお、後者の点に関連しては、東京都中野区における地域自治組織（「住区協議会」）廃止事例[22]との比較なども行っていくことが考えられる。なぜならば、当該事例も、条例に根拠を持たない（事務取扱要領根拠の）地域自治組

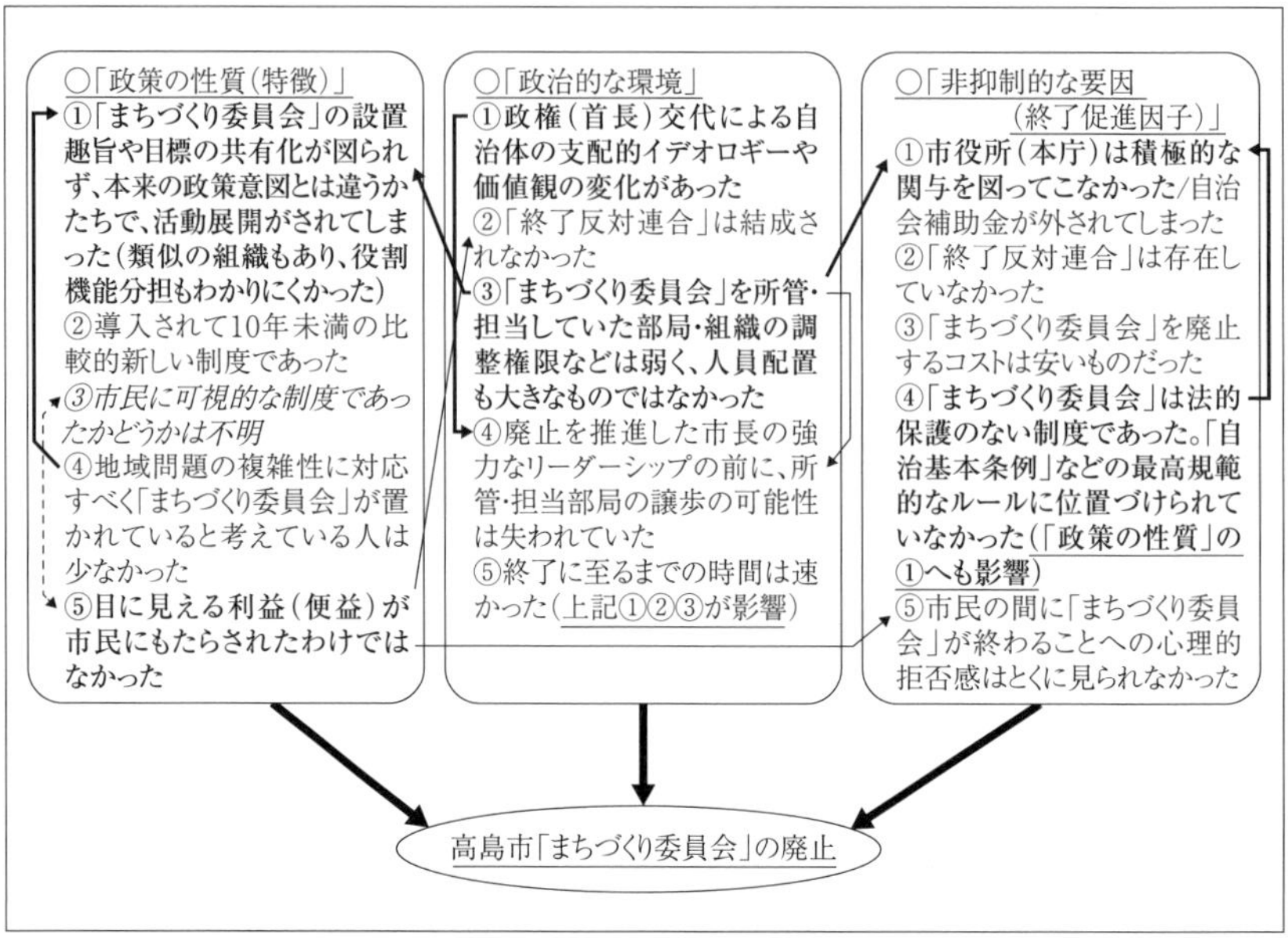

図6－2　高島市「まちづくり委員会」終了要因の概念図

注：要素間の矢印は，因果関係や相関関係を示しており，実線・破線の違いは関わり等の度合いを表している。また，太字は，影響が大きい要因として推察されるものを示している。
出典：筆者作成。

織が、二〇〇二年の政権交代（イデオロギー・価値観の違う首長が就任したこと）をきっかけに廃止へと至ったものなのだが、「この事例においては、住区協議会が自らの性格を見つめなおして多様な主体の参加を促進するといった主体的な工夫を欠いており、区行政当局も住区協議会の活性化のためのエンパワーメント機能を果たしうるような対応ができなかったとみることができよう」（三浦 二〇一一：七四）という指摘にあるように、終了要因について共通点が多いように思われるからである。

4　今後への展望

高島市の「まちづくり委員会」は全国的にみても早期に設置され、社会環境的にその必要性がますます高まっているこの時期において、その役割を終えることになった。

課題は解決されていないのに、終了した不幸な事例である。換言すると、これは「政策の失敗」なのであるが、結局のところ、政策実施を理解し、それらに影響を与える要因を探求するという従来からの問題関心が、政策アクターの多様化・多元化や地域課題の複雑化などという環境変化のもと、今日的な説得性をもって、われわれの目の前に再び現れてくるのだ。すなわち、これまでとは違う（地域分権、地域協働、ローカル・ガバナンスという言説に代表されるような）「実施構造」に向き合って、われわれは政策形成に取り組んでいかなければならないのである。たとえば、「自らの地域が当面する地域課題の解決のために必要な地域分権のかたち」や協働のあり方について、「自治体と地域住民」が「主体的に」「到達目標」を「設定」し、そこへ向けた戦略などを「緊密なコミュニケーションの下に練り上げて」いくような営為が必要なのだ（初谷 二〇一四：二〇四）。「悪い終了」を避け、「良い終了」を目指すためにも、われわれは、新しい時代の政策形成（実施）に、システミックな考察と実践を繰り返しながら臨んでいかなければならないのである。

注

（1）Hogwood and Peters（1983）によれば、政策評価の次の段階として、①「政策維持」（policy maintenance）、②「政策継受」（policy succession）、③「政策終了」（policy termination）があるということになっているが、②については、「政策の遷移」とも呼ばれているように、たとえば、森田（一九八八）によると、政策実施過程における社会状況の変化への適応に関して、上位レベルの政策である法律の全面改正に至ることは極めて少ない（下位レベルの通達の発行や省令の改正といった運用による解決が図られることが多い）ことが明らかにされている。いずれにせよ、政策評価の後の段階としては、①や②のレベルは散見されるものの、③の終了という現象は確認しにくいものになっているのである。

（2）これは規範的・合理的終了とも呼ばれているが、あまり現実に見られるものではなく、岡本（二〇〇三）と山谷（二〇一三）が批判を寄せているものでもある。

（3）本章は、終了の原因やプロセスを追究することをねらいにしているため、あえて「何が」終了するのかというところの議論（「政策」の定義）には踏み込まず、先行研究（岡本 二〇一二や山谷 二〇一三など）で整理されているところに依るものとしたい。なお、本章で扱う「地域自治組織」という事例は、一般的に終了が起こりやすいとされている“Service”や“Instrument”（Ferry and Bachtler 2013 : 262）に該当する。

（4）「地域分権」とは、初谷（二〇一四：一九二）によると、「基礎的自治体である市（区）町村を分割した区域（区）（以下「区域」という）に、①支所等と②当該区域の住民を代表する組織や機関（地域自治組織）を付置（併置）した上で、支所等と地域自治組織に、区（区行政及び区域の住民）の意思を基礎的自治体（本庁）へ媒介する機能や区の課題を自己決定する機能等を担わせることを予定する」ものとして整理されている。なお、「地域協働」の理論的な整理については、栗本（二〇一二）を参照されたい。

（5）本節の整理にあたっては、岡本（二〇〇三）、岡本（二〇一二）、柳（二〇一二）を主に参照した。

（6）柳（二〇一四）も参照されたい。

（7）このことについては、そもそも、政策自体を確認することが難しいということにも関連している。

（8）当該ケースは、単一の事例研究ということになるが、Yin（2008）による、①十分に定式化された理論をテストする上で重要なケース、②極端あるいはユニークなケース、③代表的、典型的なケース、④新事実のケース、⑤長期に渡るケースのうち、いくつかには該当しており（①：Scherlen（2012）のモデルの妥当性をテストするものとなる　②：地域自治組織の廃止というケースが未だ稀である　③：政策の失敗という観点からは後発自治体への学習効果をもたらす）、事例研究としての適切性は担保されていると考えている。なお、今後へ向けては、類似事例との比較を行うことで、単一事例研究の弱さを補う必要がある。

（9）本事例の調査にあたっては、高島市議会の議事録（http://www.kaigiroku.net/kensaku/takashima/takashima.html：二〇一五年一〇月三〇日最終アクセス）や関連する新聞記事、高島市提供の内部資料などを用いて行ったが、当時の政策関係者に対するヒアリングも実施した。具体的には、地域自治組織（まちづくり委員会）関連については、二〇一五年一〇月二四日に、安曇川地区の委員を務められた方一名（二〇一一～二〇一五年担当）および朽木地区での同様の方一名（二〇〇五〜二〇〇九年担当）に対して、市役所関係については、二〇一五年一〇月二五日に、廃止事務を担当した当時の市民協働課長および課長補佐（現在は同課参事）に対して、それぞれ聴き取り調査を行ったことを申し添えておく。

(10)「まちづくり委員会」への予算は、当初、各地域自治会の事業執行補助金も含まれていたことから人口割で地域按分がされており、総額で一億円程度であった。ところが、二〇一一年に自治会関連の補助金が本庁から直接執行されることになり、各地域一律五〇〇万円になっていた。ここからすると、高島市全体予算（たとえば二〇一五年度当初予算規模約二六四億円）に比して、ほとんどウエイトの置かれていないものとも認識できた。

(11)「まちづくり推進会議」の定義としては、「それぞれの地域に応じたまちづくりや身近な課題解決を図りながらも、地域の枠を超えた全市に及びます課題への対応や、市の将来にわたる施策を実現するための一体感のあるまちづくりにつながる市民協働を推進する組織として設置するもの」（二〇一五（平成二七）年三月定例会三月六日の森脇徹議員質問に対する福井市長の答弁）とされており、「まちづくり委員会」の設置趣旨とは異なっていることが理解できよう。

(12)高島市議会議事録検索によって「まちづくり委員会」というキーワードを調べると、二〇〇五年（九件）、二〇〇六年（六件）、二〇〇七年（一四件）、二〇〇八年（九件）、二〇〇九年（一九件）、二〇一〇年（七件）、二〇一一年（二件）、二〇一二年（〇件）、二〇一三年（二四件）、二〇一四年（一一件）、二〇一五年三月議会まで（一四件）がヒットしてくる。

(13)ここでは、(1)まちづくり委員会の活性化、(2)まちづくり活動拠点の設立、(3)行政の協働推進の体制づくりが三つの柱として取り上げられ、とくに(1)と(3)については、「まちづくり委員会活動の周知」や「委員任期の見直し」、「地域住民の意見を聞き、反映させる事業展開」ならびに「行政の体制整備」や「まちづくり条例の制定」なども含めて提言されていた。

(14)「新聞・雑誌記事横断検索」(http://business.nifty.com/gsh/RXCN/：二〇一五年一〇月二五日最終アクセス)。

(15)シャーレンのモデル自体は、「麻薬戦争」に対する取り組みが失敗しているにもかかわらず四〇年以上も続いているのはなぜかという問題意識に立ち、当該政策が終了しない理由を説明するものとして導入されたものであった。本考察では終了を促進するという観点から一部翻案して、適用を試みている。

(16)この意味するところについて、二〇一三年度に決定執行されたまちづくり委員会の事業を例にとって理解しておこう。

たとえば、単発の祭りやイベント関連の支出をみたところ、新旭地区では総額三〇五万円のうち九〇万円（二九・五％）、高島地区、総額四六三万円のうち二七三万円（五九・〇％）、安曇川地区、同四五六万円中二三五万円（五一・五％）、朽木地区、同二九三万円中二二二万円（七五・八％）、今津地区、同四五一万円中二五一万円（五五・七％）、マキノ地区、同四七二万円中一七一万円（三六・二％）となっており、市全体では、二四四〇万円のうち一二四二万円、実に五一％を占めていることが明らかになっていた（高島市「まちづくり委員会決算資料」より）。なるほどこの事実からは、「交付金」や「補助金」事業に見られる「硬直性」をうかがうことができよう。栗本（二〇一二：七九）が述べているように、実態は、「地域自治組織の導入と資金の交付が、地域活動の量的拡大を導くものの、福祉課題への対応など、地域課題を具体的に解決するサービス生産に結びつ」いていなかったのであった。なお、「補助金選別マシーン」という発言は、ヒアリングを行ったまちづくり委員会委員経験者によるものであった。

(17)　Corder（2004）も、導入されて年月の経っていない若いプログラムは終了のリスクが高いことを明らかにしている。

(18)　このことについては、たとえば、「地域担当制度」や「中間支援組織」によるコーディネートやインキュベーション機能の発揮が考えられるが、高島市において前者は設置されておらず、後者は「高島市まちづくり交流センター」が置かれているものの、「まちづくり委員会」に関して水平的な調整を行ったということにはなっていなかった（高島市担当者のヒアリングからは、「交流センターは私たちの部局（市民協働課：筆者補足）で組織したものだが、認知度は低いと承知している。まちづくり委員会の関係も十分でなかった反省を踏まえ、まちづくり推進会議では事務局を一緒に担ってもらいながら関わりを深めていきたい」旨が明らかにされている）。地域分権や協働といった文脈で、これらの有無により政策の成否が左右されるのかどうかについては、今後の重要な研究課題となる。

(19)　自治会が補助金や交付金などの使途に影響力を持っており、地域自治組織とは、そういった地域団体を中核に据えたものであるということを事例で示した、栗本（二〇一二）の論考なども参考にされたい。

(20)　「要素間の相互作用」（Interaction of Factors）を考慮した場合（図6-2中の矢印の向き等を参照）、首長の交代という政治的要因は当然大きかったといえるものの、(1)「まちづくり委員会」の目的が不明確で共有されておらず、市民に対してもたらされる便益も明確にならなかったこと、(2)「まちづくり委員会」を所管する部局の調整権限が弱かったこと、(3)

条例に規定されるなど市全体としての当該政策のオーソライズが図られなかったこと（このことは(1)と(2)にも影響）が、とくに終了に影響を与えたと推察している。

(21)　ただし、Ferry and Bachtler（2013：262）が述べている、政策の上位を構成する"State task"（政府の課題）や"Political aim"（政策目的）における終了のメカニズムに関する討究については、今後の課題として残されている。たとえば、今回の高島市事例に関して言うと、「一体感のあるまちづくり」という〝市としての課題〟は二度の政権（首長）交代を経てもなお、合併後の新市として一貫したものであり続けている（現状維持"Status quo"）。また、〝政策目的〟については、「まちづくり委員会」の方向性が、「旧町村の地域を大切にしつつ、地域の魅力の向上や課題解決のための様々なまちづくり事業を企画立案実施」していくものであったのに対し、二〇一五年度以降に置かれた「まちづくり推進会議」においては、「地域の枠を超えた全市に及ぶ課題への対応や一体感のあるまちづくりにつながる市民協働施策の推進」というように置き換え（"Substitution"）られている。このように、終わったのは、"Service"や"Instrument"で、それらは終わらなかったのである。

(22)　この事例に関しては、三浦（二〇一一、二〇一二、二〇一三）を参照されたい。

参考文献

足立幸男「構想力としての政策デザイン――政策学的思考の核心は何か」足立幸男編著『政策学的思考とは何か――公共政策学原論の試み』勁草書房、二〇〇五年。

足立幸男『公共政策学とは何か』ミネルヴァ書房、二〇〇九年。

初谷勇「地域分権の制度設計と行程選択」日本地方自治研究学会編『地方自治の深化』清文社、二〇一四年。

今川晃「政策を実施するのは誰か」新川達郎編『政策学入門――私たちの政策を考える』法律文化社、二〇一三年。

乾亨「求められる地域住民組織のあたらしい『かたち』」『まちむら』第一三一号、二〇一五年。

栗本裕見「地域住民による小規模社会サービスの供給へ――『コプロダクション』への模索」『公共政策研究』第一二号、二〇一二年。

松岡京美『行政の行動――政策変化に伴う地方行政の実施活動の政策科学研究』晃洋書房、二〇一四年。

三田妃路佳「地方分権時代の河川事業休止と首長――川辺川ダム事業を事例として」『社会とマネジメント』第六巻第二号、二〇〇九年。

三浦哲司「大都市の地域自治組織廃止事例の検討――東京都中野区の地・住構想廃止を事例にして」『同志社総合政策研究』第一三巻第一号、二〇一一年。

三浦哲司「地・住構想三〇年における住区協議会の変容――東京都中野区の江古田住区協議会を例に」『龍谷政策学論集』第一巻第二号、二〇一二年。

三浦哲司「中野区地・住構想の一断面――野方住区協議会の活動を手がかりに」『龍谷政策学論集』第二巻第二号、二〇一三年。

森田朗『許認可行政と官僚制』岩波書店、一九八八年。

岡本哲和「政策終了理論に関する考察」『情報研究』第五号、一九九六年。

岡本哲和「政策終了理論――その困難さと今後の可能性」足立幸男・森脇俊雅編著『公共政策学』ミネルヴァ書房、二〇〇三年。

岡本哲和「二つの終了をめぐる過程――国会議員年金と地方議員年金のケース」『公共政策研究』第一二号、二〇一二年。

砂原庸介『地方政府の民主主義――財政資源の制約と地方政府の選択』有斐閣、二〇一一年。

山谷清志「政策終了と政策評価制度」『公共政策研究』第一二号、二〇一二年。

山谷清志「政策の失敗・変更・修正」新川達郎編『政策学入門――私たちの政策を考える』法律文化社、二〇一三年。

柳至「自治体病院事業はどのようにして廃止されたか」『公共政策研究』第一二号、二〇一二年。

柳至「政策の存在理由が地方政治家の行動に与える影響――地方自治体における政策・組織廃止を事例にして」『年報行政研究』第四九号、二〇一四年。

Berry, Christopher R., Barry C. Burden and William G. Howell, "After Enactment: The Lives and Deaths of Federal Programs," *American Journal of Political Science*, Vol.54, No.1, 2010.

Carpenter, Daniel P. and David E. Lewis, "Political Learning from Rare Events : Poisson Inference, Fiscal Constraints, and the Lifetime of Bureaus," *Political Analysis*, Vol.12, No.3, 2004.

Corder, J. Kevin, "Are Federal Programs Immortal? Estimating the Hazard of Program Termination," *American Politics Research*, 32（1）, 2004.

DeLeon, Peter, "A Theory of Policy Termination," In Judith V. May, and Aaron B. Wildavsky（ed.）, *The Policy Cycle*, Beverley Hills : Sage,1978.

DeLeon, Peter, "Policy Evaluation and Program Termination," *Policy Studies Review*, Vol.2, No.4, 1983.

Ferry, Martin and John Bachtler, "Reassessing the concept of policy termination : the case of regional policy in England," *Policy Studies*, Vol.34, No.3, 2013.

Graddy, Elizabeth A. and Ke, Ye, "When Do We 'Just Say No'? Policy Termination Decisions in Local Hospital Services," *Policy Studies Journal*, Vol.36, No.2, 2008.

Henry, Ryan Nicole, *The Termination of Goverment Programs : A Case Study of The Recovery Audit Contracting Program*, 2015.（http : //thesis.honors.olemiss.edu/433/3/Henry%20Thesis.pdf〈二〇一五年一一月三日最終アクセス〉）.

Hogwood, Brian W. and B. Gut Peters, *Policy Dynamics*, Brighton, Sussex : Wheatsheaf Books, 1983.

Kaufman, Herbert, *Time, Chance, and Organizations, 2nd ed.*, Chatham : Chatham House Publishers, 1991.

Kirkpatrick, Susan E., James P. Lester and Mark R. Peterson, "The Policy Termination Process," *Policy Studies Review*, 16（1）, 1999.

Krause, Rachel M., Hongtao Yi and Richard C. Feiock, "Applying Policy Termination Theory to the Abandonment of Climate Protection Initiatives by U.S.Local Governments," *The Policy Studies Journal*, Vol.44, No.2, 2016.

Laswell, Harold D., *The Decision Process : Seven Categories of Functional Analysis*, University of Maryland, 1956.

Scherlen, Renee, "The Never-Ending Drug War : Obstacles to Drug War Policy Termination,"*Political Science & Politics*, Vol.45, Issue 01, 2012.

Ye, Ke, *Policy Termination : A Conceptual Framework of and Application to the Local Hospital Context*, PhD Thesis, University of Southern California, 2007.

Yin, Robert K., *Case Study Research : Design and Methods 4th edition*, Sage Publications, 2008.

第Ⅱ部　自治体行政における政策実施の実像

第7章　自治体における参加と協働の概念

林沼敏弘

1　自治体における参加と協働

二〇〇〇年以降、北海道ニセコ町の「まちづくり基本条例」を嚆矢として、多くの自治体において「自治基本条例」や「参加条例」、「協働条例」が制定されている。これらの条例の多くに、「参加・参画」と「協働」が用いられている。

ところが、これらの条例では参加・参画を「政策過程の各段階に参加すること」と定義しているが、参加・参画の対象として明記されているのは、計画や条例の原案の検討時のみを対象にしているのではないか。協働についても「多様な主体による協働のまちづくり」を進めていくとしながら、協働の相手として具体的に明記されているのは、地域で活動しているコミュニティ組織と市民活動団体のみで、民間企業は視野に入っていないのではないか等、定義と実際の運用との間には乖離がみられる。

本章は、日本の自治体が参加や協働をどのような概念として認識しているかについて、条例を分析することにより明らかにしたものである。具体的には、全国の自治体のうち、市（一般市、中核市、政令市）と特別区の「自治基本条例」、「参加・参画条例」、「協働条例」を対象に、各市区において「参加・参画」と「協働」をどのように定義しているのかを確認する調査を実施した。この調査は、「大阪大学大学院法学研究科グリーンアクセスプロジェクト」の条例リストを参考にして行ったものである。総務省によると、二〇一四年四月五日時点で、全国には七九〇の市と二三の特別区があるが、今回の調査は、三二八市区の三八六の条例を対象とした。なお、「男女共同参画社会基本法（平成一一年六月二三日法律第七八号）」に基づく条例等には、「参画」という用語が使われているが、調査の対象としていない。

2　参加・参画と協働の理論

(1)　参　加

日本の自治体における市民参加は、先行研究が指摘しているように一九六〇年代後半から盛んになってきた（松下 一九七一、篠原 一九七七、須田 二〇〇二）。当初は市民の考えを広く社会に訴えるため「市民運動」の形で表れた。実質的な市民参加は、一九七〇年の旭川市と武蔵野市の長期計画策定においてなされたものが最初である（小林 一九八九）。

参加は、「住民参加」として以下のように定義されている。

行政機能の拡大、住民意識の変化等の中で、行政の円滑な実施を図るため、住民の意向を積極的に汲み上げこれを行政に反映させることをいう。（新自治用語辞典編纂会編 二〇一二：四四二頁）

この定義は、分かりやすく一般的に賛同が得られやすい内容であるが、抽象度が高く、参加の主体や対象、具体的な手法までは記述していない。

ところで、「参加」は、その主体により「市民参加」あるいは「住民参加」として使用されている。西尾勝は『権力と参加』において、「市民参加」と「住民参加」を別のものとして議論し（西尾 一九七五：四五〜七五）、別の文献では、参加を「市民参加」「住民参加」「コミュニティー参加」の三つに区分している（西尾 一九七七、二〇〇六）。すなわち、市民参加とは「都市の自治（seif-government）の仕事を、長・議会等の代表機関と職員機構を含めた意味での『市庁』（City-Hall）に委せきらず、有権者である市民一般が自治の仕事に積極的参加していく運動と制度」、住民参加とは「公共事業等に直接間接の利害関係を持つ特定地域の住民が当該事業等の計画・実施過程に参加する運動と制度」、コミュニティ参加とは「市町村内の狭域的な近隣住区（neighborhood）に新たな下層自治単位ないし計画単位を設定し、このコミュニティーにかかわる自治事項について、何らかの住民協議機関を設けようとする運動と制度」としている（西尾 一九七七：八）。このように、参加の主体により分けられるが、この章では「参加」に焦点を当てて検討することから特に区分せずに用いる。

篠原一は、「政治参加の方がより一般的な概念であり、市民参加はその中に包摂される一つの側面であるということになる」（篠原 一九七七：三五）として、「政治参加」を「直接的」と「間接的」、参加の形式として「制度的」と「非制度的」、参加のレベルとして「地域的」レベルと「中央的」なレベルに分けられるとして、図7-1のように八つに分類している（篠原 一九七七：三五〜三七）。一九七〇年代以降、自治体が新たに取り入れてきた様々な市民参加の手法は、図7-1の直接的＝非制度的＝地域的なものを主とするものである（篠原 一九七七：三六）。そして、各自治体においては、市民参加を機能させるとともに、恒常的なものとするために制度化に向けた取り組みが続けられている。

ところが、市民参加のための新たな手段もいったん制度化されると形式化、形骸化する。現在では多くの自治体

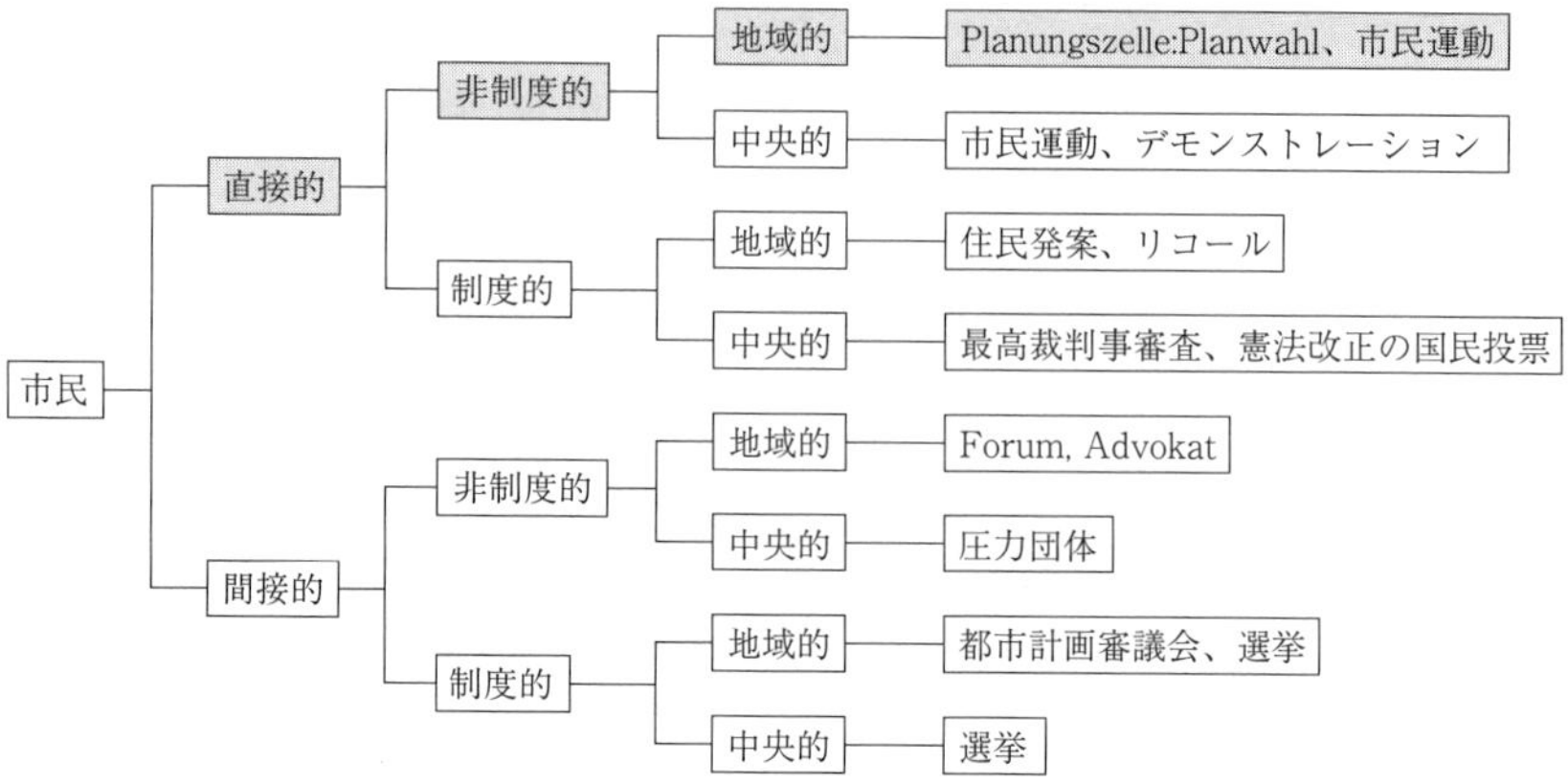

図 7－1　政治参加の諸類型

出典：篠原（1977：35）。

が取り入れているパブリックコメント制度は、当初は大きな関心が持たれ注目されたが、その後、ガイドラインが策定され、一部の自治体では条例化され行政手続きの一部となり、市民からの意見も少なく注目されなくなってしまった。

このことについて、篠原は「なお市民参加には常に『行政的包絡』の危険性がつきまとう」、それを防ぐためには「運動の制度化の反面、制度の運動化という、いわば運動に回帰する姿勢を常に持ちつづけることが必要であろう」と指摘している（篠原 一九七七：一一九）。

以上、参加は、国や地域の政策過程において、市民の意見を行政に反映させようとするためのものであり、市民の能動的な行為によるもので、行政はそれを受ける義務がある。手法としては、直接的・間接的、さらに、それらは制度的なものと非制度的なものがあるといえる。

(2) 参　画

「参加」と並んで、自治体の現場では「参画」も頻繁に使用されている。篠原は、「市民参加の「制度的側面を、市民が権力に加わる度合いをメルクマールにして分類すれば、『参画』と『自治』に分けることができる」とし、「『参画』とは市民が政策決定の機構に加わることである」が、「決定に対する影響力はあるが決定の最終権限は市民の側にはない」としている（篠原　一九七七：一一五）。このように、政策形成過程に加わること、市民が最終決定権を持たないことなど実質的には参加の意味として捉えられており、参加と参画の概念に違いは見出せない。

(3) 協　働

「協働」は、参加より遅れ一九九〇年代になって自治体や学会において頻繁に使われるようになった。日本では、荒木昭次郎が「コ・プロダクション（co-production）」の日本語訳として最初に使用したとされており、以下のように定義している。

地域住民と自治体職員とが、心を合わせ、力を合わせて、助け合って、地域住民の福祉の向上に有用であると自治体政府が住民の意思に基づいて判断した公共的性質をもつ財やサービスを生産し、供給してゆく活動体系である。（荒木　一九九〇：二九七）

協働は、阪神淡路大震災後の復旧・復興における市民活動団体（ＮＰＯ）の活躍により、公共空間の新たな主体として注目されるようになった。市民活動団体側から「協働」が一躍注目されるようになり、様々な提案がなされることになった。一方、自治体は、従来から行ってきた行政改革に加え、ＮＰＭの流行を背景に「アウトソーシング」の手法として協働という概念に注目した。自治体は、自身が持つ資源だけでは地域の行政課題を解決できないことを自覚し始めたのである。

ところで、協働とともに「コ・プロダクション（co-production）」、「パートナーシップ（partnerships）」、「コラボレーション（collaboration）」などについても明確な定義に基づき使用されているわけではない。小田切は「結局のところ、協働、パートナーシップの用語に関する統一された定義は存在しないのが現状である」が、「サリバンとスケッチャーの定義が協働とは何かを説明する上では最も適合的な定義であるかもしれない」（小田切 二〇〇九：七）とし、以下のように整理している。

協働（collaboration）は、契約（contracts）、ネットワーク（networks）、パートナーシップ（partnerships）のいずれかに分類できると指摘する。契約関係の典型的なものは、プリンシパル＝エージェント関係であり、供給等の企画の決定や、生産行動は基本的に個別の主体で行われる。また、これらの関係は公式的なものであり、法的に拘束された組織間の協定であるという。続いて、ネットワークとは、特定の政策や事業、課題に対応するために発達した流動的な人的関係であり、これは信頼や互恵主義によって規定された非公式の関係性で構築される。そして、パートナーシップは、「合同で決定、生産をおこない、その責任を共有するもの」であるという。

（小田切 二〇〇九：五）

この説明は、自治体における市民活動団体への委託や市民提案制度などの取り組みからみて矛盾のないものと言える。協働の主体に注目すると、広義には市民間の協働と市民と行政の協働とが考えられ、市民と行政間の関係のみを視野に入れている概念ではない。この場合、市民には事業者や市民活動団体、そして自治会・町内会などの地域自治組織が含まれる。

この協働の概念を市民と行政との関係性に用いることに対する批判もある（小田切 二〇一四：一八〜一九）。たとえば、北海道ニセコ町は、まちづくり基本条例を二〇〇九年に改正し、章のタイトルの一部として一カ所だけ使われていた「協働」の文字を削除している。

さらに、西尾は以下のように述べており、行政と市民との関係において協働という言葉を用いないとしている。

ここで私が「協働の領域」と呼ぶのは、自治体である市区町村の政治・行政（「国政」にならい「市区町村政」と言い換えても良い。）とは別に、地域住民が自主的に協働して「まちづくり」に取り組む諸々の活動の領域である。世間一般では、公と民、あるいは公と私が協力して遂行する諸活動を協働と呼ぶ用語例のほうが一般的であるが、そういう意味での協働は、私の定義ではすべて「参加」に含めて考える。いわば「役所抜き」でまちづくりを実践する住民の諸活動を協働と呼ぶことにしたい。（西尾 二〇一三：三六）

このように、協働という言葉の定義や考え方には様々な議論があるが、それらの議論を勘案すると、ネットワークやパートナーシップという場合は、主体間の対等な関係性が重視されており、市民の主体的な意思と行動のもとに実践される活動といえる。先に参加の概念には市民の能動性が前提になっていることを確認した。協働においてもそうした市民の能動性が前提となっており、参加と協働は深く関わる概念といえそうである。そのため、自治体では多くの条例や計画等の公的文書で用いられ着実に浸透している。

（4）参加と協働の関係についての概念整理

市民参加に関するモデルとしてシェリー・R・アーンスタインは「市民参加の八梯子（Eight rungs on the ladder of citizen participation）」として示している（図7-2）（Arnstein 1996 : 217）。このモデルは、アメリカの連邦補助事業

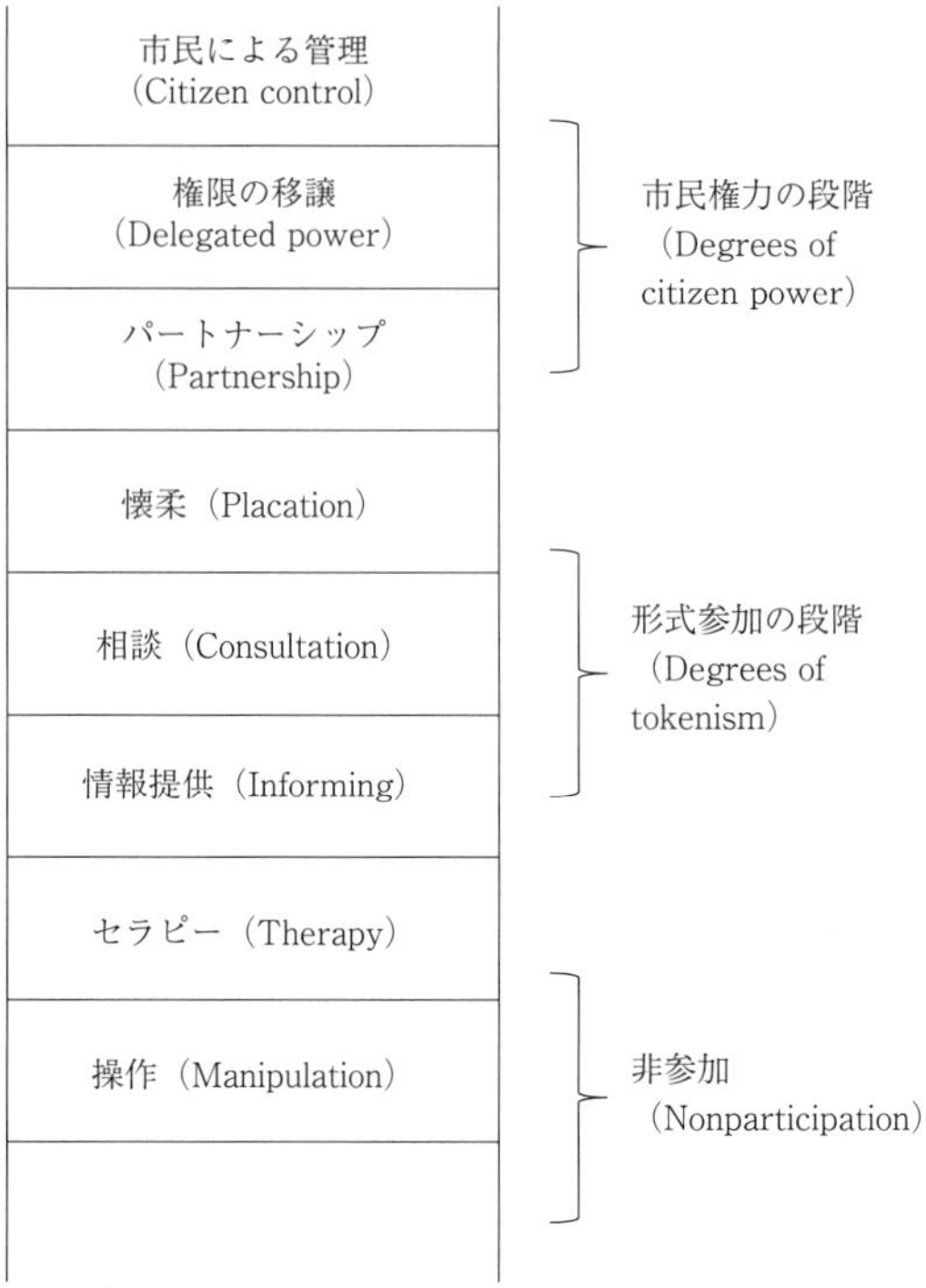

図7－2　市民参加の梯子

出典：Arnstein（1996：217）。

の執行における、市民の政策決定に対する影響力についてのものであり、日本とアメリカでは基本的な自治制度の違いがあるが、市民参加のあり方を考える上で大変参考になる。

アーンスタインは、第一段：操作（Manipulation）と第二段：セラピー（Therapy）は非参加（Nonparticipation）であるとし、第三段：情報提供（Informing）と第四段：相談（Consultation）、第五段：懐柔（Placation）を形式参加の段階（Degrees of tokenism）、第六段：パートナーシップ（Partnership）、第七段：権限の移譲（Delegated power）、第八段：市民による管理（Citizen control）を市民権力の段階（Degrees of citizen power）と整理している。

このように、アーンスタインのモデルは、パートナーシップを参加の一段階として捉えている。他に、協働を政策過程における参加の手法と見る考え方や、参加・参画と協働を異なるものとして捉える考え方などがあり、参加と協働の関係は定まっていない（小田切 二〇一四：一二～一三）。

3　条例における参加・参画

（1）条例の制定状況

最初に記したように、全国の自治体のうち「市」と「特別区」について、自治基本条例、市民参加条例、協働条例と呼ばれる条例を制定している三二八の自治体の三八六の条例を収集し検討を行った。この作業は、二〇一五年七月から八月にかけて行ったため、それ以降に策定された自治体の条例は分析結果に反映されていない。全国の八一三の市と特別区のうち、約四〇％の市区で自治基本条例や市民参加条例等が制定されていることになる（参考資料1を参照）。

まず、参加と参画について、どちらが多く使われているかについて確認を行った。その結果、三二八の自治体のうち一四七の自治体が参加を、同じく一五一の自治体が参画を用いていることがわかった。今回収集し参照した条例では、その自治体がどちらを公式に用いているのか判断できない自治体が二六あった。また、両方を用いている自治体が四市（宮城県登米市、神奈川県横須賀市、滋賀県守山市、大阪府和泉市）あった。

登米市は、「登米市まちづくり基本条例」の中で、参加は「市民が、住み良い地域社会をつくるためにまちづくりに関わり、行動すること」、参画は「まちづくりに市民の声を反映させるため、計画の立案から市民が主体的に加わること」と定義し使い分けている。守山市は、「守山市市民参加と協働のまちづくり条例」の中で、市民参加を「市民参画および市民公益活動への参加をいう」とし、市民参画を「市民が、市の政策および施策の企画立案、実施および評価に至るそれぞれの過程において、責任を持って主体的に参加することをいう」としている。登米市は、まちづくりに関わることを参加とし、計画の立案から関わることを参画としている。一方、守山市は、市民参画を政策および施策の立案、実施、評価までの過程に参加することとし、市民参画と市民公益活動へ参加することを市民参加としており、参加は参画を含む概念としている。

横須賀市の「横須賀市市民協働推進条例」には定義がないが、条文内に「参加および参画」と記述がある。和泉市の自治基本条例では、参画のみ定義されているが条文では「参加・参画」として使用されている。

（2）参加・参画の定義

参加と参画の定義を比較した結果、明確な違いを見出すことはできない。各自治体とも「市民が市の政策等の立案、実施、評価に主体的に関わること」というものである。一方で参加の対象について、「市の政策等」が「施策等」になっているところや、「市政」あるいは「行政運営」に関わることという表現になっているなどの違いはある。自治基本条例に議会に関する規定がある場合には「市政」が用いられ、議会についての記述がない場合には「行政」が用いられている。

神奈川県平塚市は、自治基本条例の解説の中で、参加について「市民がまちづくりの主体として、政策の立案から実施及び評価までの各過程で、意見を表明し、行動するいわゆる『狭義の参加』と、市民が、たとえば審議会等附属機関の委員として政策形成にかかわるなどの『参画』を含めて『参加』としています」としており、参加を参画より広い概念としている。この考え方は上記の守山市の考え方と同じである。一方で、「市政に参加することを参画とします」という定義や、「市政に参画することを参加とします」という定義もある。

以上のように各自治体の定義からは、参加と参画の違いを見出すことはできないことから、自治体は参加と参画を同じ概念で使用していると考えてよい。このことは、下記の参加・参画の対象や手法に違いがないことからも言える。

なお、参加・参画を市民の権利としている自治体が二〇三（六一・七％）あった（参考資料1を参照）。一方、市民の責務として「参加・参画に努めること」としている自治体がほとんどである。

(3) 参加・参画の対象

参加・参画の対象として条例で規定している代表的なものは以下の通りである。

① 市の基本構想、基本計画その他市の基本的な事項を定める計画の策定又は改定
② 市民等に義務を課し、又は市民等の権利を制限する条例の制定又は改廃
③ 市民生活に重大な影響を及ぼすと市が認める制度の導入、変更又は廃止
④ 市政に関する方針を定める条例の制定又は改廃
⑤ その他市が市民等の参加の必要があると認めるもの

参加・参画の定義では政策過程のすべてに参加することとし、条例の基本理念や原則においても「参加・参画を進める」と明記されているが、上記のように条例には参加・参画の対象として明記されているのは計画や条例の策定段階だけであり、事業の実施段階は射程に入っていない事例が多くみられる。

(4) 参加・参画の手法

参加・参画の手法として多くの自治体に挙げられているものは以下の通りである。

① パブリックコメント
② 審議会等（地方自治法第一三八条の四第三項に規定する附属機関を含む。）
③ ワークショップ等
④ 市民説明会
⑤ 市民アンケート

参加・参画が登場した頃にはなかったパブリックコメント制度は、現在では多くの自治体で実施されており、自治基本条例で制度化している自治体や、個別に条例化している自治体もある（今回の調査対象の条例以外で筆者が調査した二〇一五年七月時点で三四市区ある）。

篠原は、上記のアーンスタインが示したこの参加の概念について、第一段：操作、第二段：セラピー、第三段：情報提供、第四段：相談を「名目参画」、第五段：懐柔を「実質参画」、第六段：パートナーシップと第七段：権限の移譲を「部分自治」、第八段：市民による管理を「完全自治」と整理し、一九七〇年代の日本における公聴会や審議会は「名目参画」であり「実質参加」に属するものは数少ないとしている（篠原一九七七：一一七〜一一八）。しかし、現在では、「プラヌークスツェレ（計画細胞）」や「討議型世論調査（デリバラティブ・ポール）」等の無作為抽出された市民（ミニ・パブリックス）による議論の結果を政策に反映させる手法（篠原 二〇一二）を取り入れるなど、参加・参画の手法も各自治体で様々な工夫が行われており、「名目参画」から「実質参画」へと進化している。

4　条例における協働

(1)　協働の定義

条例において協働を定義している自治体は、今回対象とした三二八の自治体のうち二六二で、七九・八%あった（参考資料2を参照）。自治基本条例を制定している多くの自治体で協働の概念が導入されていることが分かる。各自治体の定義を見ると共通したキーワードがある。つまり、「共通の目的の実現」、「相互の立場の尊重」、「責任と役割を自覚」、「対等な立場」、「相互に補完、協力」である。これらをまとめると、協働とは「各主体が、共通の目的を実現するために、相互の立場を尊重し、それぞれの役割と責任を自覚し、対等な立場で相互に補完、協力すること」といえる。

こうした考え方は、一九九九年三月に公表され「横浜コード」として知られる横浜市の「横浜市市民活動推進検討委員会報告」にある協働の原則が影響しているといえる。横浜コードは、(1)対等の原則（市民活動と行政は対等の立場にたつこと）、(2)自主性尊重の原則（市民活動が自主的に行われることを尊重すること）、(3)自立化の原則（市民活動が自立化する方向で協働をすすめること）、(4)相互理解の原則（市民活動と行政がそれぞれの長所、短所や立場を理解しあうこと）、(5)目的共有の原則（協働に関して市民活動と行政がその活動の全体または一部について目的を共有すること）、(6)公開の原則（市民活動と行政の関係が公開されていること）、の六項目であるが、これらのうち、対等の原則、自主性尊重の原則、相互理解の原則、目的共有の原則等が反映されている。

ところで、協働と同様な考え方を別の用語で定義している自治体が八市あった。愛知県豊田市のまちづくり基本条例では「共働」を使用している。条例には定義がないが、条文では協働と同様の概念で使用されている。また、東海市のまちづくり基本条例では「協働・共創」が「市民と市が、それぞれに果たすべき責任と役割を分担し、共に手を携え、相互に補完し、及び協力して進めることをいう」と定義しており、豊田市と同様、前記の協働の考え方に沿うものである。

埼玉県草加市の「草加市みんなでまちづくり自治基本条例」は「パートナーシップ」を使用し「市民、市議会、市の相互の信頼に基づく対等な関係」と定義し、各主体の関係性のみを規定している。

東京都文京区の「『文の京』自治基本条例」では、「協働・協治」を「区民、地域活動団体、非営利活動団体、事業者及び区が対等の関係で協力し、地域の情報、人材、場所、資金、技術等の社会資源を有効に活用しながら、地域社会の公共的な課題の解決を図る社会のあり方」と定義している。地域の課題解決を担う各主体の対等性を協働で示し、地域社会のあり方を協治で示している。なお、「協治」という用語は、墨田区も「墨田区協治（ガバナンス）推進条例」として用いている。

福岡県福津市の「福津市みんなですすめるまちづくり基本条例」では、「共働」を「共通の目的をもった市民、事業者等及び市が、お互いの立場や特性を尊重し、共に行動すること」と定義している。この定義も前記の各自治体が共通して用いている用語をまとめたものと同じ概念である。

新潟県魚沼市の「魚沼市まちづくり基本条例」には、パートナーシップと協働がそれぞれ定義されており、パートナーシップは「市民及び市が、対等の立場で、ともに協調してまちづくりを推進していくこと」、協働は「市民及び市が、それぞれの果たすべき役割と責務を自覚し、相互に補完し、協力すること」としている。また、愛知県あま市の「あま市みんなでまちづくりパートナーシップ条例」もパートナーシップと協働がそれぞれ定義されており、パートナーシップは「市民等及び市が、対等の立場で協力し、かつ、連携し、役割や責任を自覚することを通じて築いていく相互の信頼関係」、協働は「同じ目的のために役割を分担し、かつ、補完し、共に協力して働くこと」としている。さらに、高知市の「高知市市民と行政のパートナーシップのまちづくり条例」もパートナーシップと協働がそれぞれ定義されており、パートナーシップは「市民等及び市が、対等な立場で協力・連携し、役割や責務を自覚することを通じて築いていく相互の信頼関係」、協働は「市民等及び市がパートナーシップに基づき、同一の目的のために役割を分担し、共に協力して活動すること」としている。これら三市の定義は、いずれも前記に示した協働の定義にあるキーワード以外の用語はなく、協働の概念を分けて記述したものと言える。

なお、自治基本条例において「協働」を使用していない自治体が前記の豊田市、草加市、福津市の他に四市（北海道名寄市、石川県輪島市、岐阜県多治見市、福岡県北九州市）あった。この四市がどのような理由で使用していないのかは確認できていない。

また、参加・参画と同様に、協働を市民の権利であるとしている自治体が六市（神奈川県平塚市、新潟県上越市、大阪府阪南市、兵庫県相生市、兵庫県宍粟市、鳥取県鳥取市）あった。

以上、自治体における協働の定義について見てきた。協働を行政に取り入れている自治体においては、共通した考え方を持っていることが確認できた。しかしながら、協働を用いていない自治体もあることが明らかになった。

（2）協働の主体と手法

自治基本条例や協働条例の定義では市の協働の相手として、住民や市民活動団体、事業者が想定されているが、具体的な協働の相手として、「地域コミュニティ」と「市民公益活動団体」が条例に明記されている事例が多い。条例の基本理念や原則には多様な主体による「協働のまちづくり」を進めることが書かれているが、これを進めるための組織として自治体はこの二つの団体を想定しているといえよう（たとえば、福岡県宗像市の「宗像市市民参画、協働及びコミュニティ活動の推進に関する条例」を参照）。とくに特徴的な事例として、地方自治法に基づかない独自の

「地域自治組織」を設置し、協働のまちづくりを推進しようとしている自治体が三四市区ある（参考資料二を参照）。

しかしながら、この二つの組織は多くの自治体においては支援の対象として位置付けられており、たとえば、三郷市自治基本条例では、

（協働推進の基盤整備）

第四三条　執行機関は、市民等が協働の意義及び目的を共有し、共に活動できるよう支援するため、協働を推進する総合的な政策を行うものとする。

二　執行機関は、市民等による協働を支援するため、活動の機会、場所の提供、人材の育成、情報の収集及び提供等を行うものとする。

三　執行機関は、市民等からの協働についての提案等、多様な協働の試みが展開されるよう、相談体制の充実等に努めるものとする。

と規定している。現在の各自治体の現状は、行政が協働のパートナーに対して支援や人材育成を行う段階にあることが分かる。

協働の手法については、参加・参画と違い明確な手法は明記されていない。多くの自治体で、協働のまちづくりを推進するために「市は、協働を推進するための施策を整備するとともに、協働の実効性が高まるように努めなければならない」（帯広市まちづくり基本条例第八条第二項）や「市は、協働によるまちづくりを効果的に推進するための制度の整備に努めなければなりません」（流山市自治基本条例第一五条第三項）としている段階である。川崎市自治基本条例第三二条には「市は、市民との協働による公共的な課題の解決のため、協働を推進する施策を整備し、そ

の体系化を図ります」とあり、協働の推進に必要なものは、具体的な個々の手法ではなく施策の体系化が必要であると考えているようである。横浜市の市民協働条例には、「協働事業の提案制度」とそれを補完する「協働契約」が規定されている。施策の整備や体系化とは、このような仕組みを想定しているものと考えられる。

5　参加・参画と協働の現在

参加・参画は、多くの自治体で条例が整備され、パブリックコメント制度や審議会、ワークショップ等の手法が条例に規定されている。近年では「熟議民主主義」や「討議民主主義」の考え方を取り入れた無作為抽出による市民が参加する「プラーヌンクスツェレ（計画細胞）」という手法が武蔵野市や三鷹市等いくつかの自治体で実施されている。また、藤沢市等では世論調査と熟議を結びつけた「討論型世論調査（デリバラティブ・ポール）」が取り入れられており、実質的な参加・参画を目指した手法が実現してきている。

協働は、各自治体が広く一般的に使用している用語であるが、実際の取り組みについては、具体的な手法が条例に記述されているのは少数で、協働のパートナーとなる「市民公益活動団体」と「コミュニティ組織」への支援の必要性と支援を受けるための手続きや、これらの組織を担う人材育成の必要性が示されている自治体が大半である。日本の自治体における協働は、多くの主体が連携して行う「協働のまちづくり」の理念が先行している段階にある。

最後に、条例の分析では、参加・参画と協働の関係については、それぞれの定義を見る限りアーンスタインのようにパートナーシップが参加の一段階であるというような関係性を自治体の政策現場で位置づけているところは見出せなかった。しかしながら、二つの用語の相違点として、参加・参画とは個人が行政の計画や条例等の策定過程に関わること、協働とは団体が行政の実施する事業の実施過程に関わることという考え方が、それぞれの用語の定義とは関係なく多くの自治体にあるように見える。

今回の調査でもう一点明らかになったことがある。参加・参画や協働を制度（条例）として導入している自治体（市・区）は、全体の半数に満たないということである。住民の多様な意思を反映した行政運営を行うことは、「住民自治」の拡充にとって重要なことである。今後、多くの自治体において、市民参加（参画）・協働に対する取り組みが進むことを期待したい。また、すでに制度化している自治体においては、参加・参画や協働の取り組みが形骸化しないよう常に制度の見直しをする必要がある。

参考文献

荒木昭次郎『参加と協働――新しい市民＝行政関係の創造』ぎょうせい、一九九〇年。

大杉覚「住民と自治体――自治体経営への住民参加」一般財団法人自治体国際化協会・政策研究大学院大学比較地方自治研究センター、二〇〇七年。

小田切康彦『行政―NPO間の協働に関する研究』同志社大学博士論文、二〇〇九年。

小田切康彦『行政―市民間協働の効用――実証的接近』法律文化社、二〇一四年。

小林弘和「参加と自治」片岡寛光編『現代行政』法学書院、一九八八年。

小林弘和「基礎自治体における住民参加」『専修大学法学研究所紀要』一四、一九八九年一月。

篠原一『市民参加』岩波書店、一九七七年。

篠原一編『討議デモクラシーの挑戦――ミニ・パブリックスが拓く新しい政治』岩波書店、二〇一二年。

新自治用語辞典編纂会編『新自治用語辞典』ぎょうせい、二〇一二年。

須田春海「市民活動と市民参加」松下圭一・西尾勝・新藤宗幸編『岩波講座　自治体の構想　1　課題』岩波書店、二〇〇二年。

西尾勝『権力と参加――現代アメリカの都市行政』東京大学出版会、一九七五年。

西尾勝「アメリカ合衆国の都市自治における〝参加〟」『土木学会誌』第六二巻第六号、一九七七年。

西尾勝「巻頭言　参加論から協働論へ――住民自治の歴史を回顧する」地方自治研究機構編『地域政策研究』No.35、二〇〇六年。

西尾勝『自治・分権再考』ぎょうせい、二〇一三年。

松下圭一編『市民参加』東洋経済新報社、一九七一年。

真山達志『政策形成の本質――現代自治体の政策形成能力』成文堂、二〇〇一年。

真山達志編著『ローカル・ガバメント論――地方行政のルネサンス』ミネルヴァ書房、二〇一二年。

Arnstein, S. R., (1969) "A Ladder of Citizen Participation", *AIP* (*American Institutesof Planners*) *journal*, Vol.35, No.4.

ホームページ

大阪大学大学院法学研究科グリーンアクセスプロジェクト〈http://greenaccess.law.osaka-u.ac.jp/law/jorei/list〉（二〇一五年一〇月三一日最終アクセス）
横浜市　横浜コード〈http://www.city.yokohama.lg.jp/shimin/tishin/jourei/sisin/code.html〉（二〇一五年一〇月三一日最終アクセス）

参考資料１　参加・参画

	都道府県	自治体数（市・特別区）	条例制定自治体数（市・特別区）	参加・参画					
				定義がある自治体数	権利としている自治体数	使用状況			
						参加	参画	両方	不明
1	北海道	35	23	8	13	19	4	0	0
2	青森県	10	2	1	2	1	1	0	0
3	岩手県	14	5	5	5	1	4	0	0
4	宮城県	13	3	2	2	0	1	1	1
5	秋田県	13	5	4	4	2	3	0	0
6	山形県	13	3	0	1	2	0	0	1
7	福島県	13	4	2	2	2	2	0	0
8	茨城県	32	7	0	4	3	1	0	3
9	栃木県	14	8	5	7	2	6	0	0
10	群馬県	12	2	2	1	1	1	0	0
11	埼玉県	40	28	19	14	15	11	0	2
12	千葉県	37	12	8	3	9	1	0	2
13	東京都	49	20	10	14	14	6	0	0
14	神奈川県	19	14	8	8	11	0	1	2
15	新潟県	20	9	7	6	2	6	0	1
16	富山県	10	3	1	1	0	3	0	0
17	石川県	11	6	2	5	5	1	0	0
18	福井県	9	5	3	3	0	5	0	0
19	山梨県	13	3	3	2	1	2	0	0
20	長野県	19	7	4	4	5	2	0	0
21	岐阜県	21	6	3	4	2	4	0	0
22	静岡県	23	7	3	4	3	3	0	1
23	愛知県	38	24	8	11	12	7	0	5
24	三重県	14	6	3	6	4	2	0	0
25	滋賀県	13	9	6	6	3	5	1	0
26	京都府	15	4	2	1	3	0	0	1
27	大阪府	33	14	10	13	3	10	1	0
28	兵庫県	29	19	15	10	5	13	0	1
29	奈良県	12	4	3	2	0	3	0	1
30	和歌山県	9	0	0	0	0	0	0	0
31	鳥取県	4	4	2	1	2	2	0	0
32	島根県	8	2	0	1	1	1	0	0
33	岡山県	15	6	4	5	1	4	0	1
34	広島県	14	4	1	2	1	1	0	2
35	山口県	13	7	4	3	1	5	0	1
36	徳島県	8	3	2	2	2	1	0	0
37	香川県	8	4	2	4	1	3	0	0
38	愛媛県	11	3	1	2	1	2	0	0
39	高知県	11	2	0	1	1	1	0	0
40	福岡県	28	9	7	7	2	7	0	0
41	佐賀県	10	2	2	1	2	0	0	0
42	長崎県	13	1	1	1	0	1	0	0
43	熊本県	14	4	3	2	0	3	0	1
44	大分県	14	6	3	6	1	5	0	0
45	宮崎県	9	3	3	3	0	3	0	0
46	鹿児島県	19	5	5	3	1	4	0	0
47	沖縄県	11	1	1	1	0	1	0	0
	計	813	328	188	203	147	151	4	26

出典：調査結果に基づき作成。

参考資料2　協働

	都道府県	自治体数（市・特別区）	条例制定自治体数（市・特別区）	協働				
				定義がある自治体数	権利を規定している自治体数	使用していない自治体数	その他の用語	地域自治組織を規定している自治体数
1	北海道	35	23	13	0	1	名寄市	0
2	青森県	10	2	2	0	0		0
3	岩手県	14	5	5	0	0		0
4	宮城県	13	3	3	0	0		1
5	秋田県	13	5	4	0	0		0
6	山形県	13	3	3	0	0		0
7	福島県	13	4	2	0	0		0
8	茨城県	32	7	5	0	0		0
9	栃木県	14	8	7	0	0		0
10	群馬県	12	2	1	0	0		0
11	埼玉県	40	28	24	0	1	パートナーシップ（草加市）	0
12	千葉県	37	12	11	0	0		2
13	東京都	49	20	11	0	0	協働・協治（文京区）	1
14	神奈川県	19	14	11	1	0		1
15	新潟県	20	9	9	1	0	協働・パートナーシップ（魚沼市）	0
16	富山県	10	3	3	0	0		0
17	石川県	11	6	4	0	1	輪島市	0
18	福井県	9	5	5	0	0		0
19	山梨県	13	3	3	0	0		0
20	長野県	19	7	6	0	0		0
21	岐阜県	21	6	4	0	1	多治見市	2
22	静岡県	23	7	6	0	0		1
23	愛知県	38	24	21	0	1	共働（豊田市）、協働・共創（東海市）協働・パートナーシップ（あま市）	2
24	三重県	14	6	3	0	0		3
25	滋賀県	13	9	8	0	0		4
26	京都府	15	4	3	0	0		1
27	大阪府	33	14	11	1	0		3
28	兵庫県	29	19	14	2	0		6
29	奈良県	12	4	3	0	0		1
30	和歌山県	9	0	0	0	0		0
31	鳥取県	4	4	2	1	0		0
32	島根県	8	2	1	0	0		1
33	岡山県	15	6	5	0	0		0
34	広島県	14	4	3	0	0		0
35	山口県	13	7	8	0	0		0
36	徳島県	8	3	1	0	0		0
37	香川県	8	4	3	0	0		1
38	愛媛県	11	3	3	0	0		1
39	高知県	11	2	2	0	0	協働・パートナーシップ（高知市）	0
40	福岡県	28	9	7	0	2	北九州市、共働（福津市）	2
41	佐賀県	10	2	2	0	0		0
42	長崎県	13	1	1	0	0		0
43	熊本県	14	4	4	0	0		0
44	大分県	14	6	6	0	0		0
45	宮崎県	9	3	3	0	0		0
46	鹿児島県	19	5	5	0	0		1
47	沖縄県	11	1	1	0	0		0
	計	813	328	262	6	7		34

出典：調査結果に基づき作成。

第8章　自治体の政策手段と今日的課題
――ICTの発展に着目して――

壬生裕子

1　今日の政府と政策手段

（1）政策手段とは

政策手段とは、「政府が外部環境にコンタクトをとるための手段」（Hood 1983 : 2）、「政府が社会に働きかけていくための手段」（片岡　一九九〇：一〇八）をいう。政府がその政策を実現していくために用いる手段には様々な代替があるが、利用可能な手段とその特性に関する知識を集積しておくことで、政策目的や今日的な状況にあった手段を選択し、政策の効果を高めることが可能となる。この知識は自治体が地域の実情や課題を踏まえて独自の政策を立案・実施していくに際しても有用である。

本章では、政策手段に関する先行研究を概観したのち、政府が政策実施のために用いる政策手段が今日のICTの発展を受けてどのように変化したのか、そしてそれがどのような効果や課題を生んだのかをフッド（Hood 1983 : 2007）の研究成果を踏まえて検討し、日本の自治体への示唆を導出したい。なお、政策手段を「行政手段」という言葉を用い、行政の活動としての側面に着目する研究もあるが（行政管理庁　一九八三、片岡　一九九〇）、それらもあわせて検討することとする。

（2）政策手段に関する先行研究

政策手段に関する研究には、政策手段の総合的な分類を構築することに焦点を当てるものと、一定の分野、政策に関する考察に際して政策手段とその運用に着目し、特徴と用いられる文脈の変化等を検証するものとがある。

政策手段の総合的な分類を構築することに焦点を当てた研究としては、たとえばフッド（1983）や行政管理庁（一九八三）、田辺（一九九三）の研究が挙げられる。フッドは、政府が何をするところかを理解するための方法の一つが、政策を実施していく上で取りうる手段に焦点を当てることであるとした[1]。政府は目的に合う手段を適用することで政策を実施するため、外部環境にコンタクトをとるための基本的な手段を把握しておくことができれば、ある場合に何ができるのか、どのような問題に直面しているのかを捉えることが可能となると考えた。そして、このようなアプローチの長所は、限られた手段の組み合わせとしての政府の活動の複雑さを理解できること、様々な組み合わせを考えられること、比較の物差しとして使えることにあるとした。また、これらの手段は、現在・過去にかかわらず、すべての政府に共通のものと考えている。

行政管理庁は昭和五八年度の調査研究報告書において、行政機関が民間の活動のどのような側面にどのような行政手段によって関与するのかを表すことのできる枠組みによって、法律に規定された行政の執行活動（＝行政作用）の構造を可視化するという目的をもって、行政手段の類型化を試みている。ここでは、行政手段を、行政が外部環境に関して何らかの働きかけをする際に採用される手段・方法を総称する概念とし、法律上に表れる行政手段を示す用語を類型化することで行政手段の分類が行われ、法規制、基準設定、作為義務設定、許容、受取、監視、強制、指導、証明、特定、支援、制裁、公知、調整、その他（給付、支給、料金徴収など先の一四種類に入らないもの）の手段が提示された。

田辺は、一九八〇年代の日本の様々な行政領域において生じた変化を捉える分析枠組みの一部として、行政組織の活動の変化を政策からみた場合の政策の手段的な構成の変化に着目し、先のフッドの分類を参考にしつつ、情報、資金、権威の三つを行政組織が社会に対して働きかけるための政策手段とした。フッドのいう組織は政策が実施される経路の問題として別に扱っている。ここでは、情報は対象集団が限定的か一般的か、操作性が高いか低いかで誘導・説得、ヴィジョン、助言、ＰＲに区分される。資金は対象集団が限定的か一般的か、交換性が高いか低いかで融資、社会保険、補助金、給付に、権威は対象集団が限定的か一般的か、ルール化するか裁量を持たせるかで許可・認可、法制化、行政指導、計画調整に区分されている。

また、一定の分野、政策に関する考察に際して政策手段とその運用に着目し、特徴と用いられる文脈の変化等を検証する研究は、日本においても主に環境や経済といった分野でみることができる。

（3）今日の環境変化と政策手段

今日の政府と政府を取り巻く環境の大きな変化も政策手段に影響を与えている。たとえば、社会的な問題を解決する上での政府の役割の変化に着目したのがサラモン（Salamon 2002）であり、ＩＣＴの発展に着目したのがフッド（Hood 2007）である。

サラモンは、新しい政策手段として契約や協働合意、バウチャー等に着目し、政府が用いる政策手段の変化は、政府がサービスの供給者から調整者に変化したこと、社会的な問題を解決するために政府自ら主導して取り組むこともあれば、ときには複雑なパートナーシップを組むようになったことを示すとし、新しい政策手段とそれらが行政や政策形成に与える影響に関する考察、マネジメントに必要とされるスキルについての言及や政策手段に関する国際的な比較を行っている。

また、フッドは、社会におけるＩＣＴの利用は、*The Tools of Government* の初版を出した一九八三年以前から劇的に変化していたとしつつ、とくに一九九〇年代からはＩＣＴが社会における個人の行動だけでなく、政府の取り組みや個人や企業との相互作用の方法が大きく変化し、いまだにその発展は続いていることに着目した。今日の政府が用いる政策手段を改めて観察し、ＩＣＴが政策手段そのものやその選択・利用に与えた影響について考察を加えている。

日本においてもＩＣＴの発展が政策過程や政策の内容そのものに与えてきた影響は大きい。たとえば大量のデータの蓄積や分析が容易となったことで、政策形成時において検討可能な材料が大幅に増加した。政策実施の場面においても、中山間地の医療を充実させるための画像診断の導入や、居住地にかかわらず学びの機会の確保するためのe-Learning の導入などが進められている。ＩＣＴを取り入れることで、政策が今までとは異なる手段を用いて実施されるようになってきている今日、利用しうる手段にどのような変化や課題が生じているかを理解しておくことは政策の効果を高めるためだけでなく、負の影響を生じさせないためにも重要であると考える。

フッドは政策手段を政府の有する四つの資源と関連付けて四つに分類しているが、本章では、そのうち"Nodality"（情報ネットワークの結節点であることを資源とする政策手段）に焦点を絞って検討する。ＩＣＴの発展が、今日の政策手段に大きな影響を与えるものの一つと考えられるからである。

2　フッドの政策手段アプローチ

(1) 政策手段の分類

フッドは、政府が用いる手段を二つの軸を用いて八つに区分している。まず、情報を収集するために政府が用いる手段である"Detectors"と外部環境に影響を与えるために政府が用いることができる手段である"Effectors"の二つに区分する。"Detectors"の手段は、政府による情報収集が積極的か受動的かによりさらに区分する。この違いは、政府が情報を要求する際の主導権もしくは機動性の程度によるものといえる。監視塔を設けて、そこから観察しているだけであれば受動的だし、質問のために戸別訪問をしたり道で車を止めたりすれば積極的といえる。"Effectors"は対象が特定されているか一般的かにより区分することができる。特定の利用とは、具体的な名前付きの個人、組織、項目に対して直接的に用いられる。たとえば、ある目的のために個人に許可証を与えるなどである。一般の利用とは、広く世界中を対象としていて、関心をもつだれもに適用される。だれにでも適用される命令や禁止などが例として挙げられる。また、特定と一般の間には、一定の集団を対象とした利用も考えられる。

もう一つの区分として、いわゆるＮＡＴＯスキームが挙げられる。ＮＡＴＯとは、政府が用いることのできる四つの資源、"Nodality" "Authority" "Treasure" "Organization"の四つの頭文字をとったものである。"Nodality"とは、情報もしくは社会的なネットワークの中心にあることの特質を意味する。とくに、node は情報ルートの合流点をいう。この資源は、政府に情報を取引する能力を与えるとともに、情報を分配する戦略的な地位を付与する。政府はこの資源をメッセージの送信や受信として消費するが、その際には信用の程度が制約となる。

その他、"Authority"は、法的もしくは公的な権力をもつことをいう。この資源は、政府に法的もしくは公的な

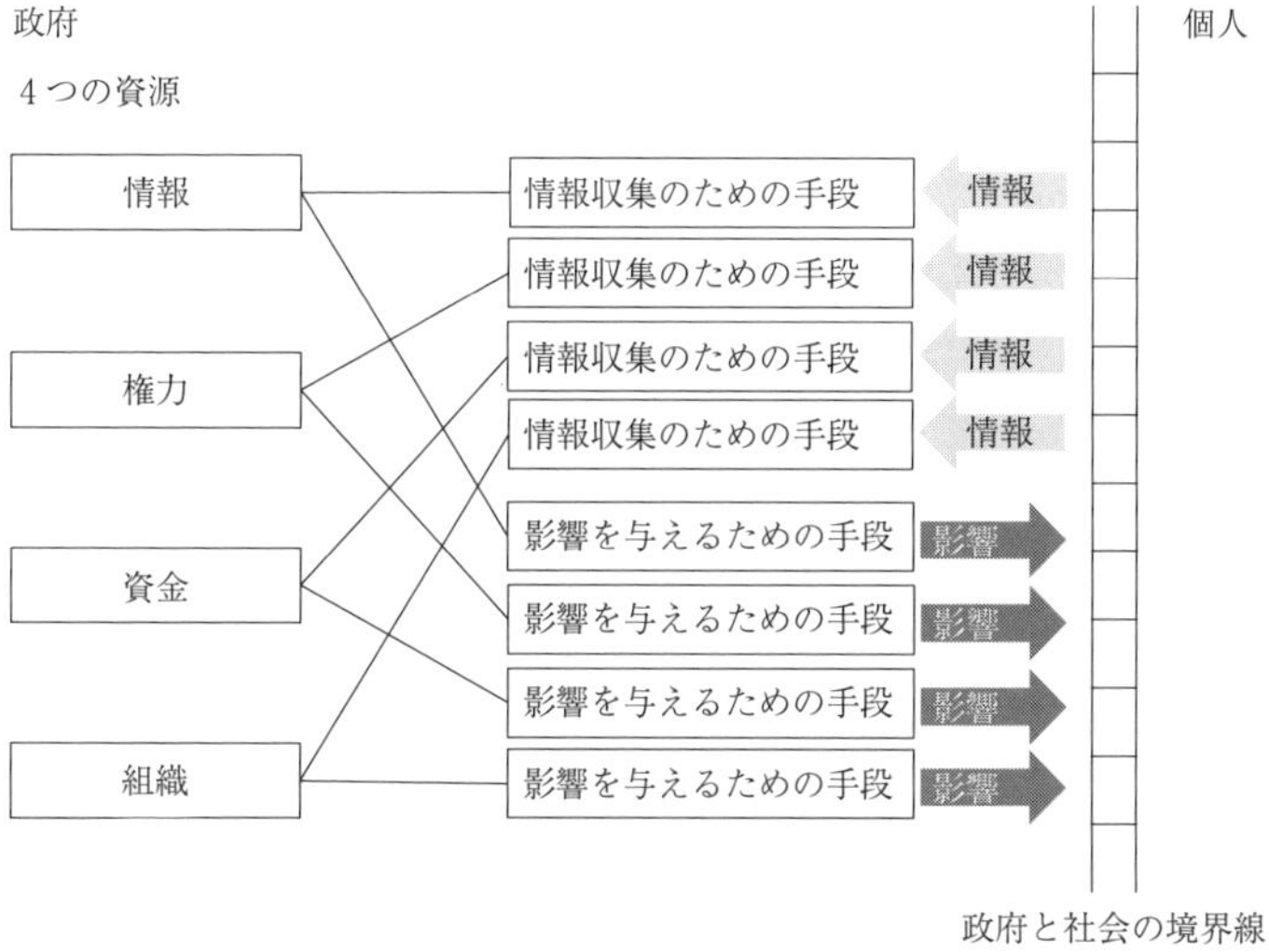

図8－1　政府の政策手段　8つのタイプ

出典：Hood（2007）FIGURE1. 1と1. 2を基に筆者作成。

意味での決定権を与える。公的な証拠という形で利用し、法的継続性により制限を受ける。“Treasure”は、お金もしくは代用できる財産のストックをもつことをいう。政府はこの資源をもとに外部の者に影響を与える、様々な専門性をもつ人を雇う、情報を購入するなどするが、支払い能力を考慮する必要がある。“Organization”は、兵士や官僚など、様々なスキルをもつ人材のストックをいう。この資源は、政府に自身の力を用いて直接的に行動する物理的能力を与える。制約要因はキャパシティ（能力）である。

　政府はこれらの手段を様々な方法で組み合わせることができる。一つ目は、同時に用いて補強するという方法である。二つ目は、順に用いるという方法である。三つ目は、“Detectors”と“Effectors”をあわせて用いるという方法である。実際に政府が情報を要求する際には、なぜその情報が必要かというプロパガンダと同時に行うことがしばしばある。四つ目は、“Detectors”と“Effectors”だけでなく、複数の資源に基づく手段とのコンビネーションを考えることもできる。

以下では、先述の通りＩＣＴの発展の直接的な影響を受けるものとしてとくに"Nodality"に着目し、"Detectors"＝情報を収集するための手段と"Effectors"＝情報を提供するための手段を確認した上で、ＩＣＴの発展が政策手段に与えた影響を考えたい。

（2）情報を収集するための手段

情報には、ネットワークの結節点であることによって無料もしくは比較的低いコストで収集することができるものがある。それが結節点の受信機（nodal receivers）と呼ばれるものにピックアップされる情報である。名前が示唆する通り、ここで政府は"Nodality"という資源に主に依存している。最も消極的な手段は市民による自発的提供（unsolicited tenders）である。これは、政府がただ存在するだけで情報を得ることができるというもので、政府は直接的な意味で情報を得るために何らかの支払いをすることはない。今日においては、個人でさえ同じ方法で多くの情報、たとえば広告、ジャンクメールなどを受け取っている。私たちが情報の結節点になればなるほど、受け取る情報は多くなる。また、結節点であることは、無料で情報を得られるだけでなく、頼んでいない情報までが寄せられることも意味する。政府に対しても、情報は様々な形で寄せられる。ここでいう情報には、他の政府やロビイスト、労働組合といった団体からの警告、脅し、批判も含まれる。

政府に無料で寄せられる他の種類の情報として、政府と個人とのやりとりによって得られる情報がある。例としてフッドは公共交通の自動券売機を挙げ、切符の購入者がどこからどこにいくか、同じ目的地に向かう利用者が何人いるかを教えてくれるものとしている。政府はこうして集めた情報をもとに、将来的な輸送システムを検討することが可能となる。

情報を得るためのやや積極的な手法として、無料の電話ホットラインやコールセンターサービス、メールやウェ

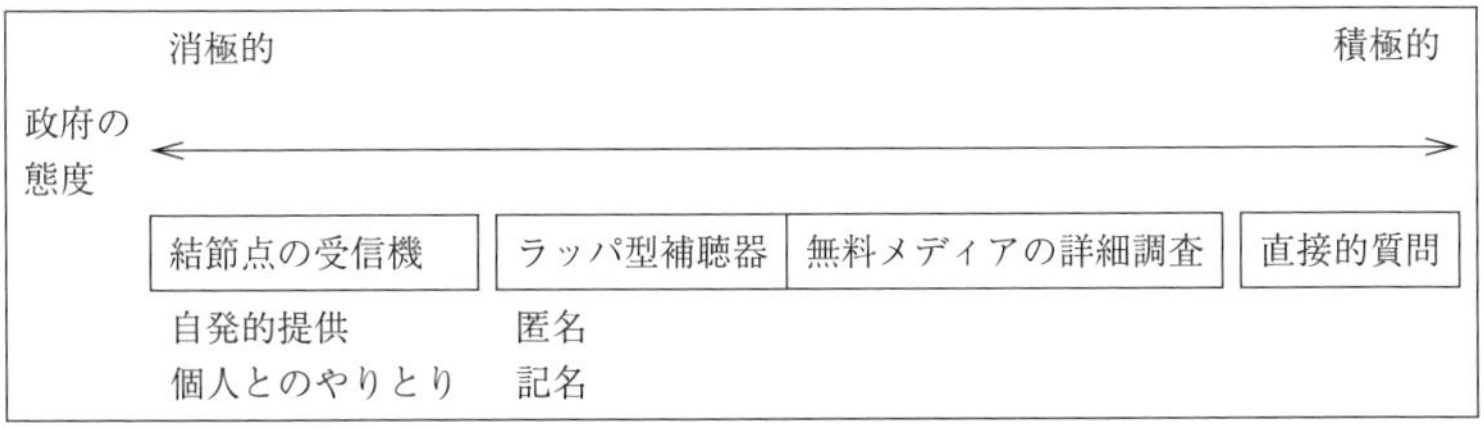

図8－2　情報を収集するための手段

出典：Hood（2007）を基に筆者作成。

ブサイトのアドレスを知らせることや、はがきや封筒を準備することがある。これをラッパ形補聴器（ear trumpet）といい、政府において実際に広く用いられる手段である。ラッパ形補聴器は情報提供者の匿名性の有無によりさらに二つのタイプに分けることができる。

ラッパ形補聴器よりも直接的に情報を得るために、政府自身が情報システムの結節点になろうとすることもある。これを無料メディアの詳細調査（scrutiny of free media）といい、公務員が一般的な雑誌と専門雑誌の双方を詳細に調べるものである。今日急速に広まった電子メディアは、無料メディアを用いた調査の幅を大きく広げた。実際に、政府の政策形成に携わる者は、高校生や大学生と同様、以前には存在すらしなかったインターネット上のサーチエンジンを用いて情報を収集していることをフッドは指摘している。有料サイトから情報を得る場合は、"Treasure"と組み合わせて利用することになる。

情報を収集するための手段のうち最も積極的なものは直接的質問（direct inquiry）である。公務員がオフィスから出て、人々から直接的に情報を得ることをいう。直接的質問は"Authority"に基づいて強制する場合もあれば、"Treasure"と結びつけて企業にリサーチを委託することもある。

（3）情報を提供するための手段

政府は社会に働きかけるための効果的な手段として、情報の提供を利用してきた。

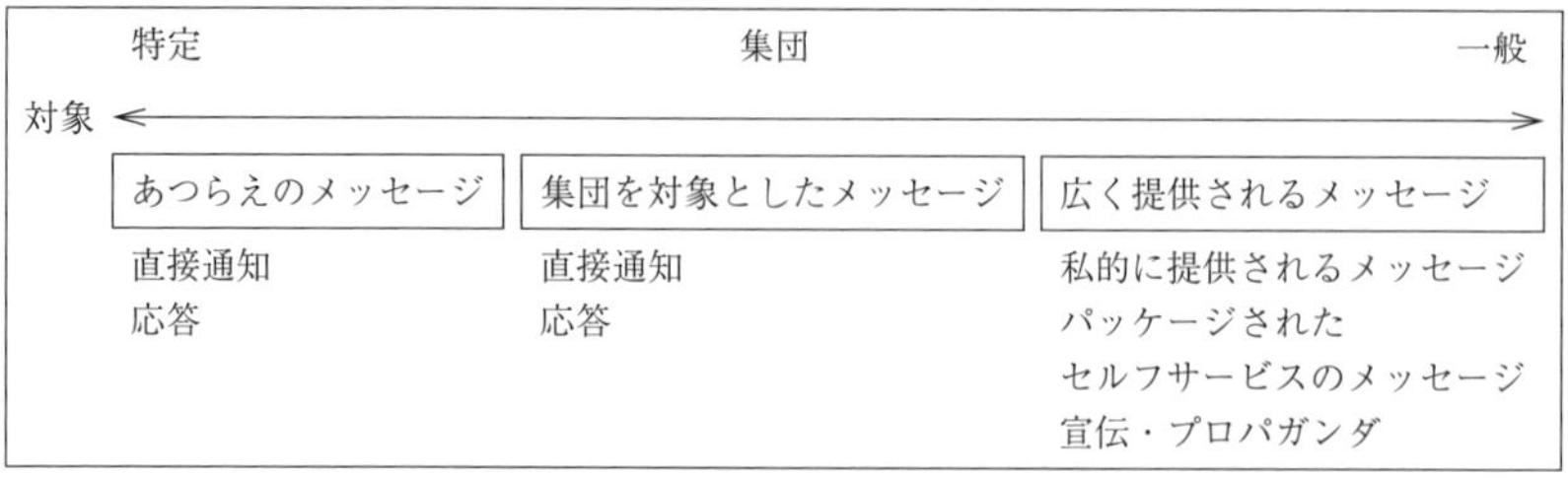

図8－3　情報を提供するための手段

出典：Hood（2007）を基に筆者作成。

実際に、今日、私たちが生活していく上では、政府から多くの情報を入手し、理解する必要がある。政府は情報を提供するだけでなく、提供しないという方法や、故意に強調する点を選んでミスリードする、露骨な偽情報を広めるなどにより本当の情報を隠すという方法、非公式な漏洩という方法をとることもある。

政府による情報分配の方法のうち、最も対象を特定するものが、あつらえのメッセージ（bespoke messages）である。提供される情報は個々の受け取り手に合わせてつくられる。あつらえのメッセージで最も強い方法が、政府は自らアプローチをとることで情報を伝える直接通知（direct notification）である。フッドによれば、政府が直接通知を用いるのは、市民がその情報を探す必要性を認識していないとき、もしくは気を配っていないときである。この手法のメリットは明白で、届けたい個人にメッセージを届けることができる点である。今日のＩＣＴの発展により、多くの人に情報を届けるために必要となるコストが削減されたことで、利用が容易になったと考えられる。

あつらえのメッセージには、情報を必要とする者のアクセスが引き金となる、応答（responses）という方法もある。これは応答すべき質問が予期できるものと、予期できないものに区分することができる。

政府が特定のグループに直接メッセージを伝える手段が、集団を対象にしたメッセージ（group-targeted message）である。あつらえのメッセージと同様、集団を対象にしたメッセージにはいくつかの方法がある。政府は、問い合わせへの対応として情報を提供することもあるし、政府自身が伝えたい情報を直接的にグループに伝えることもある。なお、集団を対象にしたメッセージには、その対象となるグループが政府のメッセージを伝える上で中間的な役割を果たす場合と、そのグループ自体が最終的なターゲットの場合がある。

特定の個人への情報提供と対になるものは、多くの人もしくは関心をもつ人すべてを対象とした一般的なメッセージであり、これを広く提供されるメッセージ（broadcast messages）という。広く提供されるメッセージは、私的に提供されるメッセージ（the privished message）、パッケージされたセルフサービスのメッセージ（the packaged self-serve message）、宣伝・プロパガンダ（propaganda）の三つに区分される。

私的に提供されるメッセージは、トラブルにあっていたりコードを知っていたりする人によるアクセスを可能にしておくことで、政府が広く世界に伝えようとする情報をいう。そのためには、暗号化か、知らないものや経験のないものが情報に達しないよう設計する必要が生じる。この手段には、関心のある人だれに対しても情報が伝達されるというメリットがある一方で、情報を得るためにはある程度のトレーニングが必要となるというデメリットがある。

パッケージされたセルフサービスのメッセージは私的に提供されるメッセージよりは排他的でない。政府が関心をもつ人だれもが、セルフサービスのお店やレストランのように情報のパッケージを利用できる。私的に提供されるメッセージと対照的に情報を欲する人への要求が少ない一方で、情報を得ようとする場合には率先して取り組まなければならない。

宣伝・プロパガンダは、政府が情報を提供する上で最もよく用いられる。これらは純粋に中立もしくは科学的な情報というよりは、人々の認識を説得したり構築したりするという意味をもつ。また、他の二つと異なり、情報を得るために努力や知識を必要とするものではない。

3　ＩＣＴの発展による効果と新たな課題

（1）ＩＣＴ発展による効果

ＩＣＴの発展は政府による結節点をベースにした政策手段の利用にどのような変化をもたらしたのであろうか。また、それにより社会への働きかけに際してどのような課題が生じたのであろうか。引き続きフッドの指摘を踏まえて整理したい。

まず挙げられるのが、政策手段そのものの変化である。フッドは、インターネットの普及により情報を収集するための手段、情報を提供するための手段のどちらもが大きく変化したとする。政府による情報収集という点からは、たとえばＥメールは自発的提供のための安価で、表面的には匿名のチャネルとなった。ウェブサイトは調査に用いることができる無料の媒体の一つであり、新しい世代のラッパ形補聴器ということができる。オンラインによる世論調査といった、直接的質問の新しい形態も生まれている。情報提供の手段としても、Ｅメールやウェブサイトは様々に利用される。特定の集団に対する私的に提供されるメッセージは、組織の被雇用者だけが利用するイントラネットや小さなグループの人しか知らない秘密のＵＲＬ、簡単なパスワードの利用によりウェブサイトを通じて提供することが可能となった。事前に登録をしておけば、近隣の不審者情報がメールで提供されるというサービスはパッケージされたセルフサービスのメッセージの新しい形といえよう。

次に、働きかける対象の特定と実際の働きかけが容易かつ安価になったことが挙げられる。たとえば、ウェブサイトは情報の収集、提供のための効果的な手段となっている。ウェブサイト上で行政に対する意見を入力したり、アンケートに回答できることが増えたが、ウェブサイトがラッパ型補聴器の一つの形態として浸透してきていると考えられる。また、利用者が郵便番号を入力することで、その地域に関する特定の情報を受け取ることができるウェブサイトもある。これは、応答とパッケージされたセルフサービスのメッセージという二つの手段を組み合わせたものといえる。このような情報提供の方法は広まってきている。なぜなら、一度その仕組みを構築し、情報が利用可能になれば、追加的な利用にかかるコストが低いからである。これと比較すると、自発的提供や直接通知にかかるコストは高いものとなる。

(2) 新たな課題

ＩＣＴの発展により、社会へ働きかけるために用いる政策手段には大きな変化が生じた。それに伴い、新しい課題が発生したこともフッドは指摘している。まず、ＩＣＴを用いることで働きかけることができない対象が発生することを理解し、対策を検討すべき必要が生じるという点である。ＩＣＴに大きく依存する手段を用いる場合、貧しい人や一部の高齢者といった、インターネットの利用が難しい集団への働きかけは難しくなる。また、インターネット経由での情報提供は、アクセスに必要な設備をもつだけでなく、政府へ情報提供したり、情報を収集するために活動したりするモチベーションを有する対象者が存在していることに依る。ネットに繋がる環境にない人、不満のある人、関心のない人などは利用できない、しない状態があることも理解し、必要に応じて他の手段と組み合わせて利用することが求められる。

ＩＣＴの利用は、意図しないマイナスの影響を生じさせることもある。たとえば、Ｅメールによる情報漏洩やグーグルアースによる軍事施設の位置情報の提供、アクセス集中によるサーバのダウンである。その他、システム設計者が想定した意図と異なる利用者がいることも問題となる。その例としてフッドは、アメリカの連邦政府は、郵便番号を入力すれば近くに石油のパイプラインがあるかどうかを確認できるシステムを構築し提供していたが、九・一一ののち、テロリストによる利用を防ぐためにサイトを閉鎖することとなった事例を紹介している。

ＩＣＴの効果的な利用が難しい情報もあることにも留意が必要である。たとえば、直接通知はデータベースの検索により個人的な情報の収集が自動で行えるようになるなど、利便性が増したと思われるかもしれない。しかし、実際には顧客に直接対面する銀行のような組織よりも、政府におけるそのような利用ははるかに少ないのではないだろうか。身分確認や認証といった問題を解決することがとくに難しいからである。変更が頻繁にあり、その都度追跡して作成しなければならない情報など、デジタルで提供することにあまり適していないような情報もある。

また、インターネットの利用が広がることにより、政府は情報のタイムリーな提供に関する、民間企業やボランティアセクターとの新しい競争に巻き込まれることとなった。たとえばワシントンポストは、九・一一の際、政府のウェブサイトが数時間静止した一方で、民間やボランティアセクターのサイトは悲劇に焦点を当てた情報の提供を始めたことを伝えている。

その他、インターネットに加え、今日のテレビやラジオ、発刊物といった他のメディアチャネルの急増により、政府そしてそこで働く職員が情報収集において気を配るべき媒体が増加するだけでなく、市民への情報提供をすめる上で検討すべき選択肢が増えることにも注意を払わなければならない。

4　自治体への示唆

これまで検討してきたＩＣＴの発展を受けた政策手段の変化とそれらが生み出した効果や課題を踏まえ、政策目的に応じた手段の選択と効果的な利用のために自治体において取り組むべき点を四つ提示したい。

まず一つ目が、ＩＣＴの特性とあわせて政策手段を理解することである。自治体において情報収集や情報提供といえば、何らかの調査の実施やウェブサイトもしくは広報紙の利用が検討されることが多い。しかし、第2節（2）（3）で挙げたように、事業の実施により蓄積される情報を活用したり対象者に直接的に通知するなど、情報の収集や提供に関して利用することのできる手段はそれ以外にもある。くわえて、第3節で述べたように、Eメールやウェブサイトは情報収集および提供のための手段の選択肢を増やすだけでなく、安価なコストでの働きかけを可能にしたが、その利用がマイナスの影響を生じさせたり情報のタイムリーな提供に対する必要性が高まるなど、これまで利用されてきた手段とは異なる課題も生じさせた。ICTの発展を踏まえ今日の政策手段を理解することで、情報の収集や提供において利用を検討する選択肢が広がり、目的に応じたより効果的な手段の選択が可能となる。

次に、どのような対象に働きかけたいかを明らかにすることである。ICTの活用は効果的ではあるが、働きかける対象によってはそぐわないこともありうる。たとえば、自治体の取り組みに関して意見を求めるとき、対象にインターネットを日常的に利用できない人が含まれる場合は、他の手段との組み合わせが必要となる。自ら積極的に情報を提供しようとしない人や情報を収集しようとしない集団に対しては、Eメールやウェブサイトにとどまらず、自治体からのより積極的な働きかけが必要となる。対象をできる限り細分化してはじめて、それぞれに効果的に働きかけるためのICTの効果的な活用と、場合によってはそれ以外の手段との組み合わせを具体的に検討することができる。

扱う情報がどのような性質のものか明らかにすることも重要である。情報の性質・内容によっては、ICTを活用するよりも効果的な手段を考える必要が生じる。たとえば、ある施設の利用状況に関する情報を集める際、利用者名や利用目的であれば予約システムから抽出することができるが、利用者からの施設に関する要望はアンケートやインタビューといった手段を用いて集めることになるであろう。また、子育て世代に情報を届けるにあたって、学校周辺の不審者情報を提供する緊急の場合と、朝食をとることの重要性を継続的に啓発したい場合とでは、効果のある手段は異なるであろう。とくに重要なものなど、Eメールでのやりとりに適さない情報も考えられる。扱いたい情報がどのようなものかを具体的に検討してはじめて、より適切な手段を選択することが可能となるのである。

さいごに、政策立案者とＩＣＴ担当部門との連携を挙げておきたい。自治体において手段の選択や利用に携わる職員すべてが、ＩＣＴそのものやそれを利用する手段に精通しているとは限らない。職員によっては、必要な知識をもっていなかったり、苦手意識をもっていたりする場合もある。働きかける対象や取り扱う情報に適した政策手段を検討する際に、ＩＣＴを活用することはできないか、その場合のメリットと留意すべき点は何かを、ＩＣＴ担当者と十分に協議することで、目的に沿った手段の選択に繋げることが可能になる。

本章では、政府と政府を取り巻く環境の大きな変化の一つであるＩＣＴの発展により、政府の用いる政策手段がどのように変化したのか、そのことによりどのような効果や課題が生じたのかをフッドの研究を踏まえて検討し、日本の自治体への示唆をまとめた。検討に際しては、政府が用いる多様な手段のなかで、“Nodality”を資源とするものに限定したが、それ以外の政策手段に加え、サラモンが着目した社会的な問題を解決する上での政府の役割の変化と新しい政策手段についても検討することを今後の課題としたい。本章が自治体における政策手段の理解とより効果的な選択、さらには政策の効果の向上に少しでも寄与できれば幸いである。

注

（1）他の二つは、政府の内側で起きていること、すなわち政府の決定過程に注目すること、今日の政府が関心をもっていることがらをリストにすることである（Hood 1983：1-2）。

参考文献

片岡寛光『国民と行政』早稲田大学出版部、一九九〇年。
行政管理研究センター『行政活動の基本構造――行政作用の本質と役割に関する調査研究』上・下、一九八五年。
行政管理研究センター『社会環境と行政（V）――新たなる行政システムの構築に向けて』一九九四年。
行政管理庁『行政作用の本質と役割に関する調査研究報告書（昭和五八年度）』一九八四年。
田辺国昭「行政の変化を捉えるには――『社会環境の変動とガヴァメンタル・システムの動態的関連に関する調査研究』のための概念枠組み」『季刊行政管理研究』六三号、一九九三年。
Bruijin, Hans A. de, and Hufen, Hans A. M., "The traditional approach to policy instruments," in B. Guy Peters and Frans K. M. van Nispen, (ed.), *Policy Instrument : Evaluating the Tools of Public Administration*, Public Edward Elgar Publishing Limited, Cheltenham and Edward Elgar Publishing, Inc., Northampton, 1998.
Hood, Cristopher C., *The Tools of Government*, Macmillan, London, 1983.
Hood, Cristopher C., *The Tools of Government in the Digital Age*, Palgrave Macmillan, Hampshire and NY, 2007.
Howard, Cristopher, "Testing the Tools Approach : Tax Expenditures Versus Direct Expenditures," *Public Administration Review*, Vol. 55, No. 5, 1995.
Salamon, Lester M. (ed.), *Beyond Privatization : The Tools of Government Action*, The Urban Institute Press, Washington, D. C., 1989.
Salamon, Lester M. (ed.), *The Tools of Government : a Guide to the New Governance*, Oxford University Press, Inc., NY, 2002.

第9章　生活保護における政策実施

藤井　功

1　第一線職員としての生活保護ケースワーカー

（1）政策過程論と政策実施

現代において、海外援助や環境問題などでＮＧＯなどが様々な活動を展開していること、また町の安心安全において地域組織やＮＰＯが課題解決の活動をするなどに見られるように、広い意味で公共政策に関わるアクターは政府のみではない。しかし、広い分野にわたる公共問題において、公共政策の主要な担い手は政府なのである。一般に「国」と呼ばれる中央政府（central government）だけでなく、自治体も規制行政、給付行政、サービス行政、管理行政、公企業行政など様々な行政活動を展開しており、地方政府（local government）として政府機能を担っている。

政策実施を検討する前提として、政策過程を確認しておきたい。政策過程論は、政策を発生から終結に至るプロセスとして捉える考え方である。問題の発見に始まり、アジェンダ設定（agenda setting）、政策形成（policy formation）、政策決定（policy decision）、政策実施（policy implementation）、政策評価（policy evaluation）へと推移していくもので、それが再度アジェンダにフィードバックする理念的なモデルとして説明されている。また、過程という捉え方は、政策をめぐる様々なアクターの思考や行動を含む動態を考察の対象とすることである。すなわち、政策過程とは、解決すべき問題が登場してから事後チェックされ、終結するまでに関わる制度やアクターの動態的相互作用といえるのである。

ところで、なぜ政治過程でなく政策過程という捉え方をするのだろうか。政治過程論[1]は権力論、政治システム論、選挙制度論、政治文化論など多岐にわたる領域があり、権力（奪取）闘争の過程を明らかにしようとする議論である。一方、政策過程論は、公共領域における政策の実現可能性を重視して考察するというだけでなく、政策を基礎にして権力の作用やアクター間の交渉や取引などの政治的現象、すなわち政治過程をも政策過程の中で捉えているのである。政策過程は、政治過程のうちにあるというのではなく、むしろ政策過程の連続の中に政治過程が見出せるものである。

（2）生活保護の政策実施

政策過程論において実施過程とは、どのような段階なのであろうか。政策が決定されただけでは何ら課題解決を含む効果は生じていないのである。政策が具体化され、実際にその効果が生じるまでのプロセスが実施過程である。一般に政策は抽象度が高く、それを具体的に実現可能なレベルにして、執行活動を行うことになる。まず、運用可能なルール策定であるが、政策が法律という形式である場合には政令、省令、要領などで実施のルール化がなされる。自治体レベルでも、要綱や要領、マニュアルなどによって行動準則が定められる。その上で、政策対象への直接的な執行活動に連なっているのである。実施には実施活動を行う何らかの組織が必要であり、公共政策のほとんどは行政組織がそれを担っている。また、政策と社会のインターフェイスとしての政策客体という対象集団に注目する必要がある。さらに、利害関係という観点からは、圧力団体なども視野にいれなければならないだろう。こうしてみると、実施の現場における面的広がり、時間的経過の中で政策はある種の変化にさらされることが分かるのである。

本章では、政策実施の現場として生活保護行政を取り上げる。公的扶助である生活保護は、福祉国家の基本的な政策の基底に位置するものである。それは、現代国家が、人々の生命の維持、生活の安定に機能することが求められていることを意味する。そうした性格を持つ政策は、実施レベルでどのような展開を見せているのかを検討してみる。

生活保護行政の概要は、憲法第二五条の生存権保障、すなわちナショナル・ミニマム保障として具体化されており、様々な事情で貧困に陥った人々を救済するもので、生活保護法で最低生活の保障、自立助長することが目的として謳われている。そこでの業務は、保護受給資格の認定、保護費算定、生活保護世帯に自立への指導・援助を行うことである。ここに、現場としての様々な実相が存在している。

生活保護のケースワーカーは社会福祉法で「福祉現業員」(2)と呼ばれ、社会福祉主事の資格のある者が担当するものとされている。生活保護は、ナショナル・ミニマムを維持する業務の典型で、人的サービス業務でもある。ナショナル・ミニマムの全国一律の適用という点から、その実施のために関連法規と実施要領(3)、厚生労働省からの様々な通知に従って行われる。その実施は地方自治体が担っており、ケースワーカーは福祉事務所長や所属長などからの指示もある。こうして見ると、業務は様々な規定に基づいて、事務的かつ機械的に運営されるように見え、裁量による行動などほとんどないように思える。しかし、「ケース」(4)とも呼ばれるクライアントは個別事情を抱えているのであり、世帯および世帯員別にも生活課題が多様であることから、全生活面における援助や関わりのあり方は、定型的処理になじまず担当ケースワーカーに委ねざるを得ない性質なのである。

(3) 第一線職員の思考と行動

官僚メカニズムの中で、様々な要因から上司の濃密な指揮監督を受けずに、ある意味で独立して執務に当たる職員たちがいる。マイケル・リプスキーは、彼らをストリートトレベル官僚と呼んだ(5)。彼らは、その思考様式と行動様式に特異な性質を帯びていると考えられている。このストリートトレベル官僚は、どんな性質を持っているのだろうか。一般の行政職員との違いとして、専門性の高さ、裁量の広さ、上司や組織からの監視を離れた単独の業務を担っているとされる。職種として、警察官、福祉ソーシャル・ワーカー、公立学校の教員、公立病院の医師・看護師などが挙げられている。個々の職員では小さな権限だが、政策の具体化・目的実現という点で政策実施に決定的なインパクトを与える存在である (Lipsky 1980)。

ソーシャル・ワーカーは、ここでは地方自治体で生活保護行政を担当する福祉事務所のケースワーカーということになる。もともと官僚制メカニズムの行政組織では、一般に上司と部下、上級機関と下級機関において、指揮監督を受けていることが前提とされている。しかし、現実には部下や下級機関を、どの程度まで指揮監督できるかは、様々な条件や環境によるのである。たとえば、部下が専門職であり、上司が一般職 (非専門職) である時に部下の業務・仕事を評価しにくい場合、あるいは部下が単独で上司の監視が届かない現場 (庁外) で業務をしている場合などでは、特異な思考や行動があらわれることになる。

生活保護ケースワーカーの特異性を、現場の中から取り上げてみよう。その業務は、生活困窮による相談に始まり、保護申請窓口での対応、申請によって様々な調査と保護の要否判定、保護費の支給、就労をはじめとする自立援助、生活における様々な課題対応や指導 (多重債務の問題、アルコール依存、ドメスティックバイオレンス＝家庭内暴力、子どもの進学、近隣トラブル、その他) など、人間の生活全般に関わるサービスの多様さがある。こうした中で、被保護者と直接に対面し、人的サービスを実施するのであるから、受け手である相手の姿勢や行動によって対応の変更が必要であり、予想さえできないことに遭遇することも多い。その都度、状況にあった方法を探るという負荷が存在している。このように、被保護者が業務の対象、あるいは業務過程の要素になっていることや、クライアントは自らの利益を考えて行動することになるため、ケースワーカーとの軋轢が生じることが少なくない。しかし、被保護者を完全に業務対象から外すことはできないのである。では、生活保護ケースワーカーは、どうするのか。

2　現場レベルでの負荷をめぐって

(1)　負荷としての裁量

リプスキーが指摘しているように、ケースワーカーはかなりの裁量を持っている。一般に、法令や規則がすべての事象を規定することはほとんど不可能であるから、それらはある程度抽象的、包括的な文言となっている。そこに、実施現場における解釈や裁量が登場することになる。言い換えると、多様な現実に対応するため、法や実施要領を適用するに当たって、裁量が働く場面は避けられないのである。生活保護の場面では、貧困に至る経過や原因、それぞれのクライアントの生活歴、病歴、家族関係など、まさしく千差万別である。こうした画一的対応のできない現場で、ケースワーカーは裁量という現実に直面するのである。

法律学は行政裁量について、一般に法規裁量（羈束裁量）と自由裁量（便宜裁量）に分けて捉えている。前者は法の解釈を生ずる場合でも準則など一般的法則性を予定しているもの、後者は行政の高度な専門的技術的知識に基づく判断とする。しかし、いずれの裁量も行政事件訴訟法第三〇条によって、最終的に司法審査に服することになる。要するに自由裁量論であっても、まったくのフリーハンドになっているわけではないことは重要である。生活保護法にも、裁量の必然性と行使の枠組みを定めている部分が存在する。生活保護法第一条は最低生活保障の目的、第二条は無差別平等、第三条は最低生活の維持、第四条は保護の補足性という四つの原理的な規定である。そして、第五条に「……、この法律の解釈及び運用は、すべてこの原理に基いてされなければならない。」（傍点は筆者）という条文が続いており、〝解釈及び運用〟という文言の中に裁量を含んでいること、それはまったくの自由な裁量でなく一定の指針に枠づけられていることが分かるのである。

裁量の事例を挙げてみよう。生活保護法第一〇条で世帯単位の規定があるが、同居していても一定の要件に該当する場合は世帯分離として扱い、同居を単位とする世帯原則の例外として世帯を分かつ扱いとする場合がある。たとえば同一世帯内で貧困状態の高齢の親を保護し、収入を親の扶養に供しない同居の子は世帯から分離するなどの扱いのことである。この場合、扶養義務などから安易に世帯分離しないことが実施要領に指示されており、本来なら親子の扶養義務を履行することで保護に至らない可能性が高いものであるにもかかわらず、扶養義務履行が確保できない様々な事情や背景などから、保護目的のため裁量が必要になるケースである。また、生活保護申請があった時には、二週間以内に扶養義務や資産の調査をして保護の要否判定をすることになっているが、近年この期間で徹底した調査は不可能に近いものがある。そこで、ひとまず保護決定をした後に、生活指導の中で継続調査を行うことにする裁量もほとんど日常的に行われている。

リプスキーの描くストリートレベル官僚の姿は、「相当な裁量（considerable discretion）」（Lipsky 1980）としてクライアントへの権力の大きさを強調するものであった。だが、生活保護ケースワーカーにおいては、憲法や生活保護法をはじめとする理念や政策の下で基本的にプログラム化された「実施要領」(6)により業務を行うことから、無限定に裁量を行使しているわけではない。前記のように千差万別の生活実態から裁量を働かさざるを得ない領域が存在するが、ケースワーカーたちは自由に裁量を駆使しているのではなく、「悩まず判断できるように、細かく具体的にルールを決めておいて欲しい」や「裁量は面倒で、しんどい」というような悩ましさを持っており、むしろ裁量というものに苛まれているのが現実の姿である。

(2) 対面的な相互関係の不安定さ

生活保護における政策実施の活動である行政サービスの内容を見てみよう。前節で述べたように、生活困窮の相談や申請対応、被保護者に対して最低生活保障としての給付、また自立の助長に向けた援助を行うことである。行政サービスを被保護者に対人的・対面的提供をするのである。困窮の相談・申請や保護費支給、自立の援助にしても、その業務の内容が数量的に測定し評価することが難しい性質を帯びているものである。一方、多くのクライアントの側は他に選択肢がなく、好んで被保護者となったわけではないので、受動的立場にならざるを得ないのである。言い換えると、選択肢は少なく、依存的・拘束的な立場にあるともいえる。結局、サービスの送り手であるケースワーカーが、被保護者であるクライアントよりも優位という関係にあることが分かる。

生活保護ケースワーカーの業務は、税金を資源として生活困窮者の救済を行うものである。当然に社会から公正さが求められる。それは、困窮に陥った人を排除することなく救済すること、加えて不正の制御という二つの公正さである。組織や上司からは適正さや手続き遵守が要請され、監視される。クライアントが保護から離脱していっても次から次へと途切れなく登場し、十分な人的サービスがままならない状態が続く。社会福祉法により、ケースワーカー一人当たり、担当する世帯件数は八〇世帯（単身者ばかりでなく、被保護者数として一二〇人前後か）が標準[7]になっているが、社会経済的環境によって八〇世帯を超えているのが全国的傾向である。このように、ケースワーカーの持っている時間とエネルギーは有限かつ不足している。クライアント全員の様々な課題に対応することは、どんなにがんばっても無理である。そこで、どの業務に時間・エネルギーを振り分けるかに直面することになる（西尾 二〇〇〇：六六）。

表9-1　クライアント支配の手法

手法の類型	内　容	事　例
依存関係の強化、再強化	依存を強化	外部依存を断たせる。うちあけ話で引くに引けない関係
権威の動員と内面化	受容されるため、正当化された権威調達	公的意味や専門職の強調、公文書・公印の活用
制裁、制裁のほのめかし	不服従に対しインフォーマルな制裁、制裁を匂わす。応諾手段の機能	無愛想な応対。長く待たせたり、情報の出し渋り
クライアントの選別	不平や文句を言わず従うクライアントを優先	サービスを優先的に供給。えこひいき
たらいまわし	多忙、複雑な業務の枠を臨機応変に変更（絞る）	文句があるなら、あちらへ
取り込み、再教育	受け手を従順にする。クラアントの意見や要望をサービス供給に反映	意見は不満の吐き出しにもなる。すべきこと、すべきでないことを教育
定型処理	手抜きのテクニック	手抜きレベルで、クライアントの類型化
責任転嫁	価値観を強制。送り手の役割を分担	自助努力は当然、受け手が怠け者。調査をクライアントの自己申告に替える

出典：田尾（1995：134-138）に基づき，筆者作成。

（3）クライアント支配の実相

ストリートレベル官僚であるケースワーカーが、時間・エネルギー振り分けに、ある種のディレンマを抱えることが知られている。それは、どのような現象を生むだろうか。ケースワーカーは時間やエネルギーのコストを増大させられないこと、そしてスムーズに業務を遂行させたいという動機を持っている。もともと権利としての生活保護制度では被保護者が重視されるが、援助資源を保有するケースワーカーの側が優位な関係にあることから、「クライアント支配」（田尾 一九九五：一三一）と呼ばれる関係を構築するとされている。優位な立場や一方的依存関係ということから、言うことをよく聞くクライアント、素直に指示に従ってくれるクライアントなど、ケースワーカーにとって物心にわたりコストが掛からずコントロールの安易なクライアントを作るということである。表9-1は、クライアント支配が強制的契機をはじめとして、どのような手法を使って行われるかを具体的に示したものである。

実際に、ケースワーカーの指示に従わなかった時には無条件に保護廃止を含む処分を了解する旨、手続きにもない誓約書を書かせていた事例も生じていた。また、目立たない制裁としては、制度的に給付を拒否できないが、その給付を意図的に遅らせるという対応も行われていたりする。しかし、現実の生活保護ケースワーカーたちは、心地よくクライアント支配しているわけではなく、時間・エネルギーの枯渇などのディレンマの中で揺れていることの表れといえるものである。このことを高橋克紀は、「原因は、職員の悪意によってではなく、慢性的な資源不足、サービス現場における政策の不確実性、密室的な職務環境、社会生活の常識的理解に関するクライアントの文化的差異などの環境要因にもとめられる」（高橋 二〇一四：七七）と述べている。

生活保護ケースワーカーは、裁量というものに苦しめられ、自らの持つ時間やエネルギーという資源の不足を軽減・解消するためにクライアント支配をせざるを得ない状況になっているのである。彼らは多忙で困難な業務に従事しており、ストレスを抱えるため、バーンアウトをはじめとしてメンタルな疾病に陥る者も、他の部門に比して比率が高いことが知られている。彼らはメンタルヘルスでリスクが高いとされ、「生活保護現業員（ケースワーカー：筆者）を対象としたメンタルヘルスの研究としては、燃え尽きや、抑うつ、負担感を調査したものや、インタビュー調査が散見され、燃え尽きや、抑うつが多いことが報告されている」という研究もある（赤間ほか 二〇一四：三四三）。このことも含めて、生活保護担当への人事異動が忌避されているのは全国的傾向である。リプスキーがストリートレベル官僚として描いて見せたような権力的な姿でなく、生活保護ケースワーカーは第一線で負荷に晒され、揺れているのである。

3　中央・地方関係のギャップ

(1) 福祉国家における政府間関係

二〇世紀半ばから福祉国家が世界規模で広がり、政府のサービス供給も増大してきたことはよく知られている。行政サービスの対象範囲が拡大し、併せてその量的増大も進んだのである。そうすると、中央政府(国)が単独で行政サービスを供給することは難しくなり、地方政府(自治体)にそれを依存せざるを得なくなる。すなわち、福祉国家における政府の活動領域が増大することにより、中央と地方の政府間関係は相互依存的なものとなっていったと理解されている。

政策実施研究の端緒は、なぜ政策が失敗したかというものであったことはよく知られている[8]。それは、政策立案する中央政府と政策実施する地方政府の間に、様々なギャップの存在が表れたものであった。ここでは、一九八〇年以降生活保護の実施をめぐって起こった、保護申請を拒否する「水際作戦」と呼ばれる展開、さらに二〇〇五年に厚生労働省からの通知による〝自立支援プログラム〟策定について、中央・地方関係から検討してみよう。

(2) 「水際作戦」でのギャップ

生活保護において「水際作戦」と呼ばれるのは、地方自治体(実施機関)の窓口において、様々な理由と手法を持ち出して保護申請をさせない、あるいは受理しない対応のことである。本来は申請することができるにもかかわらず生活保護の入口段階で拒否するもので、海岸線などの水際で侵攻を阻止する軍事作戦になぞらえて、そう呼ばれている。申請拒否の手法としては、困窮の相談だけで申請書を手渡さないこと、一八～六四歳までの稼働年齢層には働ける可能性を理由に申請をさせないこと、親子や兄弟姉妹などの扶養義務者からの扶養と援助が可能という理由で結果的には申請を断念させることなどがある。

「水際作戦」は、一九八一年（昭和五六）一一月一七日付の厚生省社会局保護課長・監査指導課長連名（現在の厚生労働省）の通知が、全国の自治体（実施機関）へ届けられたことを一つの契機にしている。その文書番号が「社保第一二三号」であったことから、関係者の間では「一二三号通知」と呼ばれている。通知文書の標題は「生活保護の適正実施の推進について（通知）」で、その内容は「資産の保有について、調査同意書を求めた上で的確な把握に努める」など調査の適正さを要請していること、「調査を拒む者は法により却下を検討する」こと、「保護受給中の場合も、収入や資産の的確な把握をする」こと、「不正受給は、法に従った対応をとる」ことなどが趣旨である。すなわち、不正受給を防止するために適正な実施を行うことが求められていたのだが、この通知が出された背景には、一九七〇年代のオイルショックによる財政危機を契機とした社会福祉・社会保障費の削減要請に加え、暴力団関係者の不正受給問題に対する世論への配慮という性格があったのである。

この通知の内容は申請拒否を指示し、示唆しているのではなく、〝適正化〟を求めているものである。すなわち、中央政府（厚生省）の意図は適性化であって、保護が必要な困窮者を排除し、死亡事件まで引き起こすことを許容したとは考えられない。もっとも、財政が悪化する社会経済状況の中で、厚生省側に保護費の支出抑制のかなり強い動機があったと考えられている（武田 二〇〇六）。しかし、自治体（実施機関・福祉事務所）は不正受給防止にとどまらず、窓口で申請に及ばないような対応を強化する方向へ舵を取ったのである。ここに中央と地方の理解のギャップがあったと考えざるを得ない。なお、北九州市においては、一九九七年まで厚生省職員が市の監査指導課長として出向していた。すでに水際作戦という対応が始まっていたが、出向人事がなくなった一九九八年以降に市職員が課長に就いた直後から、水際作戦が強化されて二〇〇五年あたりから死亡に至る事案が頻発している。

なぜ、中央の意図と、地方の実施にギャップが生じたのだろうか。もともと自治体組織は、生活保護件数を増大させたくないという動機を抱えている。保護費の四分の一を負担していること、行政組織の人員配置の負荷があること、ケースワーカーの時間コストの負荷を伴うことなどが要因となっているだろう。これらは、全国どの自治体にも共通していることから、「水際作戦」は一般化したのである。中央政府の通知を含む指導、助言などは、一般的で抽象性があり、それを地方政府は具体化して執行することになるものである。その間には、具体化するための能力という課題が潜んでいるのではないだろうか。これは、最後の節で検討したい。

(3) 〝自立支援プログラム〟策定における翻訳的機能

厚生労働省（以下、厚労省）に属する社会保障審議会の社会福祉部会の下に、「生活保護制度の在り方に関する専門委員会（座長・日本女子大学教授の岩田正美）」（以下、専門委員会）が二〇〇三年に設置され、二〇〇四年一二月に生活保護制度の見直しと運用の基本的な考え方を報告・提示した。それは、「利用しやすく自立しやすい制度へ」、「最低生活保障を行うだけではなく、生活困窮者の自立・就労を支援する視点から見直すこと……、地域社会への参加や労働市場への『再挑戦』を可能にするための『バネ』としての働きを持たせることが特に重要である」[(9)]としたものであった。後者の内容は、経済給付中心から自立支援へ転換させる方針であり、「最低生活の保障」と同時に「自立助長」という法の目的にウエイトを置くことであった。これを受けた厚労省は、二〇〇五年三月に社会・援護局長名で全国の福祉事務所（実施機関）に「平成一七年度における自立支援プログラムの基本方針について」[(10)]という通知を発し、併せて保護課長から「自立支援プログラム導入のための手引（案）」という作成マニュアルを提示した。

厚労省の通知とプログラムモデル案の提示によって、地方自治体の生活保護部門では自立支援プログラムが策定されていくことになった。厚労省は通知の中で、早急かつ優先的に就労支援プログラムを策定および実施することを強調し、それに応答するように地方側はモデル案と同じような経済（就労）自立支援プログラムを中心に策定していった。名称も「就労支援プログラム」というものがほとんどで（総務省行政評価局 二〇〇八）、これがうまく機能すれば保護の廃止に繋がることが期待されたのである。厚労省はその通知やマニュアルからみて、就労により経済自立を促すことで生活保護からの脱却が意図されていた。地方の側も、保護費の四分の一負担ということが財政的圧力になっており、自立によって保護件数を減らしたいという意向が加わって、経済自立の「就労支援プログラム」に傾斜していたのである。この点では、中央と地方にギャップは生じず通知がスムーズに実施に移されたと見ることができる。すなわち、中央で政策立案し、地方がその政策実施を担うという福祉国家の基本的な相互関係である。

しかし、実際の現場は、中央の意図と異なる地方の多様な実施活動も展開されていたのである。比較的少数の地方自治体で「就労支援プログラム」に偏っていることは地域の実態に合わないとして、日常生活自立や社会生活自立の分野でプログラム策定にウエイトを置き換える対応があった。その中で、釧路市の場合を取り上げてみる。すでに二〇〇四年度から就労支援プログラムを実施したが、職業安定所は出張所レベルで社会資源が乏しい地域であり、二〇〇五年度から生活型支援にウエイトを移し、二〇〇六年度では多重債務解決、ＤＶ被害支援などにも取り組みはじめた。公園管理、動物園の環境整備、ヘルパー＆介護事業所、病院体験などのボランティア活動支援プログラムを作って予算も獲得した。議会から被保護者を遊ばせていることにならないかとの意見も出されたが、「就業体験的ボランティア活動支援」として実現した。これらを事業委託にして実施し、被保護者からは「社会に役立てうれしい」、ケースワーカーからは「閉じこもりがちだった被保護者が豊かな表情になった」などの感想が聞かれたのである。こうした生活型支援から「働く意欲」が表出し、これを次のステップに繋げていくことに展開する自立へのプログラム策定と実施が存在していたのである。中央政府の通知を翻訳する段階で、拡大的な実施活動を展開したといえるものである。すなわち、実施過程を政策の翻訳段階、そして実際の執行段階に分けることができるのであり[11]、政策の翻訳機能における能力が発揮されたものと考えられる。

ここで、専門委員会の考え方を確認しておこう。専門委員会は報告書（平成一六年一二月一五日）で「就労による経済的な自立を目指す就労自立支援のみならず、被保護世帯が地域社会の一員として自立した生活を営むことができるようにするため、日常生活自立支援、社会生活自立支援の観点からのメニューも十分に整備することが重要[12]」と述べており、自立とは就労という経済自立、健康で規則的な日常生活自立、地域などに適応する社会生活自立という三つの分野において、様々な社会資源を活用することを求めたものであったことが分かる。就労による経済的自立にあっても生活保護廃止を直接の目標にしているのではなく、働くことの意義を含めて経済生活を確立していくことであり、言い換えるなら〝労働価値の再発見支援プログラム〟と解することができるだろう。

4　生活保護における能力課題

（1）「水際作戦」の背景にある能力

ストリートレベル官僚は、直接に住民と接し、対応する第一線職員であることから、彼らの仕事の能力によってクライアントは大きな影響を受けることは間違いないであろう。国家公務員法第四五条と地方公務員法第二〇条に「職務遂行能力」という言葉はあるが、その内容については「特定の仕事（割り当てられた職務）を成し遂げることができる総合力」（大森　一九九四：八）と解されている程度で、あまり判然としないものである。また、職務遂行能力に関する研究（榊原　二〇〇四）はあるが、組織や人的資源の管理・育成などが中心で政策実施における能力はあ

表9－2　「水際作戦」での主要な死亡事件

自治体	発生時期	当事者と結果	事件の経過
北九州市	2005年1月	68歳男性～保護申請を受理されずに自宅玄関で死亡	こどもに扶養を求める指示。実態は親子の交流は断絶。遺骨の引き取りは全てのこどもが拒否
京都市	2006年2月	54歳息子、86歳母親～保護申請が受理されず親子心中で母親のみ死亡	認知症の母を介護する息子が3度福祉事務所で相談するも申請できずに心中をはかり、結果的に嘱託殺人罪
北九州市	2006年5月	56歳男性～保護申請を受理されずに水道・電気も止まり市営住宅で死亡	こどもに援助を求めることを指示され、申請できず
北九州市	2007年7月	52歳男性～保護辞退を強く求められ、辞退直後に自宅で死亡	死亡から1カ月後に発見。日記に「おにぎり食べたい」 ※申請拒否でなく、辞退強要

出典：大山（2008：44-61）と本田（2010：90-105）を基に筆者作成。

まり検討されてこなかったようである。それは、政策実施自体が、かつては政策が決定されれば自動的に政策が実現されると捉えられていたことに歩調をあわせていたのかもしれない。

ここで、生活保護行政を通して、政策実施に求められる能力を素描しておきたい。いくつかの事件を通して、生活保護現場におけるケースワーカーの実状を検討してみる。表9-2は、二〇〇〇年過ぎに連続して各地で起こった死亡に至る「水際作戦」と呼ばれる対応である。

現場で起こったことは、まず厚労省からの申請における適正化通知（適正実施の確保という内容）に基づいて厳格に過ぎる逸脱した対応であった。確かに自己努力の欠如がある場合、また困窮に至らない申請者の存在はどんな時も存在するが、申請の入口が狭められていたことがうかがえる。この結果、真に生活に行き詰まった人々を排除し、最悪の死亡事件の結果を生んだのである。事件のような申請拒否に遭遇した困窮ケースと、不公正な申請者とは質的に差異があるのを見抜くことは、現場の力、職員の能力に関わるものである。

別の要因として、北九州市は事件後の検証委員会の報告で、申請受理件数や廃止件数の数値による目標管理をしていたことが報告されおり、組織内部の圧力も存在していたことが明らかになっている。一方、京都市は「最低でも三〇分以上は話を聴き、相応のアドバイスはしているはずだ。あくまで本人からの申請主義なので、要件が整った時に来てもらえないと、こちらから申請してくれとは言えず対応には限界がある」（『朝日新聞』二〇〇六年七月二一日付）とコメントし、基本的に福祉事務所は誤った対応をしていないとの立場であった。ただし、コメントで〝（アドバイスはしている）はず〟としか言えないのは、単に話し手側の一方通行的主張ではないのだろうか。すなわち相手方にどのように聞こえたかを見抜く視点、どれだけ咀嚼したかという観点が不足、あるいは欠如しているといえる。前者の見抜く力、後者の咀嚼する力というものは、人的サービスを担う職員の必要な能力として理解することが必要なのである。

（2）現場の洞察力

一般に行政職員の能力として考えられるものは、政策過程に対応させるならば、問題発見・課題設定能力、政策形成能力、決定能力、実施・執行能力、評価能力などと言い表すこともできる。また、組織メンバーの面からは、情報収集能力、分析能力、コミュニケーション能力、調整能力、事務能力などという捉え方もできよう。地方分権改革以降、自治体職員の果たす役割が増大するにともない、様々な能力が求められている。

真山達志が政策形成能力の文脈から「政策形成において職員の能力を云々する前に、資質を問題にしなければならないのではないだろうか。きわめて知識が豊富な人、専門的な理論や技術に精通している人、外国語が自由にあやつれる人など、能力という点では優れた人はいくらも居るかもしれない。しかし、そのような能力を自治体の政策形成に活かそうという意識がなければ自治体職員として政策形成能力があるとはいえない」（真山 二〇〇〇：一八六）と能力と資質の違いを指摘し、知識・技術以外の要素に注目していることは示唆的である。森田朗は政策形成の点で「社会がどのように変わるか、ということについての深い洞察力と論理的思考能力が不可欠」（森田 一九九八：二七）とも述べている。この二つの考え方が示唆するのは、生活保護の現場で〝洞察力〞、すなわち見抜く力が先細りしていたということに通じていると考えられるだろう。

洞察力とは、見通す力、あるいは見抜く力である。では、見通す能力は何によって基礎づけられているのだろうか。それは、政策の理念、人間理解の哲学から導かれる価値判断が要素になっているのではないだろうか。つまり、福祉国家や社会保障の政策理念だけでなく、年月を掛けて人間理解が深まることをも意味する。社会福祉法第一九条で生活保護を担当する職員は社会福祉主事の資格が必要であり、「……年齢二十年以上の者であつて、人格が高潔で、思慮が円熟し、社会福祉の増進に熱意があり、……」と定められていることからも、知識や技術レベルにとどまらない要素としての洞察力が求められているのである。単純に指示された作業だけをするロボットや機械ではなく、心・頭脳と身体の総合作用、すなわち全人間的な活動によって筋道の通った行政の業務を進めていくことなのである。知識や技術とともに公共の一部を担う自己のアイデンティティとは何かを理解することが、洞察力の有無を左右するともいえるのである。

生活保護の現場で、長く経験を積み重ねてきたケースワーカーが「法令や要領などの文書だけでなく、人間や事象の実態など根底を見抜くことが何より大切です。その後、クライアントや状況がどのように展開するかも想像する力が望まれるでしょう。その点で、経験がとても必要な仕事です」と述べている[13]。経験の蓄積によって、様々なクライアントの中にあるパターンを察知し、かつ分析的に想像することが可能になるものである。このことは、洞察力が現場で必要な能力であることを示しており、実施レベルにおける〝現場力〞とも言えるものになっているのである。

5　政策実施能力の構想

(1) 第一線職員(ストリートレベルの官僚)の事業実施志向

自治体の福祉部門における第一線職員(ストリートレベルの官僚)が、政策実施においてどのような機能を果たしているかを、裁量やクライアント支配、能力などの点から検討してきた。ここで、これら裁量などが政策実施過程で、どのような基軸で展開されているかを確認してみよう。

政策過程は現状の問題点を認識共有するところからスタートし、問題を解決して望ましい状態を作り出そうという問題解決への目的を持っている。課題設定とは目的を設定することであり、望ましいとされる政策目的を中心にして政策過程は展開している。そうだとすれば、実施過程は政策目的を実現させるための過程と解することができる。真山達志は、従来の行政活動が「もっぱら事業を中心に思考が展開し、事業を生み出し、事業を実施することが自治体の唯一最大の仕事と考えられがちだった」(真山 二〇〇一:五二)と述べ、事業実施に関心があるけれど、それは政策なき実施という状況であると指摘している。その指摘は、そこには政策目的が欠如しているということを意味している。

「水際作戦」などの事例で検討したように、現場で見失いがちなものとして政策目的が挙げられる。〝政策目的は何だったのか〟である。生活保護の場合であれば、生活保護法第一条に規定される法の目的、「最低生活保障」と「自立助長」というものがそれに当たるだろう。その目的は一定の抽象性を持つが、人々の生活が一様でないこと、人的サービスということによるものだからこそ第一線職員の〝裁量〟が必要ならざるを得ないのであった。実施過程においては、政策目的をどのようにして実現するかが問われるべき中心課題となっているのである。

（2）政策における目的―手段関係

従来から行政で行われている実施活動はルールを静的に当てはめるものがほとんどで，それは法的思考ともいうべきものである。定められた決まりや手続き，手順にウエイトがあることになる。こうした思考様式は，社会の変化などに応答することは難しく，手続きだけでは問題が解決できないという限界が認識されることになる。

一方，政策という捉え方は「問題解決の手法の模索」（松下 一九九一：一〇）や「問題に対処するための基本的な理念と方針」（足立 二〇〇五：八）等と考えられ，要するに問題解決アプローチであると理解されている。政策過程は策定過程で目的を形成し，決定過程で目的を確定，実施過程で目的の実現，そして評価過程においては目的を達成したかの確認とも捉えることができる。すなわち政策は目的を基軸にしており，その関係で意味を持つのである。松下圭一が「政策とは，『予測』つまり構想による仮定の未来を〈目的〉におき，〈手段〉としては現在の資源を動員・機動して整序つまり『調整』する手法」（松下 一九九一：一三七）と指摘していることである。目的―手段の関係を前提にするならば，政策実施は単に手段的な事業実施ではなく，目的認識と実現手段を関連づけることにあるといえる。実施過程は問題解決に向けて政策目的を実現させるための過程であり，問題を解決することが目指されているのである。

（3）政策実施における必要な能力

政策過程における能力としては，多くの自治体での研修傾向からも，政策形成能力が重視されているといえるだろう。とりわけ二〇〇〇年の地方分権改革によって，地方自治体は自らの課題を分析し，政策策定と政策実施を行う主体へと転換してきたことを示している。また，自治体行政が担う住民やクライアントとのインターフェイスは，政策実施の領域であった。政策実施研究で明らかになったのは，政策決定だけで予定調和の如く成果を収めるものではないことでもあった。そうであれば，政策形成能力だけでなく，実施における能力なるものを検討するべきだと考えられる。

実施過程を二つに分節するという捉え方がある（嶋田 二〇〇九ａ）。それは，一つはプログラム形成過程とも呼ぶべき執行のための準則，言い換えるとルールを作る段階であり，もう一つは具体的事務での執行活動を行う段階である。この二つの段階の性格に応じた能力が必要であることが分かるだろう。後者の執行レベルで，「執行主体の能力が不足していれば，執行不能もしくは不充分な執行にとどまってしまう」（嶋田 二〇〇九ｂ：二一九）のである。このように，政策実施においては，一連の政策過程を視野に入れると政策決定との関係で，政策を解釈・伝達し，準則を作る能力が求められるのである。そして，人的サービスなど人々の生活に直接的影響を生ずる点から，執行段階は洞察力を含む最も基本的な能力が要請されることになる。

政策実施能力という捉え方の枠組みを検討してみる。現在の執行段階やストリートレベル官僚の行動様式においても，行政的な事務や事業で法律を適用する作業というような捉え方が普通に見られるところである。決められた手順どおりに行えば，基本的に責任は問われないというような考え方になってしまう。そこには，政策実施を担っている認識の未成熟さ，政策型思考の欠如がうかがえるのである。

まず，行政活動全般に共通する能力として，事務処理，調整，コミュニケーションなどの能力が求められるところである。次に，行政各部門におけるそれぞれの専門的知識や技術，能力が必要なことは言うまでもないだろう。たとえば，総務部門，企画部門，経済部門，環境部門，福祉部門，教育部門，土木部門などの分野ごとにそれぞれ必要な知識や技術，能力が予定されている。ところで，政策形成能力について，真山達志はコミュニケーション能力，情報収集・分析能力，調整能力，企画能力などを指摘している（真山 二〇〇一：一七二〜一八六）。これらは政策形成のみならず行政活動に共通する能力として理解できるものであり，政策実施能力なるものを構想する時には政策目的と関連付けてそれを実現するという点から、事務処理、コミュニケーション、情報収集・分析、調整、企画などの能力が必要といえるだろう。すなわち、政策実施においては、当該の部門特有の専門的知識や知見、洞察力とともに、行政活動に共有の知識や技術を機能的に統合して、政策目的が実現できる能力が必要になると考えられる。

注

(1) たとえば、伊藤ほか（二〇〇〇）など。
(2) 社会福祉法第一五条を参照。
(3) 厚生労働省からの生活保護運営に係る保護基準や解釈、手順などが、局長通知や保護課長通知を含めて細かく示されたもの。
(4) 福祉事務所現場では、被保護者を〝ケース〟と呼ぶことが多い。
(5) Lipsky（1980）。行政官僚制の組織編成の下で、その第一線あるいは末端に位置することから、ストリートレベル官僚と呼ばれた。官僚制は、権限・機能が分担された合理性を持つ階統型の組織という意味である。
(6) 厚生労働省から出されている、告示、事務次官通知、社会・援護局長通知、保護課長通知を体系的にまとめたもの。全国の福祉事務所、ケースワーカーが使用する。
(7) 社会福祉法第一六条を参照。
(8) Pressman & Wildavsky（1984）。アメリカ合衆国の連邦政府で立案した政策が、地方政府の現地で失敗したことを分析した研究。
(9) 厚生労働省ホームページ（http://www.mhlw.go.jp/shingi/2005/02/s0209-4a.html、二〇一五年九月二四日最終アクセス）。
(10) 二〇〇五年（平成一七）三月三一日、厚生労働省社会・援護局長からの通知。

(11)　嶋田（二〇〇九 a）。実施過程は「プログラム形成過程」と「執行過程」に分節することができるという。
(12)　注（9）に同じ。
(13)　京都・宇治市福祉事務所で、生活支援課保護第三係長へ二〇一五年九月一七日にインタビュー。

参考文献

赤間由美・森鍵祐子・大竹まり子・鈴木育子・叶谷由佳・細谷たき子・小林淳子「生活保護現業員のメンタルヘルスとその関連要因」『日本公衆衛生雑誌』第六一巻第七号、二〇一四年。

足立幸男『政策学的思考とは何か』勁草書房、二〇〇五年。

伊藤光利・田中愛治・真渕勝『政治過程論』有斐閣、二〇〇〇年。

大森彌『自治体職員論』良書普及会、一九九四年。

大山典宏『生活保護 vs ワーキングプア』ＰＨＰ新書、二〇〇八年。

榊原國城『地方自治体職員の職務執行能力形成過程』風間書房、二〇〇四年。

嶋田暁文「政策実施とプログラム」大橋洋一編著『政策実施』ミネルヴァ書房、二〇〇九年 a。

嶋田暁文「執行過程の諸相」大橋洋一編著『政策実施』ミネルヴァ書房、二〇〇九年 b。

総務省行政評価局「生活保護に関する行政評価・監視結果報告書」二〇〇八年。

田尾雅夫『ヒューマン・サービスの組織——医療・保健・福祉における経営管理』法律文化社、一九九五年。

髙橋克紀『政策実施論の再検討』六甲出版販売、二〇一四年。

武田公子「生活保護と自立支援をめぐる財政問題」『賃金と社会保障』（一四三一）、二〇〇六年。

西尾勝『行政の活動』有斐閣、二〇〇〇年。

本田良一『ルポ　生活保護』中公新書、二〇一〇年。

松下圭一『政策型思考と政治』東京大学出版会、一九九一年。

真山達志『政策形成の本質——現代自治体の政策形成能力』成文堂、二〇〇一年。

森田朗「アカウンタビリティと自治体職員の能力」森田朗編著『アカウンタビリティと自治体職員』ぎょうせい、一九九八年。
Lipsky, Michael, *Street-Level Bureaucracy : Dilemmas of The Individual in Public Services*, Russell Sage Foundation, 1980.
Pressman Jeffry L. and Aaron Wildavsky, *Implementation 3rd : How Great Expectations in Washington are Dashed in Oakland*, University of California Press, 1984.

第10章　公民館と実施機能の変化

川北泰伸

1　問題関心と射程

（1）政策実施の場としての公民館

社会教育法に法的根拠をもつ公民館は社会教育の実践の場として長い歴史の中で活動が続けられ、社会教育にとっては重要な場であり続けてきた。しかし、実態に目を向けると公民館の規模は地域によって様々であり、社会教育法を根拠にもたない施設も公民館と称されている場合が少なくない。また公民館で行われる活動は、社会教育の一環として企画される事業があったり、町内会や自治会の会議で使われていたり、たとえば首長部局が企画した老化防止のための健康づくり講座が行われていたり、または社会福祉協議会が何かの事業を行ったりと様々である。単に社会教育のための活動が行われているだけでなく、地域の拠点であることを活用して様々な主体が事業を行っている。政策研究の観点からこれらの実態を捉えると、「教育政策の実施の場であり、他の政策分野の実施の場でもある」と言えよう。そこで本章では様々な政策実施が行われる場として公民館を捉え直し、政策研究における公民館のあり方を検討したい。

(2) 教育政策における二つの視点

教育政策を検討する際には混同されがちな点がある。良い教育を行うための政策なのか、もしくは、ある目的・目標を達成するためにどのような教育を行うべきか、という二つの点である。つまり、教育政策と称する場合、教育は目的・目標であるのか、手段であるのかを明確にする必要がある。たとえば、「より良い英語教育のあり方」や「より良い道徳教育のあり方」について検討することは効果的な教育方法を検討したり、教育のあるべき姿や規範について検討することであり、良い教育を行うための政策を考えることに繋がるであろう。他方で、「企業活動のグローバル化に対応した英語教育のあり方」や「科学技術立国を支える人材育成」について検討することは、グローバル化に対応することや科学技術によって国が発展することが目標であり、その手段として教育が捉えられる。どちらもより良い教育の姿や形を検討するものであるが、検討する立場や狙いが異なることには注意が必要である。[1]

本章では、従来まで議論されてきた社会教育研究や生涯学習研究として公民館のあるべき姿を検討していくことは行わない。政策研究の立場から、公民館が本来もっている機能や特性を認めながら、より良い社会を構築していくための公民館のあり方に関心がある。よって以下では手段として捉えて検討を行っていく。

(3) 公民館の範囲

公民館とは社会教育法に根拠をもつものが多いが、法的根拠をもたない施設も公民館と地域住民から呼ばれている実態がある。法的根拠をもつ公民館だったとしてもその規模は多様であり、文部科学省が行う社会教育調査の分類では〈公民館本館(中央館)、公民館本館(地区館)、公民館分館、公民館類似施設〉と四つに区分されている。法的根拠をもたないものとしては、コミュニティ政策の流れを受けたいわゆるコミュニティセンターと呼ばれる施設で、小学校区や中学校区に一つ設置されていることが多い。[2]社会教育の枠組みがなくなるため、より自由に活用できるが、首長部局の所管になることや法律に守られていないことが時として課題となる。その他に法的根拠をもたないものとして、自治会や町内会程度の範囲に一つ設置されているような地域の集会施設が多様に存在しており、〈自治公民館、町内公民館、集落公民館、分館〉などと呼ばれている。ただし同じ規模の地域集会施設であっても、法的根拠に基づいている施設もあり、規模を以て一律に規定することもできない。

本章では、地域の集会施設として使われているような規模の小さい公民館に着目する。この理由については後述する。この地域の集会施設については、社会教育研究や生涯学習研究の議論の中では法的根拠の有無が公民館の性質・機能を規定する上で大きな論点となっている。(3) ただし本章では、社会教育研究や生涯学習研究の議論における精緻な公民館の意味や意義を見出すことは目的としない。そこで法的根拠をもつ公民館を「公民館」と、地域の集会施設レベルの単位で存在し法的根拠を有する公民館を「小規模公民館」と、地域の集会施設規模で法的根拠を有しない公民館を「自治公民館」と本章では呼ぶこととし、必要に応じて説明を加えながら用語を用いていく。なお取り扱う事例中では、事例の当該地域における名称をそのまま使うこととする。

2　今日の公民館と小規模な公民館

(1) 公民館をめぐる今日的背景

公民館をめぐる今日的背景は三点指摘することができよう。第一に、市町村合併である。平成の合併が落ち着いた後には、合併後におけるまちづくりが各自治体では大きな問題関心となっている。合併を選ばなかった地域では地域の独自性を今まで以上に強化させて自立していくことが指向されている。さらに昨今では、いわゆる増田レポートによって「消滅可能性自治体」が提起されたことでまちづくりへの危機感はいっそう高まっている。また、

「地方創生」という政府のかけ声がまちづくりの機運を後押ししている。ただし、「ヒト・モノ・カネ・情報」といった資源には大きな制約があるため、政策を実現していくために、または政策を実施していくために克服すべき課題が多い状況にあり、成果を上げていくことは容易ではない。

　第二に、社会教育と生涯学習の関係である。臨時教育審議会が「生涯学習体系への移行」を提起し、また文部省（当時）が社会教育局を生涯学習局に改組再編や生涯学習振興法が成立したことで生涯学習振興の体制整備が始まって久しいが、政策の現場や国民にとって社会教育と生涯学習の関係は依然として分かりにくい状況が続いている[4]。ただし、多くの政策の現場ではこの点は大した問題ではないのかもしれない。なぜならば、生涯学習という概念は広く大きな概念であり、社会教育を含む概念だからである。そのため、従来通りに熱心に社会教育に取組んでいたとしてもそれは生涯学習の一翼を担っていることになるのである。または生涯学習に力点をシフトして取組んだとしても、実態としては社会教育として従来まで教育委員会が担っていた事業を行っていることが多く（担当部署が首長部局に変更されていたとしても）、さらには中央省庁では文部科学省が所管していることは変わらないため、中央政府の変わらない枠組みの中で従来までの取組みの延長となっているといえよう。しかし、学術レベルにおいてはこの二つの概念をどのように捉えるべきなのかについて、未だ議論は収束していない。本章ではこの議論を整理して含意を抽出する準備はないが、学会での把握について山田（二〇〇二）はまとめており[5]、政府が掲げた「生涯学習体系化」への賛否などを確認することができる。このような実務レベルと学術レベルにおける関心の温度差については注意が必要だ。

　第三に、行政改革の推進である。全国の自治体が厳しい財政状況におかれている昨今、経費削減と経済的効率性に重きをおいた行政運営を目指して行政改革が積極的に行われている。公民館をめぐっては大きく二つの論点が挙げられよう。まずは施設の統廃合である。学校に限らず自治体内の公的施設を対象に施設の統廃合と複合的な機能を持たせた運営が進められており、公民館も対象となっている。これらの動向は単なる統廃合問題に留まらず、ファシリティマネジメントとして近年捉えられはじめている[(6)]。次に、組織の再編成である。縦割り行政の弊害や施策や事業の重複を克服していくために組織の再編成が行われ、ワンストップで行政サービスを提供したり体系性をもった政策を実施していくことが目指される。今日では行政改革の一環として複雑かつ多様な地域課題に対応していくために、経済的効率性を確保しながらより効果的な公民館のあり方が模索されているのである。

(2) なぜ小規模公民館を検討するのか

本章が小規模公民館に着目する理由は二点ある。第一に、市町村合併後のまちづくりへの対応が求められている。合併を選択した地域は、スケールメリットを働かせたまちづくりと行政運営を目指している。その反面で地域の範囲が広域化(程度は様々であるが)したために、行政と地域、または行政と住民との物理的・心理的距離が広がることが懸念されている。現実問題として、地域に対する細やかな配慮を市町村が行うことは難しいという課題が出てきている[(7)]。支所を存続させてこのような懸念に対応することが多いのであるが、人員削減のために合併前と同じようなコストをかけて支所を運営することは合併後にはできなくなる。これらは一貫して行政の都合であるが、このような状況に対する理解は様々なものがあり得る。本章では次の二点に着目したい。一つめは、行政がまちづくりの全てをもはや担うことができないため、住民にできることは住民が担う必要が生じていることだ。このことは従来から当然に目指されてきたことであり、「自助、共助、公助」という概念で示されたり、地方自治の観点から住民自治の文脈で示されてきた。しかし、実態としてはそのような理想論よりも、財政は厳しく少子高齢化による地域の衰退を目の当たりにして住民自身も動かざるを得ないという危機感によることが大きいと考えられる。したがって、スケールメリットを効かせるために行政が広域化したことで、逆に、地域に応じた細やかな配慮を実現するための小さな地域単位がより重要となってしまった。[8] このとき、小規模公民館は小さな地域単位でまちづくりを行うための拠点としての重要性も同時に高まったのである。ゆえに、より小さな範囲での地域の拠点をいかにして確保し、また担保していくのかという課題の重要性は増しているのであるが、その時に小規模公民館は地域の拠点としては有力候補となるのである。

第二に、社会教育研究の中でも、法的根拠をもたない「自治公民館、町内公民館、集落公民館」といった多様な地域集会施設に着目した研究がある。たとえば、一九六〇年代に自治公民館論争が起こり、自治公民館の賛否が問われることとなった。[9] また近年の研究では、佐藤一子を中心とする研究グループによる長野県の公民館分館に関する研究である。[10] その研究では多様な地域集会施設も地域共同体にねざす住民の社会教育活動に関係していることを指摘している。さらに牧野篤を中心とする研究グループは、飯田市を事例とした研究で注目されている。[11] この研究では、飯田市民にとっては公民館は自治会と同じく地域住民の生活と密着していることに注目している。また手打明敏は社会教育機関としての公民館と法的根拠をもたない地域の集会施設の機能を区別して捉える必要性を提起している。[12] これらの研究は、地域の拠点として小規模公民館や自治公民館に一定の意義を見出している。しかし、社会教育法に基づく公民館制度のあるべき姿や、当該制度を前提として公民館の実態を整理すること、そして制度のより良い実現へ問題関心が向けられているため、実態から今日的な公民館のあり方や機能・役割りを検討・提起することまでこれらの研究は及んでいない。小規模公民館や自治公民館は、教育政策の実施の場であり、多様な政策分野の実施の場となっていることを鑑みると、政策研究からの検討も必要ではないだろうか。

第三に、住民自治の活性化やコミュニティの再生、地域内分権の推進などの観点から地方自治法や合併特例法を根拠とした地域協議会を総称する「地域自治組織」や、自治体独自で条例等により制度化した「住民自治組織」は、地方自治研究の中では関心が寄せられている。[13] 三重県伊賀市や名張市が先進事例として有名で、おおむね小学校区に設置され、地域課題の解決や地域振興及び住民交流などの事業が行われている。またこのような自治体独自で設置した仕組みは「小規模多機能自治」と名づけられ、雲南市を中心に「小規模多機能自治推進ネットワーク会議」が活動を始めている。

このような動向に対して、中川幾朗は地域の総合力を高めるとともに「面識社会」をつくっていくことがねらいであると、その重要性を指摘している。(14)面識社会とは、住民同士の顔が見える範囲でのまちづくりのことを意味しており、本章で着目している小規模公民館が存在している範囲と重なってくる。このことから、小規模公民館を取巻く実態は今日の社会情勢に応じて動き始めており、また、様々な分野と重なりあっている。各アクターが連携し地域資源を活用しながら課題解決を目指していかなければならない今日、小規模公民館の重要性と求められる役割も増しているのである。

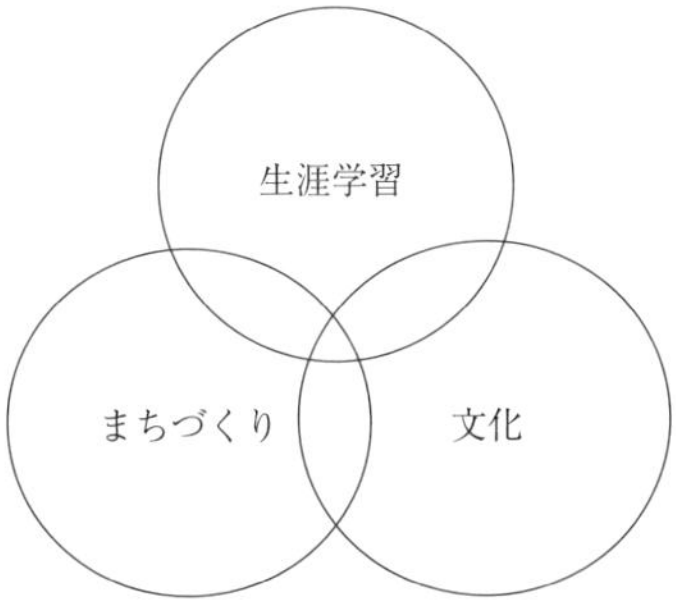

図10-1　公民館の機能

出典：筆者作成。

これまでの検討のまとめとして公民館の機能を改めて図10-1で示したい。社会教育法第二〇条の公民館の目的をふまえた上で、生涯学習の場であり、まちづくりの場であり、文化を育み振興していく場であるといえる。

3　京都府与謝野町における地区公民館の取組み

（1）地区公民館を活用したまちづくり

与謝野町は三町が合併して二〇〇六年に誕生した。かつては旧三町ともに丹後ちりめんが産業として盛んであったが時代とともに需要が減り、与謝野町におけるちりめん産業も厳しい状況に立たされている。合併後のまちづく

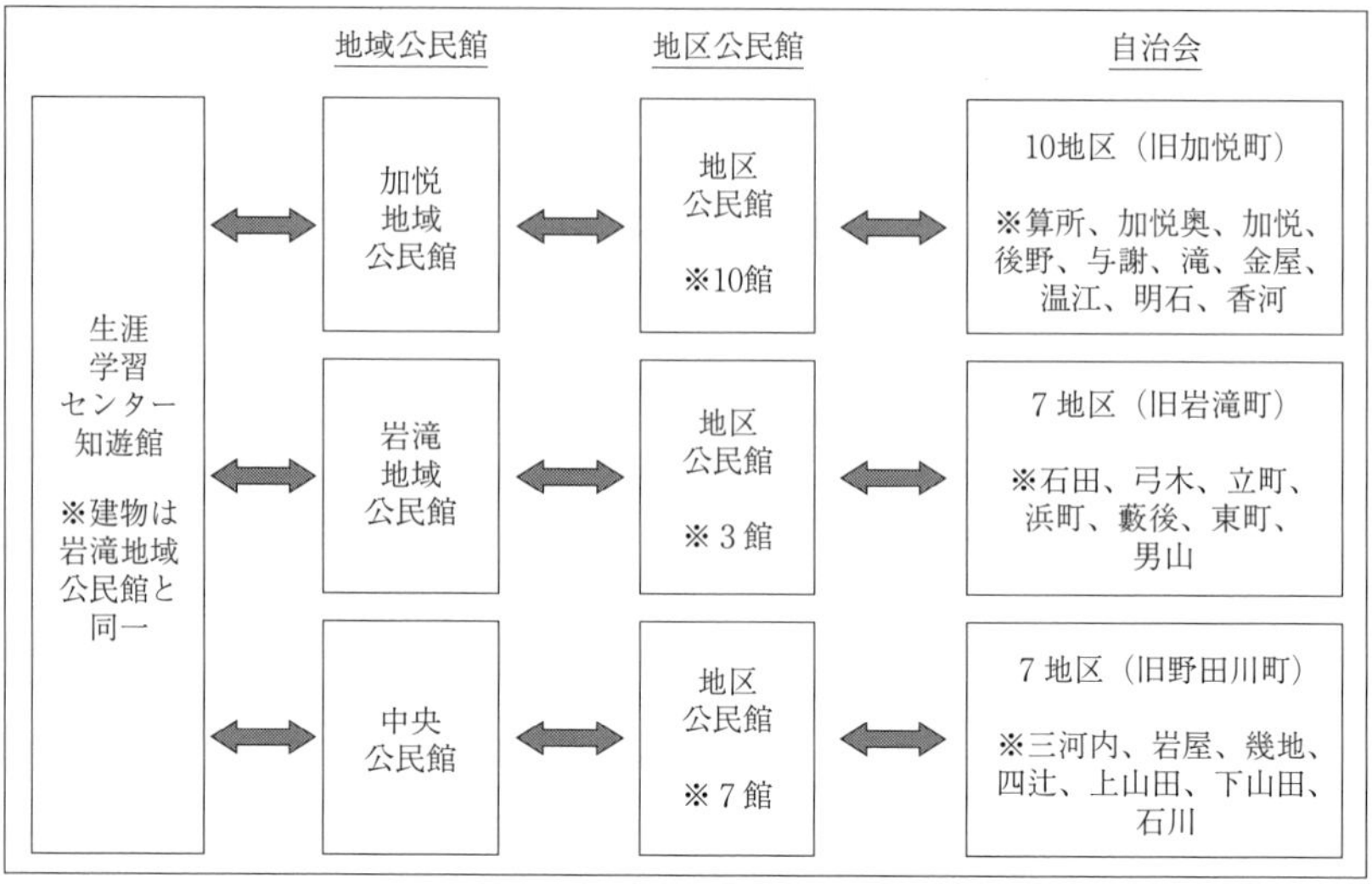

図10-2　与謝野町生涯学習施設と公民館の概要図[17]

出典：与謝野町教育委員会提供資料を筆者が改編。

りを進めるにあたり「自助・共助・商助・公助」という住民と行政の役割に力点が置かれている[15]。そのため与謝野町においては最も住民に身近な拠点である公民館の効果的活用は、合併後のまちづくりにとって大きなポイントの一つとなっている。そこで地区公民館活動推進事業（以下、地区公民館事業）が行われることとなった[16]。

(2) 与謝野町公民館と地区公民館活動推進事業の概要

与謝野町は二四の地区によって構成されている。図10-2の通り、与謝野町には一つの生涯学習センターと二種類の公民館が設置されている。生涯学習センター知遊館は与謝野町全体の生涯学習拠点として位置付けられている。地域公民館は旧町ごとに一つずつ設置されている[18]。地区公民館は二四地区のうち二〇地区に与謝野町公民館条例に基づき設置され地区公民館事業が実施されている[19]。また生涯学習センター知遊館、地域公民館、地区公民館の三者の関係は垂直的な上下関係にはなく、水平的であり対等な関係として位置付けられている。[20] 文部科学省の社会教育調査の分類としては、知遊館は〈公民館本館（中央館）〉、地域公民館と地区公民館は〈公民館本館（地区館）〉という位置づけを、与謝野町教育委員会では行っていた。

地区公民館事業では、与謝野町教育委員会が委嘱した公民館館長と公民館主事を中心に、年間一〇講座程度を目安に講座を企画していくことが求められている。与謝野町教育委員会教育長と地区公民館長の間で委託契約を結ぶ。委託料は年間二五万円で、さらに公民館長には年額二万円、公民館主事には年額一四万四〇〇〇円の謝礼が支給される。また公民館にかかる電気代、水道代等は町負担となる。講座は、「人権に関する講座」と「青少年の健全育成に関する講座、または、子育てに関するような家庭教育の講座」は必須となっている。

（3）成果と運営上の問題点

地区公民館事業の成果としての地域の変化は、地区公民館活動に対する認識が住民間で広まったことや、女性がまちづくりに参画するようになったことが挙げられる。地区公民館事業の意義としては、行政は知りえないような地域の変化・情報は、地区住民間で公式に情報交換・共有が行われたり形式知として共有されるようになった。運営上の問題については表10-1の通りであるが、本章では営利活動について取り上げる。

問題点としては営利活動ができないことが挙がっていた。地区公民館事業の中で、朝市を開催して各住民が自宅で作った農産物を販売するという企画を実施しようとすれば、公民館の営利活動が社会教育法で禁じられているため、公民館の敷地内で実施することができず別の場所を探さなければならなくなる。しかし、地区にとっておよそ中心に位置しているからこそ地域の拠点として意味をなしているため、他の場所では地域の拠点としての意味が失われ、実際問題として代替できる適当な場所もないという状況があった。地区公民館活動と法との間にあるジレンマに地区住民は直面していた。

表10-1　運営上の問題点

○参加者集め・参加者の固定	○人権講座の企画	○営利活動ができない
○各種団体との重複	○施設設備の未整備	○運営メンバーの育成
○他地区との情報交換	○10講座開催のノルマ	○講座のマンネリ化
○地域公民館との関係	○常に企画を考えることの負担	○他地区との関係
○若者や30・40代向けの企画がない		○行政からのサポート不足
○少子高齢化の影響でイベント開催の困難化		○事務処理や会議が増えた

出典：川北（2013）。

（4）区との連携

地区のまちづくりは区が行っている。制度上は独立した存在だが，公民館と区の関係は互いに協力関係が構築されている。地区公民館事業の運営や地区公民館の存在は区の一部と捉えて運営が行われる地区もあれば，共同で行う事業と別々に行う事業とを区別して運営している地区もある。前者の場合は，公民館館長や公民館主事は区役員の仕事の一つとみなされる。後者の場合は，区役員とは異なる住民が関わることも促されていた。区からの独立性を高め，地区公民館の独自色を打ち出しはじめている地区も現れはじめた。いずれにしても，区は大きな事業を行い，地区公民館は区では出来ない小さい事業を行う，という住み分けが行われていた。

4　考　察

（1）公民館の課題解決機能

各地区公民館では「地域のふれあい」や「地域の絆」を深めることを目的に多くの取組みは行われていた。これらは，地域の課題を地域で解決することにおいては，課題解決のためのインフラとして機能していると言えよう。様々な取組みを通じて地域の課題は共有・発見される。それらは，住民同士の会話のような非公式なレベルから，会議のような公式のレベルまで様々な場面で行われている。しかし，共有・発見された課題を解決するための取組みは，積極的かつ主体的に具体化されるまでには至っていない。そもそも、課題を解決することを目的に取組みが住民間で行われていないことが要因である。ただし、与謝野町における運用実態から公民館の課題解決機能を限定的に評価するべきではないだろう。与謝野町の事例では、公民館で地区公民館事業が行われることで、地区の課題発見・課題解決への関心はより積極的に向けられるようになった。地域のふれあいや地域の絆を深めることが中心的な目的になっていたものの、多くの地域課題について住民は認識しており、課題を解決していくための前提として、または、効果的な課題解決のためには地域の絆をそもそも深めることが重要であると住民は判断していたためである。地区公民館事業がなければ地域の絆づくりをそれほど前向きに行っていなかったことを鑑みると、地域の課題を地域で解決するための装置として地区公民館が機能したと考えられる。それでは、なぜ、地区公民館は地域の課題を地域で解決するための装置となり得たのであろうか。その理由として、公民館が有する学びの場であり文化を育む場としての機能が挙げられよう。地区公民館事業に携わる人々は、地域をより良くしていくことを目指すと同時に、活動を通してやりがいや新たな学び・成長を実感していた。このことは自らの人生の質を高め、また自己実現の機会として、肯定的に捉えられていた。このような学びや成長を通した自己実現は、まちづくりに携わった結果として得られたもの（偶然の副産物）ではなく、公民館が本来実現しようとしていることである。つまり、公民館が人々の学びと文化振興を制度的に担保したからこそ得られた効果であり、生きがいとしての学びや成長は、住民が活動するための原動力といえる。

また、政策形成の観点からは地区公民館は地域情報の集積地となっているため、より良い政策形成に必要な正確な現状把握と問題の本質解明に大きな貢献が期待される。より良い政策実施を行うためには、政策実施をめぐるアクター同士のネットワーク状態を的確に把握した上で政策を実施していく必要がある。地区公民館では地域の絆づくりを通して、地域に関わるアクターがネットワークを形成し始めており、このことは行政と地域や住民が相互に連携し協力しあえる体制へと繋がっていく。したがって、効果的な政策実施の実現が期待される。

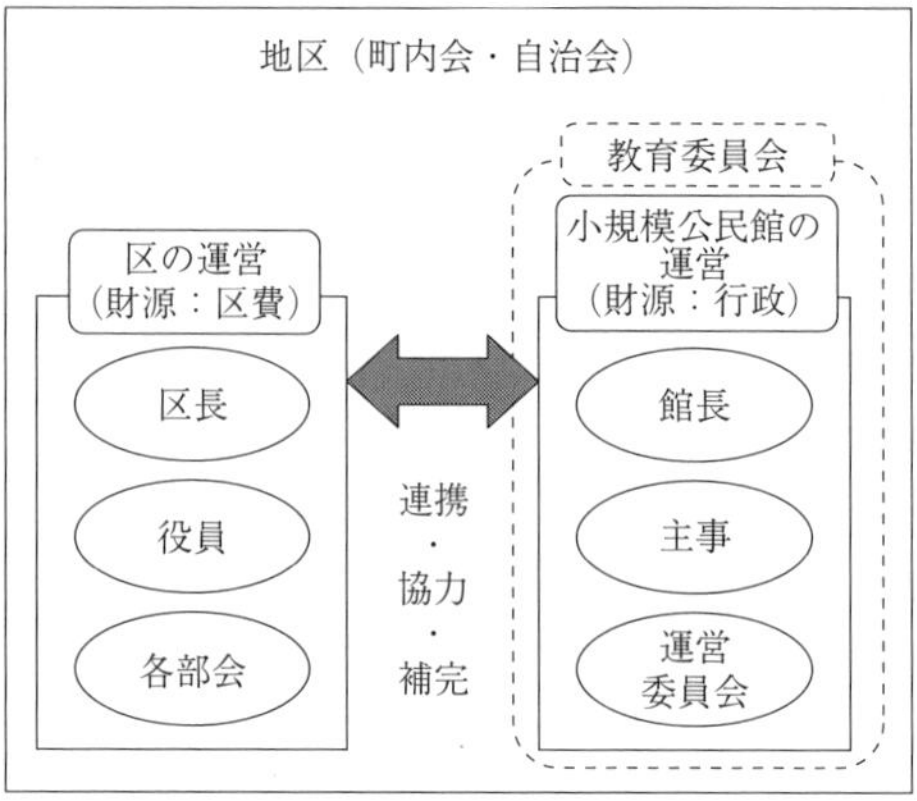

図10−3　小規模公民館を活用した「与謝野モデル」

出典：筆者作成。

（2）自治会を活かした与謝野モデル

与謝野町の事例では、既存の自治会と小規模公民館を活かした新たなまちづくりが展開されていた。この事例から小規模公民館の新しい可能性として「与謝野モデル」を提起したい。

与謝野モデルの特徴として次の三点を取り上げたい。(1)一つの地区（以下、自治会）に一つの小規模公民館が配置されており、(2)自治会と小規模公民館が制度上は互いに独立していること、そして、(3)従来より存在してきた自治会と自治会の運営に対して追加的形式を採ったことである。

第一に、一つの自治会に一つの小規模公民館が配置された。さらには、自治公民館を小規模公民館へ移行した点は特徴的である。与謝野町は一小学校区の中に複数の自治会が存在しているため、小規模公民館は小学校区よりも小さい範囲内に存在していることとなる。したがって、各自治会の地域事情に応じた小規模公民館運営が行われており、さらに両者は相互補完の関係性にある。地方自治の観点で考えると、自治公民館である方が理想であるかもしれない。しかし、昨今の厳しい社会経済の変化に地域や自治会が対応していくためには、法的根拠をもたせて行政が支援していくことも重要な支援の一つと言えよう。また、行政改革の潮流から公民館は指定管理者制度を導入していく傾向にあり、公民館をめぐる経費削減が期待されている。与謝野町の小規模公民館への移行は、民間施設を公立施設へ移行したことを意味する。この意図は与謝野町における経費削減である。与謝野町は町全体の人件費を削減していくことが目指されており、それゆえに支所へ投入できる人的コストも減っていくこととなる。そこで行政の手がきめ細かく十分に行き届かなくなる状況に対して、公立化（町職員を配置せずに）し、住民による公民館活動を活性化することによって地域の課題解決能力を高め（育み）、行政のスリム化を補おうと考えたのである。

第二に、自治会と小規模公民館は制度上は互いに独立していた。いわゆる平成の合併以降に盛んに検討されている地域自治組織や住民自治組織といった小規模多機能自治では、その組織の中に公民館が位置付けられることもある。[21] 防災や福祉などの部会の一つになると、部会内における相対的な役割分担が生じるために組織の縦割りが生じやすくなる。与謝野町では相互に独立した組織であったために、また小規模公民館が扱える領域は広いために、小規模公民館運営は自治会運営と同様に地域全体の活性化を視野に入れた取組みが志向され、各種協力団体とのネットワークの中心としても役割を担うことができた。

第三に、従来より存在してきた自治会と自治会の運営に対して、特別な変更を加えることなく、小規模公民館の取組みを単純に付け加えたのである。小規模多機能自治の動向にみられるように、従来までの自治会や町内会のあり方に対して現代の社会経済情勢を反映させる試みが多くなされてきた。その多くが自治会や町内会という地域単位にこだわらずに、より多くの住民が参画できるような仕組みをスクラップ・アンド・ビルドによって再構築しようとしてきた。ただし、制度上は既存の自治会を絶対視していないものの、地域の実情はやはり既存の自治会を前提に成り立っており、重きを置いている。したがって、制度が意図した通りに地域は動いておらず、場合によっては屋上屋となってしまうこともあり、新制度への移行は様々な工夫とコストを要する。制度疲労をおこしかけている既存の自治の姿を改善していくことが目的であることは理解できるものの、地域が動くためには結果的に既存の自治会単位で動かなければならない現実（または住民意識）を鑑みると新制度の導入は容易ではない。しかし、与謝野モデルでは既存の仕組みや制度をそのまま活用しているため、これらの心配は不要で、構造はまったく単純なのである。

ただし、与謝野モデルを活用するためには与謝野町という地域事情を勘案する必要が当然あるのだが、最も重要な条件は、地域の中で自治会が機能している（または、重要な役割を果たしている）点にある。制度疲労を起こして自治会がもはや重視されていない状況や、転出・転入が頻繁に生じるような都市化した状態では、与謝野モデルは機能できない。なぜならば、既存の自治会の取組みが地域の中で重視されている実態に注目している点に与謝野モデルの特徴があるからだ。

（3）社会教育法第二三条第一項の壁

与謝野モデルにおける小規模公民館をより複合的に活用していくこと、また地域の総合力を高めていくことは社会の要請でもあるが、既存の運用では困難な事態もある。小規模公民館は営利活動ができないことである。

地方教育行政の組織及び運営に関する法律の第三〇条では公民館は教育機関と定義されており、社会教育法第二三条第一項で営利を目的とした事業は認められていない。財源を行政からの予算や住民などからの会費などに依存する構図となっている。しかし、今日の行政改革や緊縮財政の状況を踏まえると財源は潤沢であるはずもなく、補完性の原理で考えると自分たちでできることは自分たちで行うこと（自助）が求められている。財源を自分たちで捻出するためには、たとえば与謝野町の場合では区が地区公民館事業を支援するという形式を採ることで、区から予算のサポートを受けなければならない。区の予算は住民から集めた区費でまかなわれているため、一定の制約を受けてしまう。公民館が必要とする予算を、公民館が独自に判断し事業を行っていくためには、公民館自身が経済的に自立できるように営利活動も認めていく必要があると考える。

この点、小規模多機能自治では地域活動が進展した場合の課題として公共的な地域活動、経済活動を分野横断的に統合型で運営できる法人の必要性が指摘されている。[22]自治体内分権を前提に住民による自治を担い、住民による自律性を尊重できる法人が求められている。現行法にのっとって主な法人格について比較検討が行われたが、小規模多機能自治と適合する法人格が存在しないため、新しい法人制度の提案が行われている。このように地方自治研究では、自主財源の必要性とあり方について議論が進んでおり、地域のアクターが自らの力で財源を確保することは重要な論点となっているのである。この動向を受け、小規模公民館でも経済的に自立していく方法を検討したり、契約行為が発生することで生じる課題などについても検討をする必要がある。

たとえば、ＮＰＯやＮＧＯなどはミッションを達成するための資金は、寄付や収益事業などによって自らの力で資金繰りを行っている。特に海外の有力ＮＧＯは金融機関出身者をスタッフとして採用して、資金調達の専門家集団を形成することが常識となっている。非営利組織であったとしても、自主財源を確保していくことはＮＰＯやＮＧＯでは重要な事業の一つであるから、小規模公民館が営利を目的としない教育機関であったとしても自ら事業を計画し自主財源を確保することで持続可能な活動を担保していくことが求められよう。

近年においてはビジネスの手法を用いて社会の問題を解決するソーシャルビジネスや、コミュニティビジネスなどの取組みが先進事例を生み出し続けている。または、空間の現代的活用法として「コワーキングスペース」の運営・運用が全国的に進んでいる。コワーキングスペースとはビジネスに必要なオフィス機能を利用者で共有しながら仕事を行う場所で、利用者同士の積極的な交流や共働を通じてコミュニティ形成を促すことが目指されている。従来までの公民館ならば、講座を開くことで学びの場を提供することで良かったのかもしれない。しかし、小規模公民館が地域の拠点となり積極的に地域の課題解決に貢献していくためには、このようなビジネスの手法を取り入れ、また、コミュニティ形成や課題解決のための新しい手法を積極的に取り入れ、新しい取組みも展開できるような柔軟な小規模公民館であることが求められよう。また、今日においては学びの手法も柔軟になっており、実践活動（模擬的な条件下での活動ではなく）を通した学びやプロジェクトベースの学び（Project Based Learning）は一般的に多用されている。これらの今日的学びの手法を効果的なものにするためには、やはり小規模公民館の柔軟性が必要となってくる。

これらのことを考えると、社会教育法の制約を受けないいわゆるコミュニティセンター（以下、コミセン）へと移行することはやはり有益であるかもしれない。先進事例で挙げた雲南市においても、幅広い市民活動の拠点となるようにコミセンへと移行していった。他方で社会教育研究ではコミセン化は反対の立場をとっている。[23]

公民館とコミセンの違いについては、教育委員会の傘下（以下、教育委員会ネットワーク）に入るのか、入らないのかが大きな検討課題であることを本章では指摘したい。生涯学習の分野や社会教育の領域と異なり、学校教育の領域はこどもを守らなければいけない事情から、様々な配慮が働いており、学校教育特有の考え方や文化が存在している。教育委員会ネットワークの一員であれば同じ領域の仲間として認知されやすくなり、学校教育と公民館との連携も実現しやすくなるであろう。[24]コミセンとなればほとんどの場合は首長部局が所管することとなり、おおよそ生涯学習の部局やまちづくりの部局が担当することとなる。そうなるとコミセンに配置される人的資源は教育委員会ネットワークの外にあるアクターとなりやすい。小学校、中学校、高等学校という学校教育もまた地域資源であると考えれば、学校教育と公民館とが連携しやすい環境を整えておくことは重要で、学校教育の理解を得やすい工夫が必要となる。ただし、教育委員会ネットワークのアクターとなることの留意点がある。それは、このネットワークはより良い教育を行うためのネットワークであり、まちづくりのためのネットワークではない点である。ゆえに、教育に関する専門性は蓄積されているが、まちづくりに関する専門性は担保されていないのである。

今日の公民館はより複合的で柔軟な公民館であることが求められている。しかし、既存の制度は時代の変化に対応できず制度疲労を起こしていると言えよう。公民館をより多面的に捉え直して、地域に溶け込み地域に存在していることを強みに、活用、展開していくことが必要である。

注

（1）川北（二〇一三：五三～五四）参照。
（2）「公民館の設置及び運営に関する基準（文科省）」が二〇〇三年に改正され、設置の範囲は「小学校又は中学校の通学区域」という文言が削除され、地域の実情に合わせて設置していくことが打ち出された。
（3）手打明敏は、法的根拠の有無を明確にする必要性を指摘している。手打（二〇一四）参照。
（4）たとえば新潟県教育庁生涯学習推進課のホームページでは次のように説明している。「社会教育とは、『学校の教育課程として行われる教育活動を除き、主として青少年及び成人に対して行われる組織的な教育活動（体育及びレクリエーションの活動を含む。）』（社会教育法第二条）を指し、教育活動の一つとして捉えられます。これに対して、『生涯学習』は、学習者の視点から捉えたもので、社会教育における学習のほか、学校教育や家庭教育における学習、組織的に行わない個人的な学習も含む点で、社会教育より広い活動を対象とする概念です」新潟県教育庁生涯学習推進課ホームページ「生涯学習と社会教育はどう違うのですか?」を参照。（http://www.pref.niigata.lg.jp/syogaigakushu/1329685356780.html 二〇一五年一〇月二五日最終アクセス）
（5）山田（二〇〇二）参照。
（6）ファシリティマネジメント（FM）とは経営管理方式の一つである。公益社団法人日本ファシリティマネジメント協会では「企業・団体等が保有又は使用する全施設資産及びそれらの利用環境を経営戦略的視点から総合的かつ統括的に企画、管理、活用する経営活動」と定義しており、経営的視点に立った総合的な活動として捉えられている。公益社団法人日本ファシリティマネジメント協会「FMとはどのようなものか」を参照（http://www.jfma.or.jp/whatsFM/index.html 二〇一五年一〇月一一日最終アクセス）。
（7）入山（二〇〇四）参照。

(8) 今川（二〇一〇：一七一）、上越市創造行政研究所（二〇〇二）、荒田（二〇〇二）参照。
(9) 自治公民館論争の整理と現代的意義については、手打（二〇一四：八八～九四）が参考になる。
(10) 佐藤ほか（一九九八）参照。
(11) 東京大学大学院教育学研究科社会教育学・生涯学習論研究室　飯田市社会教育調査チーム（二〇一二）参照。
(12) 手打（二〇一四：八七～九〇）参照。
(13) ＪＣ総研レポート（二〇一三）では、地方自治法や合併特例法によらない組織の方が全国的に数が多い、という結果であった。
(14) 中川（二〇一一：一八一～一八二）参照。
(15) 与謝野町が作成した『第一次与謝野町総合計画（二〇〇八：六）』、『第一次与謝野町総合計画後期基本計画（二〇一三：二）』を参照。
(16) 川北（二〇一五）参照。本章ではこの調査結果を踏まえて、大幅に加筆修正を行い、公民館の政策実施機能についてさらなる検討を行っていく。
(17) 旧野田川町地域にある地域公民館であるが名称は「中央公民館」となっている。
(18) 合併前の旧町時代では地域公民館が旧町における町の生涯学習拠点として中心的役割を担っていた。合併後は生涯学習拠点としての機能を残しながらも、与謝野町としての新しい役割を模索している状況にある。
(19) 与謝野町立公民館条例を参照。
(20) 旧岩滝町内では生涯学習センターがあるため地区公民館を設置していない自治会が存在する。
(21) たとえば、長野市の若槻地区住民自治協議会が参考になる。
(22) 伊賀市・名張市・朝来市・雲南市「小規模多機能自治組織の法人格取得方策に関する共同研究報告書」二〇一四年を参照。
(23) 松下圭一『社会教育の終焉』筑摩書房、一九八六年を参照。
(24) 川北（二〇一三）参照。

参考文献

今川晃「自治の課題（枠組み）」佐藤竺監修、今川晃・馬場健編『市民のための地方自治入門［新訂版］』実務教育出版、二〇一〇年。

川北泰伸「住民自治へつなげる学校と地域の関係の考察」『同志社政策科学研究』第一四巻第二号、二〇一三年。

川北泰伸「公民館における課題解決機能」『清泉女学院大学人間学部研究紀要』二〇一五年。

佐藤一子ほか「地域公民館システムにおける分館の普及」東京大学大学院教育学研究科社会教育学研究室『生涯学習・社会教育学研究』第二三号、一九九八年。

手打明敏「多目的型地域センター施設としての自治公民館」『教育学論集』筑波大学大学院人間総合科学研究科教育基礎学専攻、第一〇集、二〇一四年。

東京大学大学院教育学研究科社会教育学・生涯学習論研究室、飯田市社会教育調査チーム「自治を支えるダイナミズムと公民館」『学習基盤社会研究・調査モノグラフ4』東京大学大学院教育学研究科社会教育学・生涯学習論研究室、二〇一二年。

中川幾朗編『地域自治のしくみと実践』学芸出版社、二〇一一年。

松下圭一『社会教育の終焉』筑摩書房、一九八六年。

山田一隆「『社会教育』『生涯学習』の概念整理と『まちづくり』への社会教育的接近」『政策科学』立命館大学第一〇巻第一号、二〇〇二年。

参考資料

荒田英知「市町村合併は何を問いかけているのか（講演録）」二〇〇二年。（http://research.php.co.jp/staff/arata/arata021208.php 二〇一五年一〇月二五日最終アクセス）
入山泰郎「地域自治組織――合併論議の次にくるもの」二〇〇四年（http://www.jri.co.jp/page.jsp?id=13960 二〇一五年一〇月二五日最終アクセス）
伊賀市・名張市・朝来市・雲南市『小規模多機能自治組織の法人格取得方策に関する共同研究報告書』二〇一四年

ＪＣ総研レポート「全市区町村アンケートによる地域運営組織の設置・運営状況に関する全国的傾向の把握」『ＪＣ総研レポート』vol.27、二〇一三年。

上越市創造行政研究所『ニュースレター』vol.6、二〇〇二年。

与謝野町『第一時与謝野町総合計画』二〇〇八年。

与謝野町『第一次与謝野町総合計画後期基本計画』二〇一三年。

参考ＵＲＬ

新潟県教育庁生涯学習推進課ホームページ「生涯学習と社会教育はどう違うのですか?」(http://www.pref.niigata.lg.jp/syo-gaigakushu/1329685356780.html二〇一五年一〇月二五日最終アクセス)

公益社団法人　日本ファシリティマネジメント協会「ＦＭとはどのようなものか」(http://www.jfma.or.jp/whatsFM/index.html、参照、二〇一五年一〇月一一日最終アクセス)

第11章　観光政策における政策アクターの多様性と相互関係

上田　誠

1　観光への関心の高まりと政策アクター

人口減少や地方創生が叫ばれる中、地方経済の立て直しを図る方策の一つとして観光への関心が高まっている。人口減少社会が到来する中で、地域資源を生かしたブランド化で新しい人の流れを作り、雇用を確保し、活力ある地域経済を実現しようとする着想である。

いうまでもなく観光政策は、公的な部門だけで実施できる公共政策ではない。たとえば、観光に欠かせない鉄道・飛行機などの運輸機関、ホテル・旅館、みやげ物販売店、飲食店、テーマパーク、遊園地、旅行代理店などは、基本的には民間部門が主導する領域であるといえる。したがって、観光政策、とりわけ「実施」を議論する際には、こうした多様なアクターの構造や相互関係、さらにアクターで構成されるネットワークの特性を考察することが望まれる。

観光政策に関わるアクターの特徴、さらに他の公共政策のアクターとの違いを挙げるとすれば次の三点に集約できる。第一に、多様なアクターが目的地と出発地に分散している点である。特に、観光市場である出発地のアクターを政策関係者として取り込むという形態は他の政策との決定的な違いであろう。さらに第二として、この出発地のアクターが移り気な点である。彼らは目的地への忠誠心が必ずしも一定ではなく、常に複数の目的地を天秤にかけ、出発地の住民への情報提供や、観光旅行を促している。そして第三として、目的地および出発地のアクターの相互協力、相互連携が不可欠であるとする点である。観光客の満足は多様なアクターによるサービスの提供の総計であることから、自らの利益の最大化を目指す上でも、業種業態を越えて連携せざるを得ないという特徴を有している。

本章では、観光政策の類型を整理した上で、議論を地方政府レベルの観光政策に照準を合わせ、そのアクターがどのような構造になっているのか、そして相互にどのような関係にあるのか、ということを紐解いていくことにする。観光政策ならではの特徴が議論の前提になっているとはいえ、政策の実施においてアクターの志向、思惑、構造、相互関係などに着目することの重要性に関しては、他の政策に通底するものである。

2　地域観光政策

観光政策といっても、「人がどこからどこへ移動するのか」という視点で捉えると三つの類型が確認できる。

一つ目は、「外国人観光客の誘致」である。すなわち、外国から日本に来訪してもらおうとする政策である。第二次世界大戦後まもなくは、外貨を獲得して日本経済を成長させたいとして「外国人観光客の誘致」に重点が置かれることになった。また、二〇〇三年から始まった「ビジット・ジャパン・キャンペーン」も、この「外国人観光客の誘致」を中心に据えている。

二つ目は、「日本人の海外旅行促進」である。中央政府は、貿易黒字を旅行収支の赤字で埋めることを目的に、一九八七年九月に「海外旅行倍増計画（テン・ミリオン計画）」を発表する。これは、一九八六年で五五二万人だった日本人海外旅行者数を、おおむね五年間で一〇〇〇万人に倍増することを目的とするもので、この計画に基づいて海外旅行促進ミッションの派遣などの施策が推進された。この類型は、国民生活の豊かさや質の向上を図る指標として捉えられている側面もある。

そして三つ目は、「国内観光客の誘致」である。地域経済の活性化を図るため、日本国内の他所から観光客を誘致しようとするものである。

以上、「人がどこからどこへ移動するのか」という視点から三つの類型を示した。人の移動に着目すると、「外国人観光客の誘致」と「国内観光客の誘致」は、人の「入込み」を促進することを目的としている。一方で、「日本人の海外旅行促進」は人の「送出し」を目的としている。中央政府による観光政策は、先述の通り時期によって重点の置き所は違うものの、現在でもこの三つの類型を総体的に捉える傾向にある(1)。他方で地方政府における観光政策は、あくまでも人の「入込み」を目的とする「外国人観光客の誘致」、「国内観光客の誘致」を中心に据えている。これは、地方政府では観光自体を地域発展、あるいは地域活性化の手段として捉え、国内外から多くの観光客を呼び込むことによって地元経済にインパクトを与え、地場産業を活性化させたいという思惑が中心となっているからである。

このように、一口に観光政策といっても多様な類型や意図が含有されており、またそれぞれに関わるアクターも相違することになる。そこで、本章では観光客の入込みを目的とする地方政府レベルでの観光政策、すなわち地域観光政策に焦点を絞って議論していくことにする。

3　アクターを観察する三つの視点

次に、本研究が立脚する点として、「アクターの多様性と相互連携」、「出発地と目的地」、「公的アクターの役割」という三つの視点に沿って、先行研究をみていくことにする。

(1) アクターの多様性と相互連携

観光政策におけるアクターは多岐にわたる。法律や条例の制定、制度・システムの改定、広範な集客キャンペーンの実施など、中央政府や地方政府をはじめとする公的機関が中心となって取り組まなければならない分野がある一方で、たとえば、「観光」という行為・行動に欠かせない鉄道・飛行機などの運輸機関、ホテル・旅館などの宿泊施設、みやげ物販売店、飲食店、テーマパーク・遊園地などの観光施設、旅行代理店、マスコミなどは、主に民間部門が主導する領域である。そして、これらに携わるアクターは、それぞれが独立しているのではなく、相互に連携しているという特徴を有している。小谷は、「観光事業は観光者、観光資源、観光産業、行政機関からなる一種のトータルシステムとして認識される」(小谷 一九九四：三三)と指摘している。また、山上も観光にかかわるアクターについて、「民間の観光事業ばかりでなく、国、地方自治体、団体、テーマパーク、神社仏閣などの文化財、多くの関係者間の強力な「調整」と「協調」が必要不可欠となる」(山上 二〇〇五：一八)と指摘している。さらに佐藤は、「私的観光事業者の役割は個々にあるとはいえ、その効果は他の観光関連事業者とのかかわりにおいて成り立つことが多い。情報の共有から最終的な利益まで、あらゆる面で可能な限り相互関係と融合関係を保ち、いかにシナジーを高め、ウインウインの関係を創り上げるかが重要な役割なのである」(佐藤 二〇〇九：六六)と指摘している。以上、これらの先行研究では、「観光を担う多様なアクターは相互連携している」、あるいは規範的に言えば「相互連携しなければならない」ということを示唆している。では次に、それぞれのアクターの所在に着目し、出発地と目的地という観点に立った先行研究をみていくことにする。

（2）出発地と目的地

アーリは、観光について「日常と非日常との基底的二項対立から生じる」（Urry 1990：21）、「人々は、とくに日常で典型的に逢着するものと異なった意味とか異なった規模が内包された、異種の楽しみを体験するはずなのだ」（Urry 1990：21）と指摘している。このことは、観光においては、「日常の場」、すなわち「出発地」に所在する観光客に何らかの働きかけをするアクターと、非日常の場、すなわち「目的地」で異種の楽しみや体験を提供するアクターが存在しているという考えを導出することができる。次に、この「出発地」と「目的地」の概念について、先行研究をみていきたい。ラムズドン（二〇〇四）[2]は観光マーケティングの立場から、観光の主要供給部門について、市場に近い供給者（輸送セクター、メディア、旅行流通業者）と目的地に位置する供給者に分類し、それぞれの戦略を説明している。また、敷田も、「地域が地域外関係者とどのような関係を持つかということ」（敷田ほか 二〇〇九：二〇）の重要性を指摘している。すなわち「地域外」と「地域内」という表現で「出発地」と「目的地」を表し、その関係に着目する重要性を示唆しているといえよう。

これらの研究は、観光政策のアクターを、出発地、すなわち市場に働きかけるアクターと、目的地に所在するアクターに分類し、さらに相互関係を観察することの必要性を明らかにしている。しかしながら、こうした点に関して掘り下げた研究蓄積が豊富にあるわけではない。

（3）公的アクターの役割

多様なアクターの特性を理解し、相互に繋げ、場合によっては相互の利害対立を調整する際の公的アクターの重要性について真山は、「正統性や強制力という観点からネットワークの管理者として適性を有しているのは、現状では自治体の行政である」、「設計という側面では、行政の役割はまだまだ大きいといえよう」（真山、二〇一一：六一四～六一六）と指摘している。さらに、観光分野においては、次のような指摘がある。グッドールとアッシュワースは、観光マーケティングの視点から、公的なアクターの重要性について、「国や地方自治体もまた認識されている以上に重要な観光の要素となっている」（Goodall & Ashworth 1988 : 203）、「政府は観光分野の一部分を形成している。政府は様々な基盤―風景や自然、村や都市、水路や海岸、森や山、さらには博物館といった多くのアトラクション―の支配人である」（Goodall & Ashworth 1988 : 207）と指摘している。また佐藤は、「公的機関の経営とは、国内外の訪問者・観光旅行者・観光者および地域の生活者・消費者が望んでいる観光欲求やその期待に応えるために、観光資源や人間の諸能力を体系的に組み合わせ、その時代や社会にふさわしい技術・技法・ノウハウを活用し利用して、戦略的に、計画的に、かつ永続的に観光事業を遂行することである」（佐藤 二〇〇九：一四一）とし、公的アクターには観光にかかわるリソースのコネクターとしての役割を担うことを求めている。

また、小谷も、観光事業の活動に関し「もっぱら国や地方自治体による観光政策・行政の主導に委ねられている」、「観光地の管理・運営は地方自治体に委ねられている」（小谷 一九九四：三〇）など、公的なアクターの主要なかかわりを指摘している。同時に、「観光事業が目的とする経済的効果ないし経済外的効果は、いずれも国や地域にとっての公的効果である」（小谷 一九九四：二七）とし、観光事業の公的意味を明らかにしている。さらに岡本は、観光行動の主体を明示した上で、「以上の要素のすべてに影響を及ぼすのが政府や地方自治体による観光政策と観光行政である。休日や休暇制度の制定、自然公園の整備、鉄道の整備や高速道路の建設、観光情報の提供など、行政の役割が観光振興の大枠を決める」（岡本 二〇〇一：一五）と、観光における公的アクターの影響力を示唆している。

4　地域観光政策のアクター構造

（1）地域観光政策のアクター

前節での、アクターが目的地と出発地に分散していること、さらに公的アクターに独自の役割があることを前提に、多岐にわたる地域観光政策のアクターを三つのカテゴリーに分けることにする（表11-1）。すなわち、(1)目的地に位置する公的アクター、(2)目的地に位置する民間アクター、(3)出発地に位置する民間アクター、である。なお、目的地への誘客を主眼とする地域観光政策において、出発地の公的アクターが目的地の観光政策に関与する形態は通常考えられないので、ここでは(1)、(2)、(3)の三つのカテゴリーに絞ることにする。

次に、この三つのカテゴリーの内容、構成メンバー、そして特徴について整理していくことにしよう。

表11-1　地域観光政策のアクター分類

	公的アクター	民間アクター
目的地	（1）	（2）
出発地	—	（3）

出典：筆者作成。

（2）三つのカテゴリーと構成アクター

表11-1の三つのカテゴリーを深掘りしていく際に、ここでは目的地を「X地域」と設定する。

まず表11-1の(1)、すなわち第一のカテゴリーが「X地域（目的地）の公的アクター」である。このカテゴリーの構成アクターは、たとえば、自治体や観光協会、あるいは自治体や民間アクターが共同で設置している誘致機関などである。住民あるいは住民団体が主体的に地域観光政策に関わる場合も、営利を目的としない限りこのカテゴリーに入ると考える。

次に表11-1の(2)、すなわち第二のカテゴリーは「X地域（目的地）の民間アクター」である。このカテゴリーの主な構成アクターは、ホテルや旅館などの宿泊施設、料亭、レストランや喫茶などの飲食店、ケーブルカーや遊覧船などの域内輸送セクター、劇場・博物館、テーマパーク、観光施設など、それぞれの経営組織（あるいは経営者、従業者）、観光ガイド団体、自然観光資源管理者などである。主として生産の場と消費の場を人が直接的に繋げるような労働集約型のサービス業が中心となる。

最後に表11-1の(3)、すなわち第三のカテゴリーが「X地域以外（出発地）の民間アクター」である。ラムズドン（二〇〇四）の表現によれば「市場に近い供給者」ということになる。人口集積地に位置し、X地域に人を送ることで利益を得るアクターである。このカテゴリーの主な構成アクターは、JRグループや航空会社などの域間輸送セクター、雑誌などの観光メディア、旅行代理店などである。

（3）各カテゴリーの特徴

(1)「(1)X地域（目的地）の公的アクター」

次に、三つのカテゴリーについて、表11-2に沿ってその役割や特徴を考察していく。まずは、「(1)X地域（目的地）の公的アクター」である。X地域（目的地）に位置しており、観光客を誘致することを目的とする。このカテゴリーからの出入りについては、地方政府による観光政策からの撤退ということがない限り想定しにくい。アクターが行動する目的は、観光客の入込みを通した地域の利益、集合の利益の追求である。ここでは、経済的な利益に加えて、地域イメージの向上や、地域ブランドの向上といった無形のものも含まれる。この公的アクターには、

表11-2　各カテゴリーの特徴の対比

	(1) X地域(目的地)の公的アクター	(2) X地域(目的地)の民間アクター	(3) X地域以外(出発地)の民間アクター
所　在	地域内（目的地）	地域内（目的地）	地域外（出発地近郊）
カテゴリーからの出入り	無	無	有
目　的	地域の利益、集合の利益追求	私的利益追求	私的利益追求
企業規模	公共機関・民間部門の連合体　など	中小企業中心	大企業中心
観光客との接点	無	有	有
顕在的観光客のニーズ等の把握	困難	可能	可能
潜在的観光客のニーズ等の把握	困難	困難	可能
競合地域の情報保有量	少	少	多

出典：筆者作成。

地域を訪れる観光客（顕在的な観光客）と日常で接触する機会は基本的にはない。したがってそのニーズを直接把握することは困難である。同時に、潜在的な観光客、たとえばX地域を訪問の候補地に挙げていたが最終的には違う地域を選択した人々や、X地域を訪問したいが何らかの事情で叶わない人々の意向を把握することも困難である。観光に関する他地域の情報についても、マスコミなどからもたらされるもの以外は、それほど多いとはいえない。こうした顕在的観光客および潜在的観光客のニーズ、さらに競合地域の情報を得るためには、次に説明する二つのカテゴリーのアクターから情報を入手しなければならない。

(2)「(2)X地域（目的地）の民間アクター」

このカテゴリーのアクターは、観光産業を支える立場として相互に強い結びつきがあり、このカテゴリーからの出入りも少ない。企業として私的利益を追求しているものの、観光はトータルシステムであることから、結果的に全体の利益、地域の利益にも敏感である。くわえて、第3節の先行研究でも指摘した通り、「(1)X地域（目的地）の公的アクター」の動向に対する関心が高い。

観光産業の中心は対人サービス業であり、ストックができず、さらに輸送も不可能であることから、企業規模は比較的小さく、中小企業が中心となっている。(3) このカテゴリーのアクターは、日常的に観光客と接触する機会があり、したがって観光客の苦情、不満、感想、要望などの把握も直接的に可能な立場にある。ただし、潜在的な観光客との接触はなく、その意向を把握することは困難である。また競合地域の情報もそれほど保有していない。

目的地の民間アクターについて、アーリは、観光客向けのサービスは、ほとんどが「生産の場」と「供給の場」、そして時間が一致していると指摘している。その上で、「サービス供給者は、実質的に顧客に売られるものの一つ」（Urry 1990：121）すなわち供給側のサービスの質が、観光の質に繋がると説明している。そのことは、観光客がX地域を訪問した印象、たとえば「もう一度訪問したい」、「この場所を友人に勧めたい」、あるいは「二度と行きたくない」などの感想は、主としてこの「X地域（目的地）の民間アクター」との接触で形成されることになる。

また、このカテゴリー内部では、同業種アクター間の競争が生じている。たとえば、宿泊施設同士の競争、飲食店同士の競争、域内輸送セクター間の競争などである。そして、この競争が結果としてX地域の観光の魅力を高めることに繋がっていく。

(3)「(3)X地域以外（出発地）の民間アクター」

このカテゴリーのアクターは、目的地ではなく、出発地、すなわち観光客の日常空間に位置しており、目的地を地域外から眺めることになる。場合によっては他地域（X地域以外）の誘客に助力する可能性もあることから、X地域に観光客を呼び込むこのカテゴリーからの離脱の可能性もある。たとえば、全国展開の旅行代理店や域間輸送セクターは、キャンペーンによって売り出す地域を変更することが日常的である。また観光関係のマスコミも常に同じ地域を取り上げるとは限らない。アクターは私的利益を追求し、その構成は全国規模の大企業が多い。出発地（市場）において顕在的観光客はもとより、潜在的観光客とも接触する機会があることから、いずれのニーズ等の把握も可能である。さらに、あらゆる地域にアンテナを広げていることから、X地域以外の情報も常に豊富に有している。

マック（二〇〇四）は経済学の立場から、観光が購入後にその特徴を判断できる「経験財」であるとし、顧客は選択時点において市場にアクセスしてくる情報に頼らざるを得ない側面があると指摘している。すなわち、市場に情報を届けるという観点から、この「(3)X地域以外（出発地）の民間アクター」が観光客の観光地選択に及ぼす影響は大きいものがあるといえよう。本章冒頭の第1節で指摘した通り、このカテゴリーのアクターの存在が観光政策ならではの特徴である。次に、三つに分類したカテゴリー間の関係を見ていこう。

5　カテゴリー間の関係

(1) 目的地の公的アクターと民間アクターの関係——「(1)X地域の公的アクター」と「(2)X地域の民間アクター」の関係

両者は、観光客にとって非日常空間である目的地に所在しており、いずれもそれぞれのカテゴリーからの出入りが少なく、したがって地域観光政策に関する目標の設定や、価値観の共有、課題の共有が日常的に可能な関係にある。また、表11-2の「企業規模」に着眼すると、両者は同一地域内で中小企業対策の実施者と受益者という関係を有している。場合によっては、地域内の民間アクターの経営を支援するために(1)から(2)への融資、助成といった手法が講じられる可能性がある。こうしたことから、この両者はX地域の観光政策において比較的凝集性の高い政策コミュニティを形成している可能性が高いと考えられる。

さらに、この両者には相互補完の関係が確認できる。X地域に所在する公的アクターには観光客の声は届きにくいが、民間アクターには日常の営業活動の中で顕在的な観光客の苦情、不満、感想、要望が入ってくる。たとえば、「観光トイレが汚かった」、「夕方の交通渋滞がひどかった」、「○○施設は、ガイドブックに書いてあるほど良くなかった」などである。そして、民間アクターはその声を公的アクターに伝える。公的アクターは、こうした観光客の声を民間アクター経由で聞くことにより、場合によっては観光客の不満や苦情を除去するための何らかの政策対応を図ることになる。すなわち、「観光客の声は直接届かないが、予算や人員などのリソースを投入し、また利害の相反する関係を調整し、地域の利益や集合の利益を目的に政策対応できる『公的アクター』」と、「多様な立場で観光客の不満やニーズは把握できるが、目的地全体を俯瞰した視点からの対応が困難な『民間アクター』」による相互補完関係が成り立つことになる。

（2）目的地のアクターと出発地のアクターの関係——「⑴⑵X地域の公的および民間アクター」と「⑶X地域以外の民間アクター」の関係

第4節の（2）（3）で指摘してきた通り「⑶X地域以外の民間アクター」、すなわち出発地に位置するアクターには、たとえば「X地域は治安が悪いので訪問をやめた」、「X地域は宿泊施設などの値段が高いので訪問しない」などの意見や、また、「友人によるとY地域（X地域のライバル地域）は良かったらしい」というようなX地域を外から捉えた情報や、X地域以外の観光地の情報を入手できる可能性がある。さらに、こうした観光客の意向だけでなく、たとえば旅行商品の売上金額や販売個数など、数値による客観的な市場動向も把握することができる。目的地のアクターにとっては、こうした出発地のアクターの情報収集力と、彼らの有する観光に関する情報は無視できない。

X地域以外の民間アクターの強みであるこうした機能をめぐって、「⑴⑵X地域の公的および民間アクター」と

「(3)X地域以外の民間アクター」には、二つの相互関係の存在が確認できる。第一は、情報の提供と政策対応をめぐる相互補完関係である。出発地のアクターが有する情報を受けて、政策コミュニティである「X地域の公的および民間アクター」が連携して問題解決を図ることになる。

そして第二は、お互いの強みを生かし、それぞれが保有している情報を交換する相互依存関係である。「X地域の公的および民間アクター」は、X地域の観光情報に関する蓄積がある。また、最新の地域情報も容易く入手できる状況にある。一方で、「X地域以外の民間アクター」は、先述の通り、観光客の意向や市場の動向に関する情報を蓄積している。双方が、こうした情報を交換することによって、両者にメリットが生じることになる。観光産業のカテゴリーを超えた系列化や資本提携などは、この相互依存関係を基に説明することができる。

6　地域観光政策のアクター構造

(1)　アクターの構造

アクターの構造を考える上で、まず、これまでの考察を整理しておくことにしよう。

(1)観光政策において公的アクターの影響は大きく、観光地域の管理・経営はもとより、政策関係者を繋ぐというコネクターとしての役割を担っている

(2)目的地の民間アクターは、観光客と直接接触するサービス業の強みを生かして観光客の意見や要望を聞き、公的アクターに伝え、共有する。問題がある場合は、公的アクターが中心となって政策対応する。

(3)この政策対応をめぐって、目的地の公的アクターと民間アクターは相互補完関係にある。

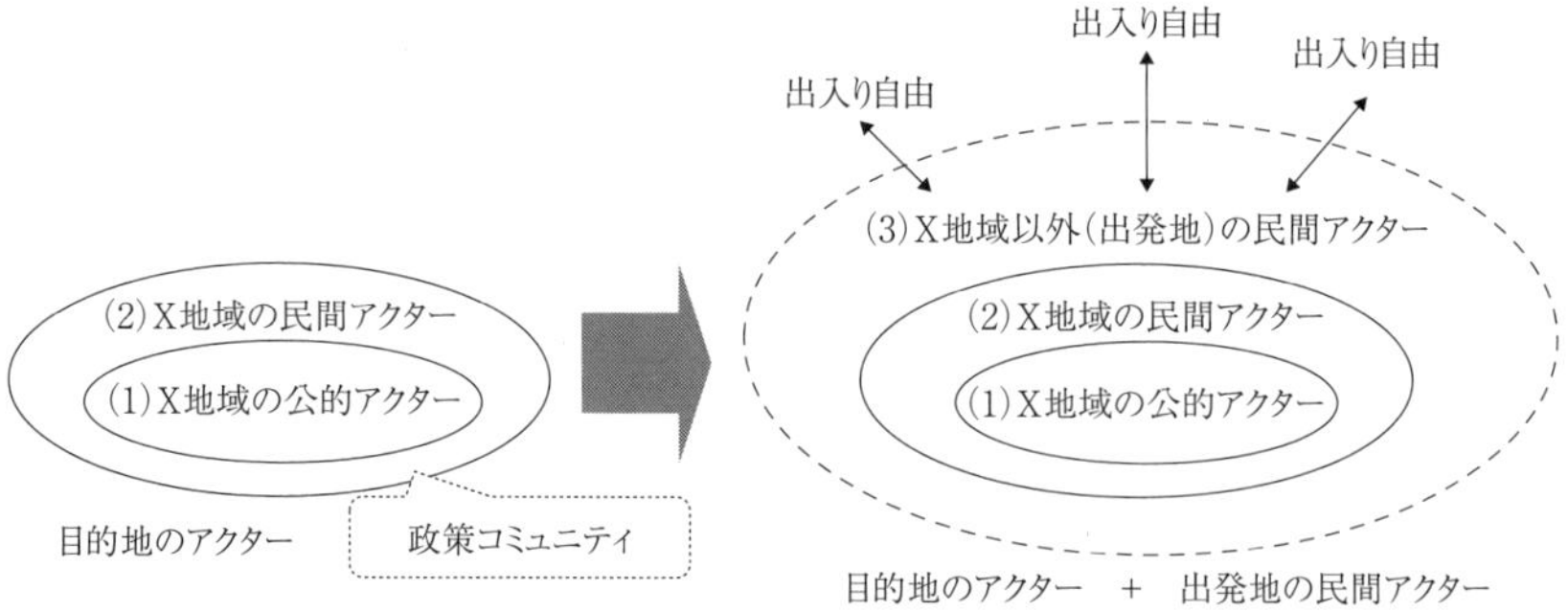

図11-3　X地域のアクター構造

出典：筆者作成。

(4)出発地の民間アクターは、目的地の公的アクターや民間アクターにはない観光客の意向や市場の動向に関する情報を有している。

(5)目的地の公的アクターや民間アクターと、出発地の民間アクターは、政策対応をめぐって相互補完関係、また観光情報の交換をめぐって相互依存関係にある。

(6)出発地の民間アクターは、常にX地域、すなわち特定の目的地の政策アクターとして留まっているとは限らない。

以上の六点を踏まえ、図11-3で地域観光政策のアクター構造を示したい。

まず、地域観光政策への影響力が大きく、政策関係者を繋ぐコネクターとしての役割を担う公的アクターを中心に置き、政策コミュニティを形成するX地域の民間アクターをその周縁に位置付けることにする（図11-3左図）。目的地のアクターに限定するのであれば、この政策コミュニティが地域観光政策の中心を担うことになるが、さらに、その外縁部に地域観光政策ならではの特徴である、X地域以外（出発地）の民間アクターを置く（図11-3右図）。目的地の政策コミュニティを核として、ネットワークの輪が広がっていくイメージである。この図11-3の左図から右図への移行は、アクターの広がりを示しており、たとえば出発地の民間アクターの営業活動や経営方針と、X地域の観光政策の目指す方向性が一致すれば、このネットワークの輪が大きくなり、結果的にX地域にとってプラス効果がもたらされることになる。したがって、X地域の公的アクターや民間アクターは、出発地の民間アクターをいかにX地域に観光客を誘致する関係者としてネットワーク内に囲い込むかを日常的に思案することになる。

さらに、このアクター構造をさらに鮮明に描くために、X地域以外（出発地）の民間アクターの役割について、目的地間競争、目的地統合という二つの視点から、どのような働きをするのかを探っていくことにしよう。

（2）目的地間競争（観光地間競争）

ここでは、X1地域と、そのライバルであるX2地域を設定する。

X1地域とX2地域の目的地間競争は、図11-4の通り、(1)、(2)、(3)の三つのカテゴリーを中心とするネットワークの競合関係で説明することができる。それぞれの地域の(3)は、出発地が同一の場合に同一のアクターが入る可能性がある。具体的にイメージしやすいように、X1地域とX2地域に、地域名を当てはめて考えてみることにしよう。たとえばX1地域を沖縄、X2地域を北海道とする。両地域とも、夏の観光シーズンには首都圏から多くの観光客が訪れ、お互いに競合関係にある。旅行代理店や航空会社は、首都圏の住民に夏の観光を促すために、両方の地域をPRする。その場合、X1地域である沖縄の(3)と、X2地域である北海道の(3)のいずれにも同じ民間アクター、すなわち旅行代理店や航空会社が名前を連ねる可能性がある。ただし(3)のアクターは、必ずしも沖縄と北海道について同じ比重でかかわりを持つものではなく、各社の経営方針、営業戦略によって、どちらかの地域に重点が置かれる可能性がある。たとえば、ある旅行代理店が「今年の夏は北海道旅行の商品を重点的に販売しよう」という方針を掲げて営業する場合、この旅行代理店は結果的に北海道の政策アクターとしての役割を担うことにな

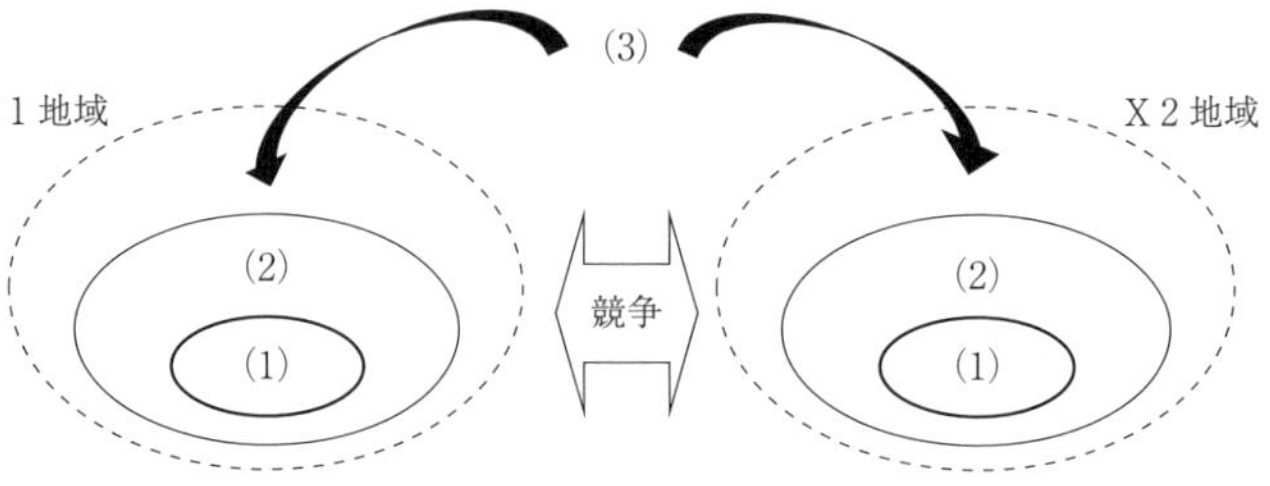

図11-4　目的地間競争のイメージ（X 1 と X 2 が（3）の囲い込み行う）
出典：筆者作成。

る。

もう一例を取り上げてみよう。古くからの文化財を有する京都をX1地域、奈良をX2地域とする。両地域とも近畿圏内から紅葉シーズンに多くの日帰り観光客が訪れ、互いに近隣からの観光客誘致に関して競合関係にある。この場合、私鉄をはじめとする近畿圏の域間輸送セクターや関西のマスコミは、X1地域である京都の(3)、X2地域である奈良の(3)のいずれにも名前を連ねる可能性がある。

この二つの例で分かることは、(3)の民間アクターがX1、X2の両方に名を連ねるのか否か、あるいは両方に名を連ねるとした場合どのような比重になるのか、という点については、各社の経営や営業上の任意の判断に委ねられるということである。

したがって、X1地域、X2地域から見ると、出発地のアクターである(3)を双方が取り合うことになる。すなわち、出発地のアクターをできるだけ多く囲い込んだ方が観光客の意向や市場の動向に関する情報を入手でき、さらに、場合によっては地域外（出発地）のアクターの宣伝費や営業費等が、自らの地域の観光予算に実質的に付加できることになる。目的地間競争（地域間競争）は、X1地域のネットワークである(1)、(2)、(3)と、X2地域のネットワークである(1)、(2)、(3)の競争であると同時に、出発地の民間アクターである(3)の囲い込みをめぐる駆け引きでもある。

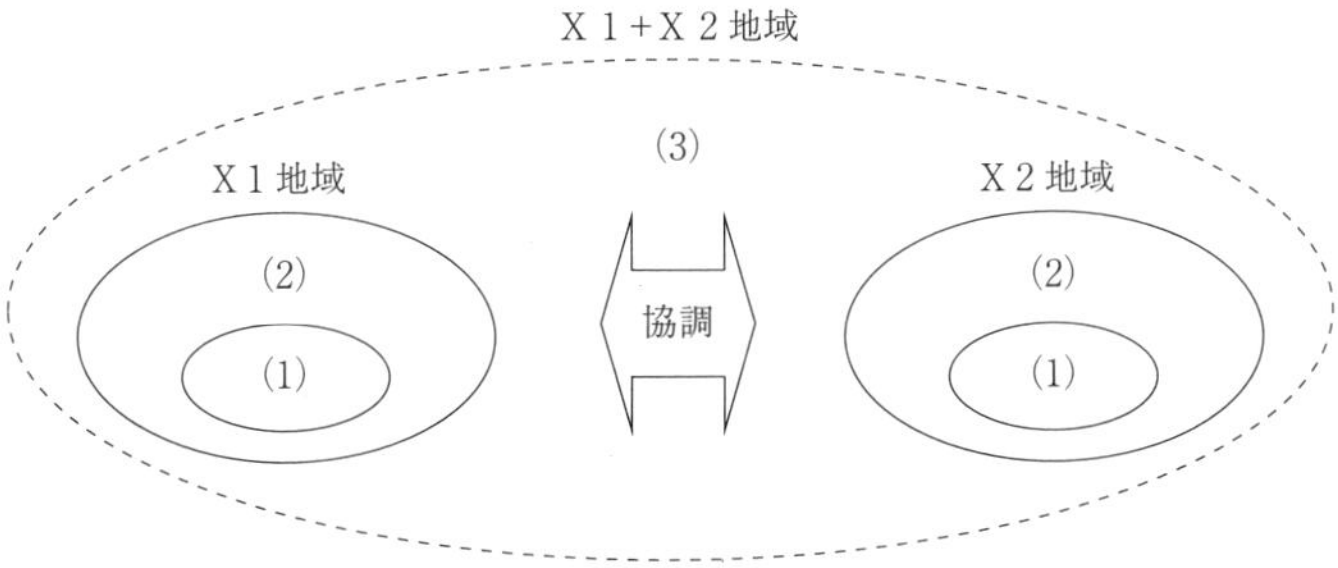

図11-5　目的地統合のイメージ

出典：筆者作成。

（3）目的地統合（観光地域連携）

アクターの意向によっては、複数の目的地が束ねられ、統合される可能性がある。ここでは、第6節の（2）と同様に、仮にX1地域を京都、X2地域を奈良とする。たとえば、首都圏からの宿泊客を誘致する場合に、京都と奈良が一つの旅行商品として販売されるケース、あるいはマスコミで取り上げられるケースがある。たとえば旅行商品として「京都＋奈良」が首都圏で売り出されるイメージである。京都と奈良には数多くの歴史的な文化財が所在し、さらに地理的にも近接していること、また両地域が近畿日本鉄道やJR西日本の奈良線などで直接結節していることなどが統合の要因となる。この場合、京都と奈良は首都圏において競合関係にあるのではなく、どちらかというと協調関係にあるといえよう。同様に、東京と横浜についても、関西で一つの旅行商品として販売されるケースがある。いずれのケースも、出発地のアクターの市場動向を踏まえた意向が大きく影響を及ぼすことになる。

一方で、こうした目的地の統合により、X1地域内やX2地域内の公的アクターや民間アクターは、場合によっては地域観光政策の方向性、戦略、具体的な取組などの見直しを迫られる可能性がある。具体的にいえば、京都と奈良は近畿圏内では別々に観光PRを行い競合関係にあるが、他方で、首都圏に対してはJR東海などの域間運輸セクターやマスコミと連動して共同で観光PRする方が効果的な場合があるのである。

7　これからの地域観光政策

本章は、多様な関係者が関わることになる地域観光政策のアクター構造を明らかにするために、アクターを三つのカテゴリーに分類し、それぞれの特徴と働きなどを整理してきた。地域観光政策を進める上では、こうした三つのカテゴリー相互が、それぞれの役割、事情、強み、弱み、行動形態などを理解し、その上で有機的な関係が構築されることが望まれる。

同時に、観光が人を出発地から目的地に動かすものである以上、出発地、すなわち市場に働きかける民間アクターの役割は無視することができないということも、本章における一貫した主張である。ただし、そのことは真逆の議論として、出発地の民間アクターに依存することの限界もまた示唆している。すなわち、出入りが自由な出発地の民間アクターの意見に翻弄されると、目的地の公的アクターや民間アクターは、ややもすると自己を見失う恐れが生じる。目的地のアクターには、出発地の民間アクターの声に耳を傾けると同時に、自らの地域がこれまで大切にしてきたこと、あるいは今後とも大切にしていかなければならないことを見失わないという客観的で冷静なバランス感覚が求められるのである。近年、注目されている内発的な観光振興や、目的地主導による着地型観光の意味もここにあるといえよう。

最後に、この章の議論の先にある論点について二点触れておきたい。一点目が、「公的アクターである中央政府との関係」である。地域観光政策における中央政府の役割は、総体として捉えると外国人観光客誘致や国内観光の機運醸成による観光市場全体の拡大という側面が強調される。他方で、中央政府を構成する省庁に目を向けると観光政策の所管は国土交通省の観光庁だが、たとえば地域の観光資源である国立公園は環境省の所管であり、あるいは文化財は文化庁の所管となっている。また観光農園や土産物としての農産品の生産や販売は農林水産省の管轄である。すなわち各省庁の所管事務のなかに観光事業といえるものが散りばめられている（田口 二〇一二：二三八〜二三九）。こうしたケースでは、場合によっては中央政府（あるいは所管省庁）が目的地の政策アクターとしての働きを担う可能性もあり、一律に中央政府と地域観光政策との関係を議論するのは困難な側面がある。

二点目は、「インターネットの普及と影響」である。本章では、民間アクターを地域内と地域外に分類することを前提としてきたが、インターネットは必ずしも地理的な要件を前提としない。地域観光政策とインターネットについては、「目的地アクターによる出発地（市場）への直接的な情報発信」、「観光産業への新たなインターネット企業の進出」、「ツイッターやブログなどによる個人レベルでの観光情報の交換」などがすでに相当浸透しており、その影響は不可避であるが、これらの点については、改めて体系的かつ掘り下げた議論が必要である。

地域観光政策の現場では、「どうすれば観光客が増加するのか」という問いを設定し、政策内容に特化した議論に陥りがちである。しかしながら、観光客の増加や減少は、現実的には経済環境、災害、国際情勢、疫病の流行など、政策が想定しない不確定な外部要因が大きく影響することが多々ある。したがって、それぞれの地域において息の長い観光を根付かせる上では、直面している観光客の多寡にのみ目を奪われるのではなく、多様なアクターによる実施の仕組みに目を向けることを忘れてはならない。

注

（1）観光立国推進基本法では、「施策の基本理念」として、国内および国外からの観光旅行促進と国民の観光旅行促進、の三つの方向性が掲げられている。

（2）Les Lumzsdon (1997), "Tourism Marketing" International Tomson Business Press（＝奥本勝彦訳『観光のマーケティング』多賀出版、二〇〇四年、一七頁、参照。

（3）たとえば、グッドールとアッシュワーズ（1989）は、「観光産業は第一に、民間部門産業であり、とくに観光地域では、多数の小企業の集中がその特徴となっている。」と指摘している。Brian Goodall, Gregory Ashworth (1988), "Marketing in the Tourism Industry : The promotion of Destination Regions"（＝山上徹監訳『観光・リゾートのマーケティング』白桃書房、一九八九年、二六頁）参照。

参考文献

上田誠「地域ブランドを動かす「外部の視線」」田中道雄・白石善章・濱田恵三編『地域ブランド論』同文館出版、二〇一二年。

大橋昭一『観光の思想と理論』文眞堂、二〇一〇年。

岡本伸之編著『観光学入門』有斐閣、二〇〇一年。

小谷達男『観光事業論』学文社、一九九四年。

佐藤俊雄『現代観光事業論』同友館、二〇〇九年。

敷田麻美・内田純一・森重昌之『観光の地域ブランディング』学芸出版社、二〇〇九年。

鈴木忠義編著『現代観光論』有斐閣双書、一九七四年。

田口一博「観光政策」森田朗・金井利之編著『政策変容と制度設計』ミネルヴァ書房、二〇一二年。

真山達志「地方分権時代におけるネットワークの設計と管理——現代の自治体行政に求められる能力」『法学新報』第一一八巻第三・四号、中央大学法学会、二〇一一年。

山上徹『現代観光・にぎわい文化論』白桃書房、二〇〇五年。

Goodall, Brian and Gregory Ashworth, *Marketing in the Tourism Industry, The promotion of Destination Regions*, Brian Goodall and Gregory Ashworth, 1988.（＝山上徹監訳『観光・リゾートのマーケティング』白桃書房、一九八九年）

Lumsdon, Les, *Tourism Marketing*, International Tomson Business Press, 1997.（＝奥本勝彦訳『観光のマーケティング』多賀出版、二〇〇四年）

Urry, John, *The Tourist Gaze–leisure and travel in contemporary societies*, John Urry, 1990.（＝加太宏邦訳『観光のまなざし』法政大学出版局、一九九五年）

Mak, James, *Tourism and The Economy*, University of hawaïi Press, 2004.（＝瀧口治・藤井大司郎監訳『観光経済学入門』日本評論社、二〇〇五年）

第12章　政府間関係と政策実施
——韓国における「政府三・〇」政策を題材に——

安　善姫

1　政府間関係と政策実施

集権的・分権的国家を問わず、中央政府の政策を地方政府が実施する構造が存在し、その政策過程における中央政府と地方政府の間には協力または葛藤など様々な関係が生まれる[1]。そして、このような中央政府と地方政府における空間的政策実施の違いは、中央政府の意図通りに政策が実施されないことも多くあると指摘されている（Pressman & Wildavsky 1984 : 87–124 : 真山、一九九四 : 三三～六九 : 伊藤・田中・真渕、二〇〇〇 : 四八～五一 : 秋吉・伊藤・北山 二〇一〇 : 二〇七～二〇九）。真山（一九九四 : 六一）は、中央政府の政策に対する実施の実態が地方ごとに異なることが驚くに値することでもないし、そのこと自体が集権・分権の程度を測定する基準にもならないとしている。

政策実施に関する多くの研究は中央政府と地方政府における政策実施を対象にしており（Pressman & Wildavsky 1973 ; Van Meter & Van Horn 1975 ; Berman 1978 ; Sabatier & Mazmanian 1980 ; O'Toole Jr. 1993 ; Goggin et al. 1990 ; 青木 二〇〇四 : 今村 二〇一五）、中央政府が期待していた政策目標と地方政府の政策アウトカムの間にギャップが発生する理由の究明や、政策実施に影響を及ぼす要因などを検討する研究が主流であったと言える。そして、このような内容は中央政府の役割を強調するトップダウンアプローチと、地方レベルにおけるアクター間の相互作用を重視するボトムアップアプローチに帰結されているが[2]、一九八〇年代後半からは、中央レベルと地方レベルの両方から政策過程を検討する統合的アプローチが登場している（Lester, et. al. 1987 ; Goggin, et. al. 1990 ; Matland 1995）。

本章は統合的アプローチから政府間の政策実施を考慮した[3]政策デザインのあり方を模索することを目的とし、韓国の政府三・〇政策を事例として取り上げて検討する。研究の方法としては、文献研究と専門家インタビューを行う[4]。

政策実施に関する研究は政策実施が終了もしくは、ある程度成果に対する評価が行われた以降に発見された問題点を対象にしていることが多いが、これが政策実施の失敗によるものかどうかを判断することは難しい（Matland 1995 : 154 ; Palumbo et al. 1977 ; Ingram & Schneider 1990）[5]。それで、実施過程で露呈した問題は政策デザインに関わる問題であり、政策デザインの観点からその政策をチェックすることで、その問題をより明確にしようとする研究が現れている（Goggin 1987 ; Linder & Peters 1987）。いわゆる、政策過程全般を視野に入れて合理的にデザインされた政策は実施もスムーズにいくという考え方であり、高い政策成果を得るためには政策デザインの変更が必要だという視点に立っている。

リンダーとピーターズ（Linder & Peters 1987 : 467–468）は、政策にはまず目標を設定し、その目標を達成するメカニズムを向上させるデザインが必要であり、そのためには政策が志向する価値の検討、因果関係モデルの提示、手段の選択という政策デザインの側面から政策実施を検討することで、より肯定的な政策結果を生み出すことができるとしている。また、ゴギン（Goggin 1987）はアメリカにおける低所得層の児童健康予防プログラムである連邦政府のＥＰＳＤＴ（Early and Periodic Screening, Diagnostic and Treatment）とカリフォルニア州政府のＣＨＤＰ（Child Health and Disability Prevention Program）[6]の約二〇年間の成果を比較し、ＣＨＤＰがＥＰＳＤＴよりうまく進められた理由は実施スタイルの違いにあると結論づけた上で、このような実施スタイルに決定的に影響を与えたのが政策デザインであるとしている。[7] ゴギン（Goggin 1987 : 125–126）は、政策デザインはその政策が基盤にしている理論と法律の形式や内容により形成されるものであり、ＣＨＤＰは、⑴スティグマ（welfare stigma）の不在、⑵既存の信念と実施体系との一致、⑶アクター間に存在していた権力関係を損なわない、⑷技術的に、経済的に、そして政治的に健全な基盤理論、⑸明確な内容を提示している法律、⑹福祉ではなく健康として認識された便益、⑺検診資格要件の緩和、⑻単一財源、⑼報奨と処罰に関する条項の明文化という政策デザインの特徴があったと指摘する。そして、このような特徴を持つ政策デザインが政策実施過程に影響を及ぼしたと主張したのである。

また、韓国の政府三・〇政策を取り上げる理由は以下のようになる。第一に、「政府三・〇」政策は朴槿恵政府の重要政策の一つであり、現在の韓国における政府間関係が把握できるメリットがある。政府三・〇政策は朴槿恵大統領が大統領候補者時期から公約として掲げていた概念であり、政府の働き方を根本から見直そうとする行政改革の一環として位置づけられる。朴槿恵政府は二〇一三年二月の発足当時に一四〇の国政課題を提示しているが、その中でビジョン宣布式が行われたのは「政府三・〇」が唯一である。[8] 第二に、「政府三・〇」は「地方三・〇」と連携された事業であり、政府三・〇政策が成果を生み出すためには地方政府の協力が欠かせない。第三に、政府三・〇は二〇一三年六月から本格化された事業であり、三年も経っていない現時点で国政課題である政府三・〇の成果を語るには無理があると判断される。[9] しかし、二〇一四年七月に政策を総括する省が変わる過程でいくつかの問題点が露呈されていて、政策デザインの観点から実施体系を検討する必要性が高いということから、本章のテーマで取り上げるには適切な事例だと考えられる。

2　研究の設計

(1)　先行研究

政策実施に関連する研究は大きく三世代に区分される（Birkland 2011 : 264-272）[10]。一九六〇年代から一九七〇年代初め頃に出現した第一世代の研究[11]は政策実施の重要性を認識させたという点で大きな意味を持つが、特定政策が一部の地域でどのように実施されているのかという観点から詳細に記述する、いわゆる個別事例に焦点を当てた研究であり、他の事例で適用もしくは応用できる一般的理論は提供できなかった。

一九七〇年代半ばから登場している第二世代の研究は、個別事例に焦点を当てるより一般化できる体系的な理論の提示を試みた。まず、トップダウンアプローチを取るヴァン・メーターとヴァン・ホーン（Van Meter & Van Horn 1975）は政府間の政策実施に影響を及ぼす変数として、(1)明確な政策の基準及び目標、(2)資金もしくはインセンティブなどの政策資源、(3)政府間のコミュニケーションと統制活動[12]、(4)組織の規模、階層的構造の程度、政治的支持など実施機関の特徴、(5)世論及び反対勢力の存在など経済、社会、政治的状況、(6)政策に対する理解及び態度など実施担当者の力量を提示している。サバティアとマズマニアン（Sabatier & Mazmanian 1980）は、(1)問題処理の容易性、(2)実施を体系化（公式化・制度化）する法律制定能力、(3)実施に影響を及ぼす非制度的要因[13]を取り上げている。

一方、ボトムアップアプローチを取るベルエン（Berman 1978）は、中央政府が考案したプログラムに焦点を当てるマクロ・インプリメンテーションと地方政府が中央政府の計画にどう適応するのかに焦点を当てるミクロ・インプリメンテーションの概念を提示し、政策実施に関わる大体の問題はミクロレベルにおけるアクター間の相互作用から発生するものであるとしている。中央レベルの政策参加者らはミクロレベルに間接的にしか影響を及ぼせないので、政策実施は地方政府の実施担当者が中央政府のプログラムをどう受け入れるかにかかっていると主張する。また、エルモア（Elmore winter 1979–1980 : 604–605）は政策実施の分析には政策の需要を生む地方レベルに焦点を当てるべきであり、地方政府の行動と個別選択の交差に焦点を置く「バックワード・マッピング（backward mapping）」のアプローチを取る必要があるとしている。そして、重要な変数として、(1)地方政府における実施担当者の知識と問題解決能力、(2)政策の対象を誘引するインセンティブ構造、(3)実施過程における多様なレベルの政治家らの妥協能力、(4)裁量的選択に影響を及ぼす資金の戦略的利用を示している。イェルンとハル（Hjern & Hull 1985）は中央政府のプログラムの成功は地方の実情に政策を適応させる実施担当者の能力に大きく依存すると主張する。

最後に、第三世代の研究はトップダウンアプローチとボトムアップアプローチの統合を試みる。ゴギンらの研究者（Goggin et al. 1990）はアメリカにおける有害廃棄物政策、家族計画サービス、都市汚水処理の三つの政策を発信者、メッセージ、受信者の側面から分析し、中央政府と地方政府における政策実施は命令の問題ではなく、コミュニケーションの問題であると指摘する。そして、政府間の政策実施において影響を及ぼす要因としては、(1)中央政府の誘因と強制、(2)地方政府の誘因と強制、(3)地方政府の成果と能力（state-specific factors）を提示した。

（2）韓国における政府間関係

韓国は一～四世紀の三国時代初期に中央集権体制が確立され、その後も中央集権体制が継続して維持されている。韓国で近代的地方自治が導入されたのは一九世紀末の郷会制の実施時期となるが、事実上一九四九年に地方自治法が制定・公布されて以降とみられている。しかし、朴正熙政府で制定された「地方自治に対する臨時措置法」（一九六一年）により、地方自治制度は約三〇年間停止の状態であった。一九八〇年代に入り民主化が進む中で、一九九一年の地方議会議員選挙の実施とともに、韓国の地方自治は復活している。[14]そして、一九九〇年代末から韓国内でも地方分権に対する社会的要求が高まり、一九九九年に「中央行政権限の地方移譲促進などに関する法律」が、二〇〇五年には「地方分権特別法」が制定されるなど地方分権改革が進められている。二〇一五年九月現在、韓国の地方政府は一七の広域自治体[15]と二二六の基礎自治体から構成される二層制となっているが、広域自治体の中では他の自治体とは権限や性格が異なる自治体が存在する。また、首長の任期は三期一二年の制限があり、地方自治制度が復活した時点から制度的に首長の長期執権ができないようにしている。

しかしながら、韓国の政府間関係は機関委任事務が残されている点、地方政府の予算編成過程において中央政府の指針が存在する点、そして地方債の発行には行政自治部[16]長官の許可が必要であるとともに、決算も中央政府に報告する仕組みが存在する点などから現在も「垂直的行政統制モデル」としてみる見解が多い。しかし、近年は「相互依存モデル」までは行かないとしても、それに向かっていく途中にあるとみる研究が登場している（チェ、二〇〇四：崔と姜 二〇〇九：高と辻 二〇一五）。チェ（二〇一四）は一九九〇年代末を起点に中央政府の地方政府に対するコントロール手段が権力的手段から非権力的手段[17]に変わっていると指摘し、二〇〇〇年代に入って中央政府が権力的手段を導入しようとしてもすべてが失敗していることを根拠にしている。高と辻（二〇一五：一六〇～一六二）は政府総支出に対する地方政府の支出割合を比較した上で、日本と韓国における政府間関係には大きな相違がみられないが、地方政府の活動量からすれば日本が韓国より分権的であるとしている。しかし、崔と姜（二〇一一：六六〇）は歴史的に中央集権という根深い伝統がある韓国では地方分権を進めるとしても、伝統的な集権と調和・妥協する範囲内で実現できるという限界があると指摘する。

（3）分析の枠組み

政策デザインは政策目標と手段の複合的配列として定義される政策が掲げる目標を達成しようとする体系的努力

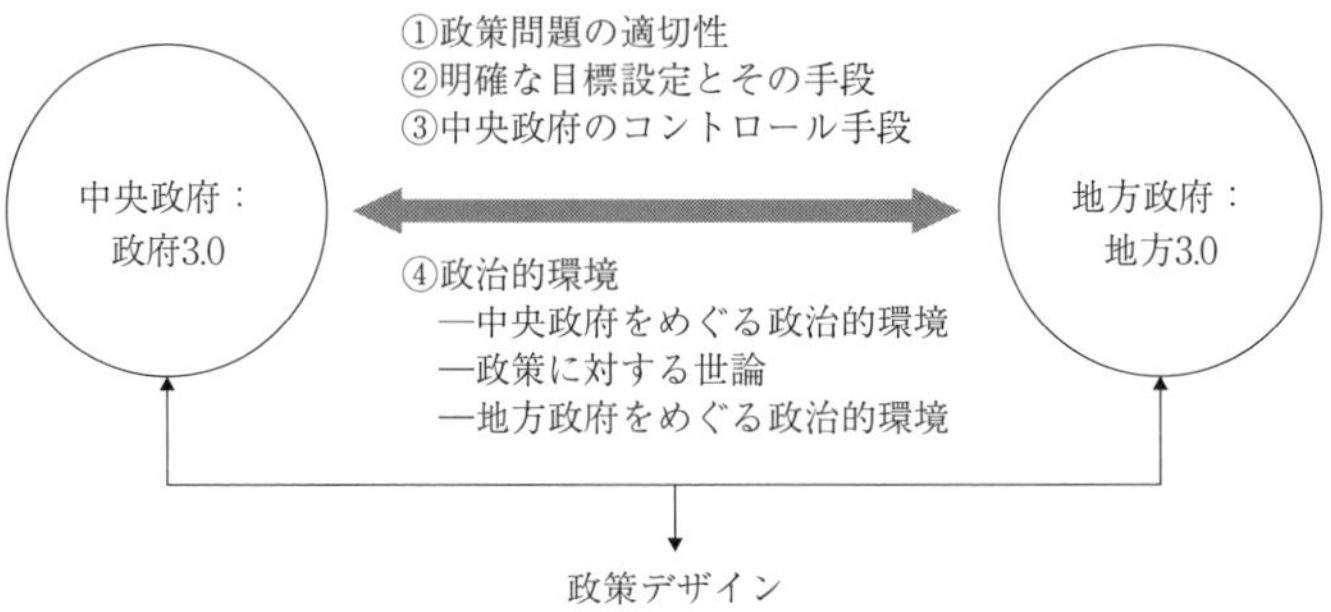

図12-1　分析の枠組み

出典：筆者作成。

をさし（Howlett 2011 : 20–21）、政策形成段階で予め実施による問題を考慮することで、政府活動の効率性を向上させるアイデアに繋げようとする概念となる。また、政策デザインは問題の分析、政策目標の明確化、具体的な処方箋の構想・選択というプロセスを経て行われるものであり、政策をめぐるコンテキストに対する正確な把握と自覚が非常に重要になる（足立 二〇〇九：二三〜四三）。

しかしながら、これは一般的な政策デザインに関するものであり、中央政府と地方政府における政策実施という側面を考慮した政策デザインのあり方としては、さらなる検討が必要であると考えられる。上で検討した先行研究の中で、政府間政策実施に影響を及ぼす要因として共通していることは、(1)政策目標の明確性、(2)中央政府の誘因体系（コントロール手段）、(3)政府間コミュニケーション、(4)地方レベルにおける政治的環境と能力（専門性）であったと要約できるとするならば、政府間の政策実施を考慮した政策デザインのあり方は以下のような側面から検討できると考えられる。

第一に、政策問題を分析する。いわゆるその問題が政策によって解決できるものか、政策的に対応する価値を持っているのか、その問題が時代的要請に符合しているか、最後に政策により実現しようとする将来の状態が実際的に魅力的であるかという点から政策の必要性を点検する（足立 二〇〇九：二八）。第二に、政策の目標が明確に提示されているかどうかをチェックする。

政策目標の明確性は政策の成功に直接的な影響を及ぼす非常に重要な変数である（Matland 1995：157–158, Birkand 2011：240）。これは政策によって達成しようとする目標が実施担当者に分かりやすく提示されているか、そしてその目標は達成できる政策手段が選ばれているかという点から検討する。第三に、中央政府が設定した政策を地方政府が形式的・機械的ではなく、より積極的に実施できるようにするためには、中央政府と地方政府の両方が望む形での誘因と強制の手段が必要になる。このような観点から、コントロール手段が採用されているかどうかを検討する。第四に、政策をめぐる政治的環境をチェックする。中央政府をめぐる政治的環境、その政策に対する世論、地方政府をめぐる政治的環境をそれぞれ検討することで、その政策を推し進める政治環境的制約が存在するかどうかを確認する。

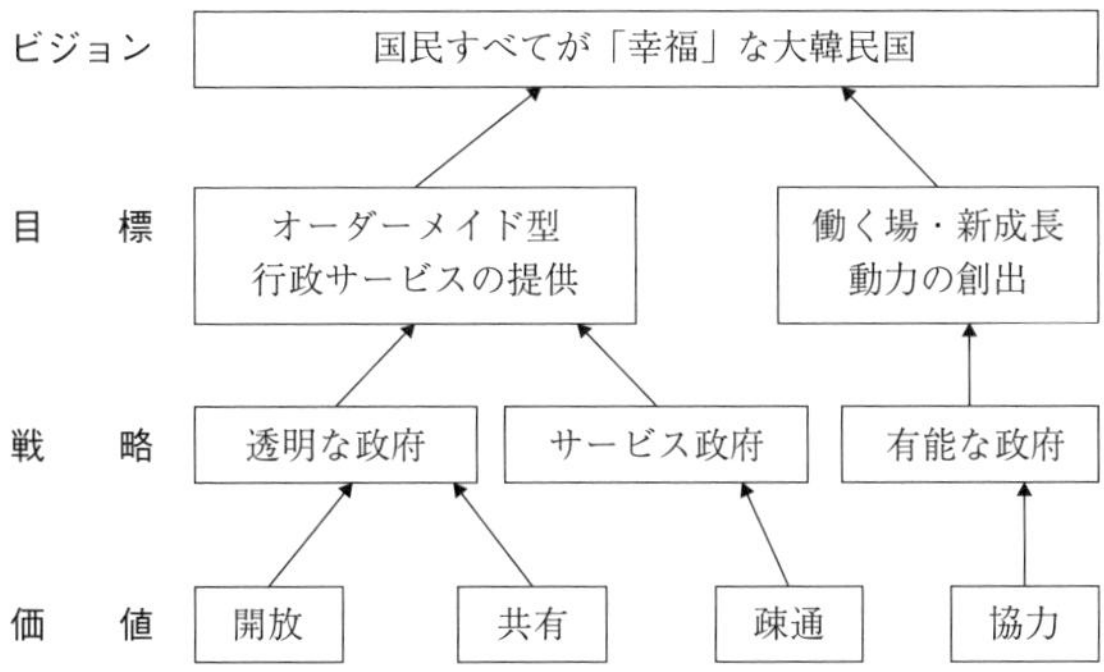

図12-2　政府3.0のビジョンと戦略

出典：政府3.0推進委員会のホームページから筆者作成。

3　「政府三・〇」政策の展開

（1）「政府三・〇」の概念

政府三・〇とは、公共情報を積極的に開放・共有することで、省庁間の縦割り行政を克服するとともに省庁間の疎通・協力を通じて国政課題に対する推進力を確保し、国民一人ひとりのニーズに合わせた行政サービスを提供すると同時に働き場を創出することで、創造経済を支援する新しい政府運営のパラダイムとして定義される[18]。そして、国民一人ひとりのニーズに合わせた行政サービスの提供と働き場の創出という政策目標を達成する

表12-1　政府運営のパラダイムの変化

区分	政府1.0	政府2.0	政府3.0
運営方向	政府中心	国民中心	国民個々人中心
核心価値	効率性	民主性	拡張された民主性
参　加	官主導・動員方式	制限された公開・参加	能動的公開・参加 開放・共有・疎通・協力
行政 サービス	一方型	双方型	双方型・ オーダーメイド型
手　段	直接訪問	インターネット	無線インターネット・ スマートモバイル

出典：政府3.0推進委員会のホームページから筆者作成。

ために、無線インターネットもしくはモバイルを活用する新しい政府の形態を具現するという点から次世代電子政府と類似したものとなる。しかし、電子政府（もしくは政府二・〇）が一方的・双方的な情報公開を指す概念であることに対して、政府三・〇はビックデータを一つのクラウドに集積させ、そのクラウドの中で個人が必要な情報を引き出して活用できるというオーダーメイド型行政サービスを提供するという点に違いがある（表12-1）。情報の公開と疎通は過去の政府も強調したものであり、政府三・〇が新しい価値を追求することではないが、それを新しい技術との融合を通じて実現するということである。政府三・〇の理論的背景としては、新しい公共サービス論(NPS：New Public Service)と公共価値管理(PVM：Public Value Management)[19]が提示されている。

朴槿恵政府は二〇一二年末の大統領候補者時期に国政運営のパラダイムを根本から変える改革の必要性を訴え、これを実現する核心的手段として政府三・〇の概念を提示した。そして、二〇一三年二月に朴槿恵政府が発足すると、その概念を実務レベルで具体化する作業が旧安全行政部（現行政自治部）創造政府戦略室の主導で行われた。そして、旧安全行政部の傘下に政府三・〇推進会議（次官級で構成され、旧安全行政部長官が主管）及び実務会議（室長級で構成され、旧安全行政部次官が主管）[20]を構成・運営すると同時に、政府三・〇に対して専門的アドバイスを提供する民間諮問団を設置することで、政府

表12-2　「政府3.0」の重点推進課題[22]

疎通する透明な政府	・公共情報の積極的な公開で国民の知る権利を充足 ・公共データの民間活用の活性化 ・民・官の協治の強化
仕事ができる有能な政府	・省庁間縦割り行政の克服 ・協業・疎通支援のための政府運営システムの改善 ・ビックデータを活用した科学的行政の具現
国民中心のサービス政府	・ニーズに合わせたサービスの統合的提供 ・創業及び企業活動のワンストップ支援の強化 ・情報衰弱のサービスに対するアクセスの向上 ・新しい情報技術を活用したオーダーメイド型サービスの創出

出典：「政府3.0推進委員会」のホームページから筆者作成。

民間専門家からの意見も反映できる仕組みを作った。そして、今後五年間の政府三・〇の予算として、述べ約二兆二八〇〇億ウォン（約二一〇〇億円）[21]が策定されていることを発表した。二〇一三年度韓国の国家情報化総予算が三兆二九〇〇億ウォン（約三一五〇億円）であることを考えると、政府三・〇が占める比重が大きいことが分かる。

二〇一三年六月一九日には政府ソウル庁舎の別館三階にある国際会議場で政府三・〇ビジョン宣布式とともに関係省庁による合同発表会が行われ、政府三・〇の十大重点課題が公開された（表12-2）。二〇一三年八月には「地方三・〇推進基本計画」が発表されると同時に、「地方三・〇公募課題選定実施計画」を各自治体に伝達し、八月三〇日まで地方三・〇課題に対する公募を行った。そして、二〇一三年九月に旧安全行政部は応募があった一五四件の中で、地方三・〇の先導課題として六〇件を選定・発表し、二〇一四年に二段階公募事業を実施する計画にあることを発表した。政府三・〇が過去の電子政府事業と大きく異なる点が、地方が各地域の実情に合う課題を自ら発掘し提案する公募方式を採用していることであり、政府三・〇政策の成功は地方がどれだけ創意的な課題を発掘し、解決するシステムを構築できるのかにかかっているといえる。

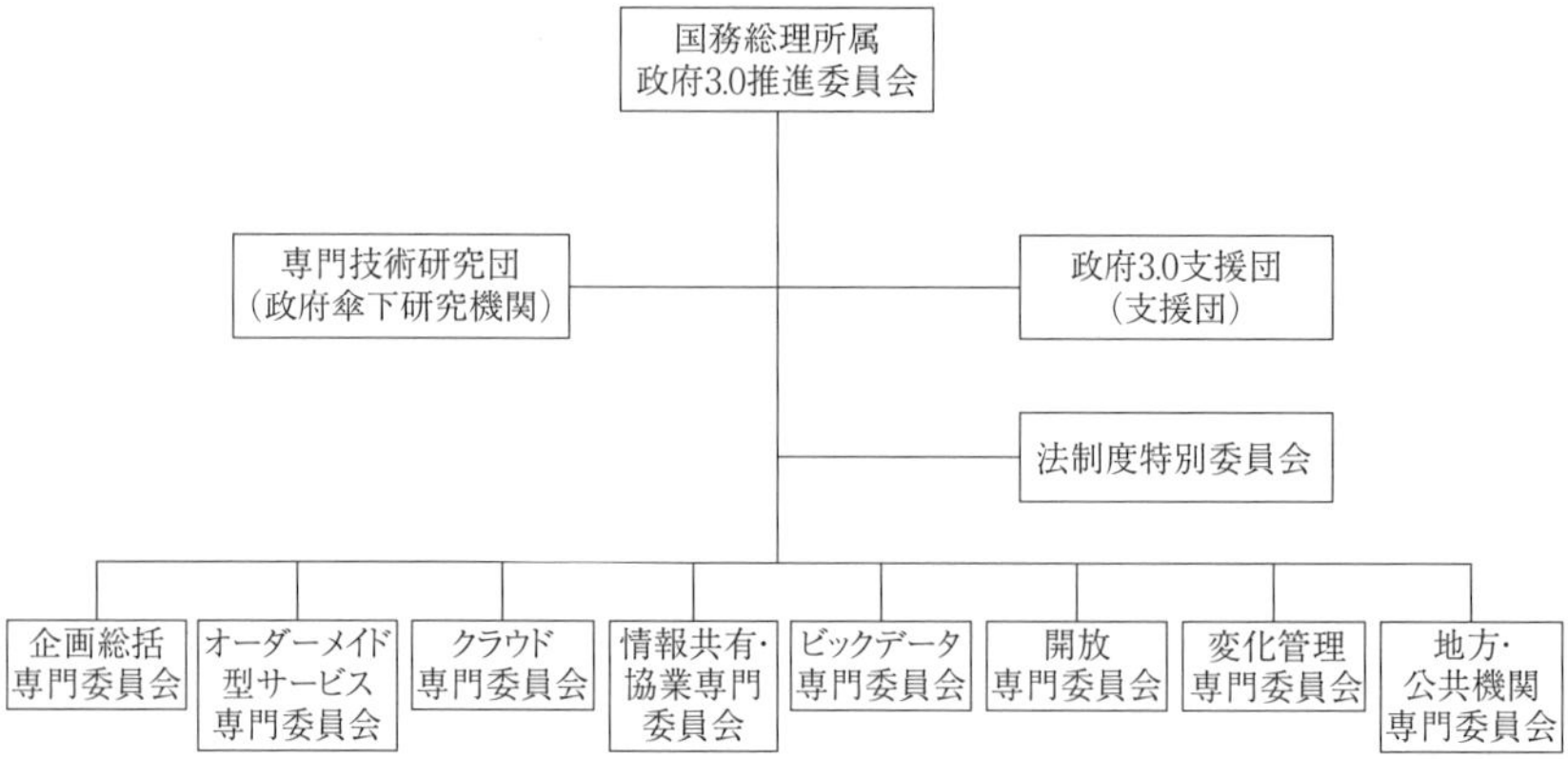

図12-3　「政府3.0」推進組織体系（2015年9月現在）

出典：政府3.0推進委員会のホームページから筆者作成。

（2）「政府三・〇」の推進体系

初期における政府三・〇政策の推進は旧行政安全部の主導で行われたが、二〇一四年七月に行われた政府組織再編により、国務総理室傘下に「政府三・〇推進委員会」が新設され、政府三・〇政策に対する企画・審議という総括機能が旧安全行政部から政府三・〇推進委員会に移管された[23]。政府三・〇推進委員会の傘下には政府三・〇支援団が設置され、政府三・〇支援団の運営は実質的に行政自治部により担われているので、行政自治部が完全に政府三・〇業務から外されているわけではない。しかし、二〇一三年度のビジョン宣布式が行われた時に比べると、政府三・〇政策における役割・位相は相当に低下していることは確かである。

政府三・〇推進委員会は民間委員を中心に構成され、政府三・〇のビジョンを改めて検討し、国民の観点から行政サービスのニーズを正確に把握するという目的から発足されている。宋喜準梨花女子大学教授が委員長を務め[24]、民間委員には五人の大学教授と二人の政府傘下研究院長が、政府委員には企画財政部第二次官、未来創造科学部第二次官、教育部次官、行政自治部次官、保健福祉部次官、国務調整室第一次長が委嘱されている。また、政府三・〇推進委員会の傘下には、専門技術研究団と政府三・〇支援団、八つの分科委員会、そして一つの法制度特別委員会が設置されている。

政府三・〇政策に対する業務の総括機能が国務総理室傘下の政府三・〇推進委員会に移管された理由は以下のことが考えられる。第一に、政府三・〇は中央省庁＋地方政府＋政府機関などすべての公共機関が対象になるが、行政自治部がこのすべての機関の政策を総括することは相応しくないという意見が存在した。第二に、政府三・〇はたとえば、情報公開のために保健福祉部と行政自治部がお互いに協力しなければならない場合が多く、その時に発生しうる省庁間の利害関係を調整する必要性が生じるが、それを個別省である行政自治部が行うことは実効性がないと判断した。したがって、上位機関である国務総理室で省庁間の利害と意見を調整することが妥当であると考えた。第三に、旧安全行政部の主導で進められた政府三・〇は、二〇一四年七月の省庁再編が行われる時期まで満足できる成果があったとは言い難く、もっと強力に推進できる体制が必要となった。ミョン（二〇一五：一四）は政府三・〇政策の推進が公共データ開放に集中しすぎていることや、総括省である旧安全行政部の権威的なトップダウン推進方式に問題点があると指摘する。

（3）「政府三・〇」の現状

韓国内では今までの政府三・〇政策の推進成果として、情報公開、データ開放および政府間の協業事例が増加していることを提示している（クォンとハン、二〇一五：一一；行政自治部 二〇一五）。[25] 二〇一五年七月に発表したOECD資料によると、韓国の公共データ開放指数は一点満点中〇・九八点を記録し、調査対象となった三〇カ国で一位に評価されている。[26] 公共データ開放指数は、交通情報や気象情報など政府や公共機関が保有するデータを民間がどれぐらい商業的に活用できるかを評価したものであり、韓国は初めて一位となった。また、行政自治部の資料（二〇一五）によると、雇用と福祉の連携を通じた新しい事業が地方政府間に広がっているとともに、これを中心と

表12-3　「政府3.0」の成果

	内容
透明な政府	・情報公開法の改正を通じて、事前情報の公表及び原文情報公開の推進 —国民生活に関連する事前情報公表の件数：11万2971件（14年12月現在） —原文情報公開率：51.5%（中央32.6%、広域62.5%、基礎53%）14年12月現在 ・政策実名制の実施で、国民の関心が高い事業の管理内容と担当者を公開 —重点管理対象事業の数（累計）：2236（13年12月）→4311（14年11月）
有能な政府	・政府機関の間行政情報の共有を通じて国民の不便解消 —健康検診情報の活用を通じて運転免許を獲得・更新する時に身体検査の免除（年間160億ウォンの節減） —タクシー情報システムを活用して道路損傷をリアルタイムで把握するシステムの運営 ・協業・疎通支援のための政府運営システムの改善 —遠距離出張の代わりに映像会議を通じた実務協議の開催（月平均利用回数1121回（13年）から2827（14年）に152%増加 —政府統合電算センターの重要システムをクラウドへ転換（累積基準：42（12年）→119（13年）→260（14年）→740（17年目標））
サービス政府	・ネットを通じて個人の生活情報を統合的に提供（14年3月から） —罰金（交通違反など)、運転免許（適性検査の更新日、罰点など)、未還付金（国税・地方税など）などの情報を提供 ・ワンストップ許可サービスの一括処理のため「許可民願課」運営 —許可民願課を運営する自治体数：125（14年12月現在） —処理期間の短縮：20日（以前）→7.4日（改善） ・郵便局の配達員を活用した福祉サービスの拡大 —福祉サービスの提供件数：862件／参加自治体数：145（14年12月現在） ・オーダーメイド型サービスの課題の選定・推進 —2013年に完了し、2014年度から推進

出典：クォン&ハン（2015：5－7）から一部を抜粋。

した地方政府間の協業事例も増加していることが報告されている。それにともない、中央政府と地方政府の間に懸案を討論・協議する「中央・地方政策協議会」を法的根拠に基づく会議体として新設し、さらなる政府間の協業を進める制度及び環境の整備にも力を入れている。地方レベルでは、二〇一五年九月現在にすべての広域自治体で地方三・〇重点推進計画が策定され、ホームページを通じてその取り組みが公開されている。地方三・〇政策のビジョンと戦略は政府三・〇のビジョンと戦略をそのまま維持していることが確認され、地方三・〇と政府三・〇は一貫性を保ったまま推進されている状況にある（イ 二〇一三：二七五）。

一方、行政自治部は二〇一五年三月に「政府三・〇に対する専門家の認識調査」を行い、以下のような問題点を報告している。[27]第一に、政府三・〇を通じて提供される行政サービスに対する国民の体感度は低く、政府三・〇を通じて究極的に達成しようとする「国民幸福」を実現するためにはさらなる努力が必要である。第二に、多くの国民が政府三・〇の効果を体感できるようにするためには、新たな工夫が必要である。また、地方三・〇政策に対しては、地方三・〇政策が地域全体の視点ではなく、いくつの個別事例のみに拘っていて、地方政府と地域社会の連携が不足していると指摘されている（キム 二〇一四：三〇；ジョンとハ 二〇一四：二九九）。

以上からすると、韓国の政府三・〇政策は現在にビックデータ、クラウディングコンピューティングなど技術的な変化と情報・データの公開に焦点が置かれていて、それが国政運営や公共の価値と結合した形態で提供されていないとともに、国民からの利用も活発になっているとは言いにくい状況にあると判断される。

4　「政府三・〇」政策の検討

（1）問題の分析

朴槿恵政府において政府三・〇政策が打ち出された背景には、公務員の働き方を変えないといけないという行政改革の必要性が存在する。韓国では新しい政府がスタートするたびに、その政府が掲げる国運運営の哲学を盛り込んだ国家ビジョンが発表されており、たとえば金大中政府ではＩＭＦ危機を克服するための「国家全体の改革」、盧武鉉政府では「国家均衡発展」、李明博政府では「経済の成長及び発展」[28]、そして朴槿恵政府では「創造経済の実現」が提示されている。朴槿恵政府は創造経済を実現するためには、政府の役割が重要であることを改めて強調し、公務員の働き方を根本的に変える必要があると説明する。そして、その手段として今まで蓄積してきた電子政府の成果[29]を活かし、無線やモバイルなど新しい技術を活用する「政府三・〇」の概念を提示しているのである。

韓国は天然資源などに恵まれておらず、国家発展の原動力として人的資源に大きく依存している。したがって、政府部門に対する国民の期待は依然として高く、それゆえ行政改革に対してはいくら強調しても足りないぐらい重要な課題であるといえる。そして、このような認識は他の文献からも確認することができる。ジョンとハ（二〇一四：三〇五）は三つの地方政府における政府三・〇の担当者たちとインタビューを行っているが、ほとんどの実施担当者は政府三・〇が目指している政策の方向性と問題認識が妥当であると考えていた。また、韓国の文化体育観光部が実施した「政府三・〇に対する国民体感度調査結果」（二〇一四年一一月）[30]においても、国民の五〇・一％が、専門家の七八・二％が、公務員の八六・五％が、政府三・〇政策の必要性に共感していることが報告されている。

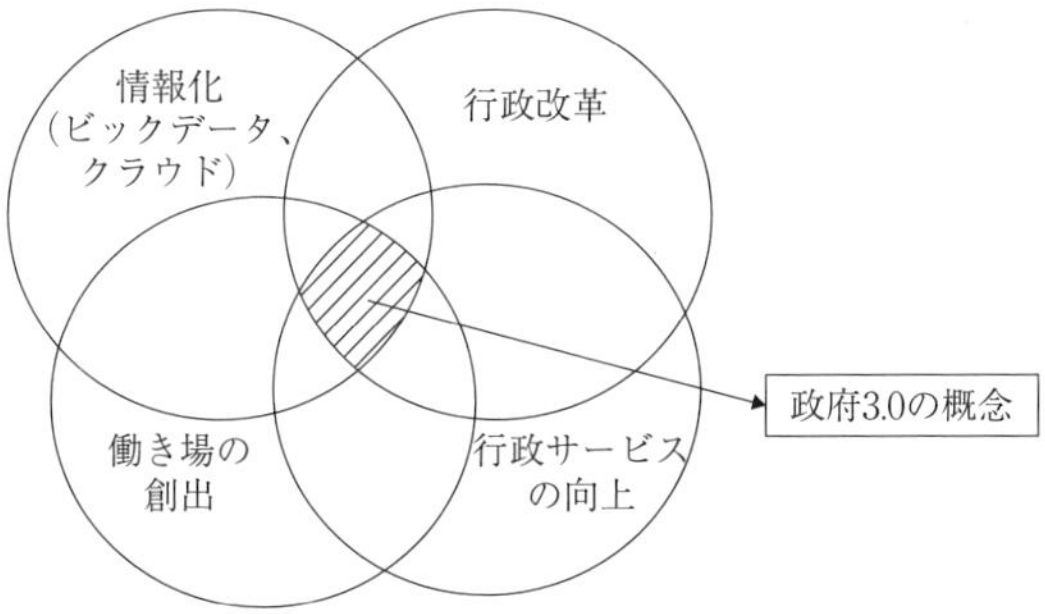

図12-4　「政府3.0」の概念

出典：筆者作成。

（2）政策目標の明確性

政府三・〇は行政改革の哲学および方向性を提示する抽象的なモットー（motto）であると同時に、それの実現手段として主にＩＣＴを活用するという点で電子政府の次世代バージョンでありながら、達成すべき目標として行政サービスの向上と働き場の創出が提示されている。それに合わせて、地方では「地方三・〇重点推進計画」を策定し、その業務を担当する新しいポスト（創造企画官など）を設置するとともに、各地域の民間専門家などによる協議体を構成することで、地域のニーズを発掘し解決するシステムを構築するという内容となっている。

繰り返すと、政府三・〇は電子政府とも繋がる概念である上で、働き場の創出という雇用・経済問題はもちろん、行政サービスの向上及び行政改革という非常に幅広い内容を含んでいる概念であり、何を意味しているのか正確に把握しにくい概念であるといえる。その概念の抽象性に対する指摘は多数の文献からも発見されているが、地方それぞれに違う解析が存在すること自体が、実務担当者の否定的な反応に繋がっているという分析も存在する（クムとハン 二〇一三：五六、ジョンとハ 二〇一四：三〇四）。ミョン（二〇一五：一四〜一五）は、政府三・〇は「私の手の中の政府サービス」というウェブ三・〇の概念に過ぎないのに、なぜここまで難しくて勉強が必要であるのかが理解できないと述べている。

（3）中央政府のコントロール手段

政府三・〇政策における中央政府のコントロール手段としては以下のようなものが採用されている。第一に、行政自治部が毎年実施する地方政府の合同評価の指標に政府三・〇に関連する項目を入れて評価している。評価項目は表12-4のように提示されているが、中央政府は地方政府が交付税算定にも反映されるこの評価制度から高い評価を得るためにも、政府三・〇政策をもっと積極的に推進していくことを期待している。[31]

第二に、政府三・〇政策に対する優秀事例を選定し、選ばれた地方政府に賞金や表彰などの特別支援金を与えている。二〇一四年一二月三〇日に行われた行政自治部の発表によると、政府三・〇政策の推進に対する最優秀自治体として、広域自治体では釜山広域市と慶尚南道が、基礎自治体では始興市（仁川広域市）、昌寧郡（慶尚南道）、海雲台区（釜山広域市）が選定され、各々の地方政府に賞金が与えられている。[32]第三に、政府三・〇政策を担当する実施担当者の専門性を高めようとする取り組みが行われている。たとえば、政府三・〇を担当する部署（創造企画官など）をすべての自治体で設置するように督励し、そのためには別途の定員を配置することが可能になっている。[33]また、政府三・〇に対する実施担当者の理解を助けるために、二〇一五年五月から政府三・〇に詳しい専門家を現場に派遣するコンサルティング制度を運用している。しかしながら、このような中央政府のコントロール手段に対して、地方政府の実務担当者からは政府三・〇に対する十分な予算確保が難しく、財政的支援を含めたインセンティブを強化してほしいという意見が多い（ジョンとハ 二〇一四：二〇六～三〇八）。

（4）「政府三・〇」をめぐる政治的環境

まず、政府三・〇政策をめぐる中央レベルの政治的状況をみると、二〇一五年九月現在で韓国の議会は与党であるセヌリ党が多数党となっていて、中央政府の政策を強力に推進できる環境を整えているといえる。しかし、二〇

表12-4　地方政府の「政府3.0」に関する評価指標(34)

評価項目	評価結果		
	広域自治体	基礎自治体	全体
全体平均	73.46（100）	46.94（78）	
1．首長の関心度及び推進体系の構築			
①　首長が主管した政府3.0会議（行事）の開催実績	4.19（5）	4.06（5）	4.10（5）
②　政府3.0の推進体系の強化	3.06（4）	1（4）	1.66（4）
2．政府3.0の推進の呼応度			
①　行事・会議の時に政府3.0事例発表実績（加点）	1.25（2）	0.38（2）	0.66（2）
②　先導課題の選定及び推進実績（加点）	2.07（4）	0.31（4）	0.87（4）
③　ベンチマーキングの推進実績	3.54（6）	3.24（6）	3.34（6）
3．透明な政府			
①　情報公開の成果（文書公開率、事前情報の公表、政策実名制、政策研究結果の管理水準）	9.45（13）	7.06（9）	
②　公共データの開放（提供・開放実績、活用度）	5.34（10）	4.66（10）	4.88（10）
③　自治体の財政状況公表の努力度	3.29（4）	2.36（4）	2.66（4）
④　オン・オフラインによる国民疎通の協業程度	3.14（5）	3.12（5）	3.12（5）
4．有能な政府			
①　協業行政推進の活性化	6.82（10）	6.72（10）	6.85（10）
②　映像会議利用の活性化	2.43（4）		
③　人事交流制度の運営成果	3.62（4）		
④　ビックデータの活用成果	6.59（10）		
5．サービス政府			
①　需要者に合わせたサービスの発掘及び提供実績	18.65（25）	14.04（25）	15.52（25）

注：（　）の数値は満点。

出典：行政自治部「地方自治体の政府3.0推進実績評価発表」（2014年12月30日）の報道資料から筆者作成。

一六年四月に実施される総選挙の結果により、与党は過半数獲得に失敗しているので、このような環境には変化が予想される。また、政府三・〇政策が設定した目標を達成するためには、国民が政府三・〇を通じて提供される行政サービスに対して満足することが前提条件となるが、政府三・〇に対する韓国国民の認知度はそれほど高くないことから、世論による支持は期待しにくい状況にある。前でも触れている文化体育観光部の「政府三・〇に対する国民体感度調査（二〇一四年）」によると、「政府三・〇を認知しているか」という問いに対して二〇一三年度調査に比べてやや増加したものの、専門家が九二・一％認知していることに対して、一般国民は三四・六％しか認知していない。

そして、地方政府をめぐる政治的状況をみると、地方政府では首長の政治的性向などの理由から政府三・〇が優先的に取り組む政策になっていないなど、政府三・〇を推進する政治的環境は整っていない状況であるとみられる[35]（ジョンとハ 二〇一四：二九一）。韓国の地方政府において政策の優先順位を決定する時に最も影響力を及ぼすのは首長であるが、首長は選挙期間中に自分が掲げていた公約の実現が重要であり、最大の関心事は再選であることを考えると、四年間の任期中に可視的な成果を生み出す政策を好むのはやむを得ない。しかし、政府三・〇は政府内の行政改革を強調するもので、それが成功すれば市民に大きいメリットをもたらすという論理に立っている。したがって、政府三・〇の成果を市民が実感できるまでには相当な時間がかかると予想されている中で、地方政府はジレンマに直面しているともいえる。

5　これからの「政府三・〇」

以上で、韓国の「政府三・〇」政策を政策デザインの側面から検討してみたが、要約をしてみると以下のようになる。第一に、政府三・〇政策は公務員の働き方の改革という問題意識から出発し、多くの政策関係者、専門家、国民がその問題意識に共感している。しかし、この政策が掲げている政策目標が曖昧になっていて、実施担当者がその概念を正確に把握していない状況にある。第二に、中央政府のコントロール手段をめぐっては、さらなる財政的なインセンティブを要求する地方政府と現場コンサルティング制度の活用など非財政的な手段を取る中央政府の間にギャップが存在することが確認された。第三に、政府三・〇は住民の目に見える可視的な成果を生み出すまでは相当な時間がかかると予想されるが、そのために地方政府をめぐる政治的状況によっては政策の優先順位が低くなる可能性がある。

中央政府の政策が地方のニーズと無関係な政策である場合、地方政府にとってはあまり利害関係がないゆえに、経費が保障されない限り半ば機械的に実施されると指摘があるように（真山 一九九四：六一～六二：Matland 1995：168–170）[36]、コントロール手段をめぐる政府間認識の差が縮まらないと、政府三・〇政策も形式的に実施される可能性が十分あると考えられる。さらに、朴槿恵政府の任期が終わる二〇一九年二月まで、もしくは次期の大統領選挙が行われる二〇一八年一二月までという現実的な時間制約を考えると、政府三・〇はこれ以上のスピードを上げて、推進されていくことも予測できる。そうなると、地方政府と中央政府の間には激しい葛藤が生じる可能性も否定できない。

政府三・〇政策に対する実施の実態が地方ごとに異なることは前述のように政府間関係を測定する変数にはならない。しかし、三年足らずの期間の間に推進体系が再編されたり、新たにコンサルティング制度を導入したりしている点からみると、韓国の中央政府も一方的なコントロール手段では有効な政策効果が得られないことを認識していると考えられる。このような認識が韓国の政府間関係に変化をもたらすかどうかは本章で確認できないが、このような観点から持続的に観察していきたい。

最後に、政府三・〇政策はモバイルなどの最先端技術を活用した行政改革ということから、多数の韓国国民がそれの必要性を認めているように、推進する価値を十分に持っていると判断される。したがって、政府三・〇政策は特定政権に拘らず継続して進めるべきであり、そのためには明確な目標の提示や地方政府の能力が発揮できるコントロール手段の導入など、長期的な視点に立った再デザインの作業が優先的に行わなければならない。

注

（1）政府間関係（IGR : Intergovernmental Relations）は中央地方関係だけではなく、中央政府間もしくは地方政府間の関係、そしてすべての公共機関間の関係を含む広い概念になる。中央地方関係という言葉には、支配と服従の関係あるいは上下関係にあるようなニュアンスを想起させるため、本章における分析の焦点は中央地方関係におかれるものの、用語としては「政府間関係」を採択したい。また、中央政府と地方政府はそれぞれに目標を設定していて、それが対立する場合は衝突、説得、妥協の関係が、両立する場合には協力や援助の関係が形成される。支配と服従に尽くしきれない多様な関係が中央政府と地方政府との間に生まれる（伊藤・田中・真渕 二〇〇〇：四九）。

（2）トップダウンアプローチは政策実施を構造化する政策や法律により定められる政策目標や戦略を重視する立場を取り、政策立案者の目標と実際の政策アウトカムのギャップに研究の焦点を当てる。一方、ボトムアップアプローチは、政策実施は実施体系において最も低いレベル（実施担当者）の活動からスタートし、上層部へ視点を移りながら分析する方式を取る。

（3）「政策実施を考慮した」というのは、単純に政策の実施を容易にすることや短期的な成果を生むことを意味しない。政策目標が実現する価値を十分に持っていると判断する場合は、時間を掛けても推進できるように（もっと効率的な方法で）デザインすることが重要である考え方を含んでいる（Linder&Peters 1987 : 468）。

（4）この研究は韓国において地方自治と政策評価の専門家である韓国国立忠北大学の姜瑩基教授と同大学の崔永出教授から多くの示唆点を得ている。姜先生は金永三政府から現在の朴槿恵政府に至るまで地方自治に関連する政府委員会の委員として長く活動している。崔先生は二〇一四年七月に発足した国務総理所属の「政府三・〇推進委員会」の一期委員であると同時に、現在に地方自治体の成果を評価する「政府合同評価団（行政自治部傘下）」の団長を務めている。

（5）Palumbo ら（1977 : 47–48）は、政策は法律、裁判所の判決（court decision）、プログラムに区分され、それぞれ掲げている目標が異なるため、何を基準にするかによって成功と失敗の判断が違ってくると指摘する。Ingram&Schneider（1990 : 85）は、法律などで定められている政策目標により政策実施の成功と失敗を判断することは適切ではなく、⑴問題が解決されたのか、⑵政策に関連する知識が増えたのか、そして⑶その政策に対する支持者が増えたのかを基準にして評価すべきであると主張する。Matland（1995 : 154）は政策実施の成功と失敗を判断する基準には⑴政策決定者の意図通りに実施したのかと、⑵政策実施による一般的結果物があるが、何を基準にすべきなのかに対しては意見一致が得られていないとしている。

（6）ＥＰＳＤＴは低所得層のための医療保険制度（medicaid）に基づいて一九六七年に法制化された連邦政府のプログラムで、〇～二一歳の人が対象になる。ＣＨＤＰは実施初期においてＥＰＳＤＴの児童検診率があまり伸びないことから、カリフォルニア州政府が一九七三年に検診を受ける児童の資格要件を大幅緩和した内容を盛り込んで制定した州法によるものである。ちなみに、プログラムが実施された三年後の累積検診率は、ＥＰＳＤＴが二・五％、ＣＨＤＰが三四・八％であった（Goggin 1987 : 135）。

（7）Goggin（1978 : 114–115）は政策（法律）の目標（検診を受ける資格がある児童の検診率が五〇％に到達する）達成期間が長くなるとともに、頻繁にプログラムの修正が行われたＥＰＳＤＴを「政治的スタイル（political style）」、そうでないＣＨＤＰを「行政的スタイル（administrative style）」と区分した。この類型は後のオクラホマ州、アーカンソー州、ニューメキシコ州、ルイジアナ州、テキサス州におけるＥＰＳＤＴプログラムの調査で、四つの類型で細分化されている。

（8）「政府三・〇ビジョン宣布式」は二〇一三年六月一九日に旧安全行政部の主導で行われた。

（9）行政自治部は二〇一四年度一二月末に政府三・〇に関する優秀自治体を発表しているので、まったく評価が行われていないわけではない。しかし、これは優秀事例を表彰することで政府三・〇政策を奨励する目的であり、政府三・〇政策に対する全体的な評価とは言い難い。

（10）本章では政府間の政策実施を対象にする文献のみを紹介する。

(11)　一世代の代表的な研究者であるPressman&Wildavsky（1973）は、アメリカの商務省経済開発局（ＥＤＡ）の都市補助金プログラムがカリフォルニア州オークランド市で実施される過程を分析し、誰もが賛成する政策目標の設定、豊富な財源調達、故意による妨害もない政策が政策実施の問題で期待した成果が得られなかったことを明らかにした。そして、実施の問題として、多すぎる実施過程への参加者とそれによって増加した意思決定点（decision points）などにより、政策の実施が遅延されたり変更されたりする問題点を指摘した。

(12)　Van Meter&Van Horn（1975）は政策実施において中央政府の統制と地方の協力活動が最も重要であるとしながら、(1)中央政府がテクニカルアドバイスを提供すること、(2)地方政府に対する中央政府の監視装置（sanctions）が存在すること、(3)補助金などの地方政府の協力と参加を引き出す誘因策が存在することを提示している。

(13)　非制度的要因として、(1)社会経済的状況と技術、(2)メディアの態度、(3)大衆の支持、(4)対象集団の態度と資源、(5)政治的リーダーの支持、(6)実施担当者の熱意とリーダーシップスキルを提示している。

(14)　一九九五年に第一回目の統一地方選挙が一斉に行われ、二〇一四年六月に第六回目の統一地方選挙が実施されている。

(15)　広域自治体は、特別市（ソウル）、広域市（釜山・仁川・大邱・大田・光州・蔚山）、道（京畿・江原・忠清北・忠清南・全羅北・全羅南・慶尚北・慶尚南）、特別自治道（済州）、特別自治市（世宗）に区分されている。広域市は日本の東京都のように特別区を置くことができ、各区内には議会とともに選挙によって選出される区長が存在する。また、済州特別自治道は「済州特別自治道の設置及び国際自由都市の造成のための特別法」（二〇〇六年二月）に基づき二〇〇六年七月に済州道から昇格した自治体で、道内の市は行政市として知事が市長を任命するとともに、他広域自治体では導入されていない自治警察制が実施されるなど、韓国内では最も多い権限を持つ広域自治体となる。世宗特別自治市は二〇一〇年一二月に制定された「世宗特別自治市の設置などに関する特別法」に基づいて新しく形成された都市であり、ソウルに所在する約三分の二の中央省庁が移転されている行政都市でもある。二〇一二年七月の当時に人口が約一一万人であった世宗特別自治市は、他広域市と同等の権限を行使することはできるが、人口規模が少ないことから基礎自治体を置くことはできない。

(16)　日本の総務省に該当する。

(17) チェ（二〇一四：一八五）は権力的手段と非権力的手段を区分することは容易でないとしながら、中央政府が地方政府の決定を取り消したり停止させたりすること、地方政府に対して職務移行命令をすること、最後に裁判所の審理を経ずに代執行をすることを権力的手段の例として提示している。そして、中央政府の助言及び勧告、財政的または技術的支援を通じた誘引などを非権力手段としてみることができるとしている。

(18)「政府三・〇推進委員会」のホームページ（http://www.gov30com.kr）、二〇一五年九月四日最終アクセス。

(19) 新しい公共サービス論と公共価値管理は、新しい公共管理（NPM）に対する批判から登場したもので、公共領域と民間領域は違うという伝統的なアプローチを共有する。また、政策過程において活発な市民の参加を通じて政府運営方式を改革していくことを強調し、市民との談論による合意形成を重視する。

(20) 韓国中央省庁の室長は日本の審議官級に該当する。

(21) 為替レートは二〇一六年三月一八日に従う。

(22) 一つの重点課題には多くの細部課題が存在するため、全部列挙することは難しいということで、詳細な内容は表12-3と表12-4を参照してもらいたい。

(23) 旧安全行政部は二〇一四年四月に発生したセウォル号事件に対する責任が問われた。当時の国家的災難という危機状況の中で冷静に判断し命令するコントロールタワーとしての機能がまったく果たせなかったことが全世界にさらされたためである。旧安全行政部が担当していた防災部門と人事部門が国務総理室に移管されるなど、相当に組織規模が縮小された形で行政自治部へ再編された。一時的であったが、メディアからは行政自治部の廃止を主張する報道も存在しているほど、旧安全行政部に対する韓国内での批判は強かった。

(24) 宋憙準教授は二〇一六年八月三〇日に委員長の職を辞退し、九月一七日現在は空席になっている。

(25) これは「政府三・〇に対する専門家の認識調査（行政自治部、二〇一五年三月）」と二〇一五年九月一〇日に国会の国政監査に提出した資料を根拠にしている。

(26) OECD, *Government at a Glance 2015*, (2015:153). http://www.oecd-ilibrary.org/governance/government-at-a-glance-2015_gov_glance-2015-en（二〇一五年一〇月一七日最終アクセス）

(27)「政府三・〇に対する専門家の認識調査」は「政府三・〇を通じた価値実現方策研究」というタイトルで韓国政策学会が委託業務として行っている。調査期間は二〇一五年三月五日から三月一三日までで、韓国の行政及び政策専門家の一三五人を対象にアンケート調査を実施した。

(28) 韓国の各政府は発表する国政ビジョンに合わせて、行政改革の方向性も提示している。金大中政府ではNPM的管理方式を採用する中で電子政府の推進が、盧武鉉政府では高位公務員団制度の導入及び人事評価制度の強化が、李明博政府では公共機関の先進化（民営化など）が推進された。

(29) 韓国の電子政府は一九九〇年代末の金大中政府において本格化され、盧武鉉政府、李明博政府、そして現在の朴槿恵政府に至るまで一貫して政府の核心的な事業の一つとして推進されている。そして、このような取り組みはUNDESA（国連経済社会局）から隔年で発表される電子政府ランキングで、二〇一〇年・二〇一二年・二〇一四年の三回連続に一位となるなど、世界から一定の評価を得ている。

(30) この調査は韓国の一九歳以上の成人一〇〇〇人、専門家一〇〇人、公務員四〇〇人を対象にしたアンケート調査結果をまとめたものである。調査期間は二〇一四年九月一五日から二九日までとなっている。

(31) 二〇〇一年に行政自治部傘下に設置された「地方自治体合同評価委員会」によって実施される評価で、一般行政、社会福祉、保健衛生、地域経済、地域開発、文化観光、環境森林、安全管理、重点課題の九つの分野に対して一年間の推進成果を評価し、A・B・Cのランクをつけて広域自治体のランキングを公表している。

(32) 韓国におけるすべての広域自治体（一七）と広域自治体が推薦した三六の基礎自治体が対象であり、二〇一四年度（二〇一四年一月一日～一〇月三一日）の推進実績を審査した結果となる。

(33) 韓国ではこれまで一部の省庁と公共機関のみ実施されていた総額人件費制度が、二〇〇七年一月からすべての中央及び地方政府・公共機関に導入されるようになった。総額人件費制度は、各機関が定員及び組織運営に伴う人件費の予算総額を予め決めておく代わりに、内部組織と定員を自律的に管理できるようにするものである。それに伴い、大統領令として制定された「地方自治体の行政機構と定員基準に関する規定（一九九一年）」が二〇〇八年に改正され、地方機構及び地方公務員の定員を条例で定めることができるようになっている。しかし、事実上総額人権費制度の制約で地方政府は自由に定員を増やすことはできない状況にある。創造企画官などのようなポストは、総額人件費制度の枠に含まれない例外的措置となる。

(34)　この評価指標は行政自治部の「地方自治体の政府三・〇推進実績評価発表」(二〇一四年一二月三〇日) の報道資料によるものであるが、これは「地方自治体合同評価」の一部分を公開しただけで、政府三・〇のみを対象にした評価ではない。

(35)　首長の政治的性向が執権党と違うとか、自分の公約を優先的に進めるなどの理由がそれに該当する。

(36)　Matland (1995 : 168–170) は政策の曖昧性と葛藤を基準に四つの政策実施の類型を提示しているが、政策の曖昧性と葛藤が共に高い場合は、形式的な実施 (symbolic implementation) が行われるとしている。

参考文献

青木栄一『教育行政の政府間関係』多賀出版、二〇〇四年。

足立幸男『公共政策学とは何か』ミネルヴァ書房、二〇〇九年。

秋吉貴雄・伊藤修一郎・北山俊哉『公共政策学の基礎』有斐閣、二〇一〇年。

今村由衣子「保育所の待機児童解消政策――ボトムアップ型の政策実施への転換」『早稲田政治公法研究』第一〇八巻、二〇一五年。

伊藤光利・田中愛治・真渕勝『政治過程論』有斐閣、二〇〇〇年。

宇都宮深志・新川達郎編『「現代の政治学」シリーズ3　行政と執行の理論』東海大学出版会、一九九一年。

大橋洋一編著『政策実施』ミネルヴァ書房、二〇一〇年

高選圭・辻陽「日韓両国における首都機能移転を巡る政治過程」康元澤・浅羽祐樹・高選圭編著『日韓政治制度比較』慶應義塾大学出版会、二〇一五年。

真山達志「実施過程の政策変容」西尾勝・村松岐夫編『講座行政学第5巻　業務の執行』有斐閣、一九九四年。

イ・ヨン「政府三・〇と連携した地方三・〇推進に対する考察及び提言」『二〇一三年韓国政策学会冬季学術大会発表集』二〇一三年。

キム・ビョンクック「政府三・〇と地方自治」『地方行政』大韓地方行政共済会、第六三巻第七三四号、二〇一四年。
クォン・キホン、ハン・スンジュン「公共価値を具現するための政府三・〇の現況と課題」『韓国政策学会企画セミナー——政府三・〇カンファレンス』韓国政策学会、二〇一五年。
クム・チャンホ、ハン・ブヨン「地方三・〇の効率的推進体系の設計のための試論」『地方行政研究』第二七巻第三号、二〇一三年。
ジョン・ズヨン、ハ・ミンチョル「行政改革の執行過程の研究——政府三・〇の執行受容性を中心に」『政府学研究』第二〇巻第三号、二〇一四年。
チェ・チャンス「民選首長体制のスタートに伴う中央コントロール手段の変化」『韓国行政学報』第三八巻第三号、二〇〇四年。
崔昌浩・姜瑩基『地方自治学』ソウル：三英社、二〇一一年。
ミョン・スンファン「政府三・〇の回顧と今後方向」『韓国政策学会企画セミナー——政府三・〇カンファレンス』韓国政策学会、二〇一五年。
Berman, P., "Thinking about Programmed and Adaptive Implementation : Matching Strategies to Situation," in Ingram, H. M., and Mann, P. E. (ed.), *Why Policies Succeed or Fail*, Sage Publication, 1980.
Birkland, T. A., *an Introduction to the Policy Process : Theories, Concepts, and Models of Public Policy Making* (3rd ed.), M. E. Sharpe, 2011.
Elmore, R. F., "Organizational Models of social program Implementation," *Public Policy*, Vol.26, No.2, 1978.
Goggin, M. L., Bowman, Ann O'M., Lester, J. P., and O'Toole, L. J., Jr., *Implementation Theory and Practice : Toward a Third Generation*, Scott Foreman/Little Brown, 1990.
Goggin, M. L., *Policy Design and the Politics of Implementation : The Case of Child Health Care in the American States*, the University of Tennessee Press, 1987.
Hjern, B. and Hull, C., "Small Firm Employment Creation : An Assistance Structure Explanation," in Hanf, K. and Toonen, T.

(ed.), *Policy Implementation in Federal and Unitary Systems*, Martinus Nijhoff, 1985.

Howlett, M., *Designing Public Policies : Principles and Instruments*, Routledge, 2011.

Imgram, H. and Schneider, A., "Improving Implementation through Framing Smarter Statutes," *Journal of public policy*, Vol.10, No.1, 1990.

Lester, J. P., Bowman, Ann O'M., Goggin, M. L., and O'Toole, L. J., Jr., "Public Implementation : Evolution of the field and Agenda for Future Research," *Policy Studies Review*, Vol.7, No.1, 1987.

Linder, S. H., and Peters, B. G., "A Design Perspective on Policy Implementation : The Fallacies of Misplaced Prescription," *Policy Studies Review*, 1987, Vol.6, No.3.

Matland, R. E., "Synthesizing the Implementation Literature : The Ambiguity-Conflict Model of Policy Implementation," *Journal of Public Administration Research and Theory*, Vol.5, No.2, 1995.

Mazmainan, D. A. and Sabatier, P. A., *Implementation and Public Policy : with a New Postscript*, University Press of America, 1989.

Moore, M., *Creating Public Value : Strategic Management in Government*, Harvard University Press. 1995.

O'Toole, L. J., Jr., "Interorganizational Policy Studies : Lesson Drawn from Implementation research," *Journal of Public Administration Research and Theory*, Vol.3, No.2, 1993.

Palumbo, D., J. & Maynard-Moody. S. and Wright, P., "Measuring Degrees of Successful Implementation : Achieving Policy versus Statutory Goal," *Evaluation Review*, Vol.8, No.1, 1984.

Pressman, J. L. and Wildavsky, A., *Implementation* (3rd, Expanded ed.), University of California Press, 1984.

Sabatier, P. A., and Mazmainan, D. A., "the Implementation of Public Policy : A Framework of Analysis," *Policy Studies Journal*, Vo.8, No.4, 1980.

Van Meter, D. S. and Van Horn, C. E., "The Policy Implementation Process : A conceptual framework," *Administration & Society*, Vol.6, No.4, 1975.

第13章　自治体の連携組織と政策実施
――米国の Council of Governments の事例を手がかりに――

野田　遊

1　自治体連携の政策実施へのアプローチの視点

複数の自治体による地域一体の枠組みで政策課題を熟慮すれば、潜在的な行政需要や必要な水準の政策がみえてくる。自治体間の連携組織は、他の自治体の保有する情報、権限、人的資源、予算などの政策資源の利用範囲を高め、地域での政策対応能力を向上させるものとして、自治体の持続可能性の維持には欠かせない。ただし、市町村間、市町村と府県、府県間のいずれの関係においても、連携組織で実施する事業をいかに制御するかは非常に難しい問題である。結局は、検討段階の議論に終始し、連携事業には地域の発展に期待されるインフラ整備がほとんどあがらないのが日本の自治体連携である。

既に実施する事業が決定されており、どのように実施するかという点だけが検討対象であればよいが、政策実施の検討においては、方法や予算、実施体制、政策対象などを吟味し、事業間の優先順位を明らかにする必要がある。政策実施研究は、政策決定後の実施過程において、政策が変容することを明らかにしたが、一方で政策決定が政策目標に対する政策実施の確度をかなりの程度規定する側面を否定しているわけではない。実際、実施研究では、政策決定の結果としての「政策の公示形態」そのものが実施活動を規定する点をモデルに含んでいる（真山 一九八六）。つまり、政策実施は政策決定を前提にした政策過程である。連携組織による政策は、組織間で合意の得られた確固たる決定がなければ、実施はなおさらうまくいかない。したがって、実施事業の方向性や予算を決めていく過程から、自治体連携を探究することが、連携組織による政策実施の可能性を判断する基本的な分析視点となる。

本章では、米国のカウンティやシティなどの政府が任意に加盟し設置されたボランタリーな組織（Council of Governments : COG）の事例をみながら、連携組織の政策実施を強化する方策や条件を検討する。米国の自治制度や文化は日本のそれらとは異なるものの、制度的多様性に富む米国において、いかに自治体が連携し、政策実施をコントロールしようとしているかを学ぶ意義は大きい。日本の一部事務組合や広域連合は、既に地方行政に浸透した機動力ある政策実施体制であるが、米国のCOGと比べ、対象とする政策の範囲は、消防や救急、ごみ処理、介護保険といった分野に偏っている。日本でも協議会等を立ち上げ産業や観光の振興を検討してきた地域は多いものの、パンフレットの印刷や広域観光ルートの設置など、一体的政策にはほど遠く、関連事業の優先順位の検討は充分に行われない。

さて、米国のCOGによる政策管理はどのような組織体制で、いかに機能しているのか。具体的に、ワシントンDC、メリーランド州、バージニア州にまたがるMetropolitan Washington Council of Governments（MWCOG）、ペンシルベニア州のSusquehanna Economic Development Association-Council of Governments（SEDA–COG）、ノースカロライナ州のHigh Country Council of Governments（HCCOG）、バージニア州のNorthern Virginia Regional Commission（NVRC）へのインタビュー調査に基づき議論を進めよう。最初にCOG増加の経緯をみたうえで、組織体制とそこから繰り広げられる政策について明らかにし、連携組織の政策実施を強化する方策や条件について検討する。[1]

2　ＣＯＧの設置の経緯

(1) ＣＯＧの呼称

ＣＯＧは、Regional Council とも呼ばれる。また Regional Planning Commission も実質的に同様の連携組織である。Regional Planning Commission は州法に基づき州内の地域が分けられそれぞれに設置された自治体連携組織であり、ＣＯＧとは異なる系譜で生まれてきた。ただし、ＣＯＧとほぼ同じ組織構造、機能をもち、本章ではＣＯＧに含め議論を進める。(2) これらのＣＯＧは特定の政策のみを扱うのではなく、複数の政策を総合的に管理する。

一方、米国では交通政策に関して Metropolitan Planning Organization (MPO) という連携組織が有名であり、これは一九六二年に連邦補助高速道路法 (Federal Aid Highway Act) により、五万人以上の都市部に対して、連邦政府により設置が要求されたものである。特定分野の政策連携組織という点で他のＣＯＧとは異なるが、自治体連携組織という意味ではＣＯＧに含めて考える捉え方もできる。なお、ＭＰＯはＭＷＣＯＧのように、ＣＯＧの一部局である場合があるほか、ＮＶＲＣの地域のようにＣＯＧとは別組織で設置されているケースがある。

(2) 経　緯

米国のＣＯＧは自治体間の自発的な連携意向により設置されてきたのであろうか。一九四〇年代後半に既に設立されていたＣＯＧもあったが、多くは一九六〇年代以降に設置されたものである。その背景には、リンドン・ジョンソン大統領のＡ-95指示があり、連邦補助金の獲得には、他の自治体と連携して策定した計画が要件とされていた (Coppa 2000 : 20)。六〇年代は経済発展やインフラ整備を連邦政府が主導した時期であり、一九五九年の住居法改正（Housing Act as amended）、一九六六年のモデル都市開発法（Demonstration Cities and Metropolitan Development Act）、一九六八年の政府間協力法（Intergovernmental Cooperation Act）などにより、連携組織や計画を要する連邦政府プログラムが増加した（Grigsby 2007：187）。さらに七〇年代には、対人的サービスを実施するために連携組織の設置が推進され、Criminal Justice Coordinating Council（CJCC）、Areawide Agencies on Aging（AAA）、Health System Agency（HAS）という裁判、高齢者福祉、保健、低所得者の生活保護といった分野の組織のほか、環境管理、災害時協力、空港管理に関わる分野にまで連携組織の設置が拡大する（Grigsby 2007：187-188）。

ところが、ロナルド・レーガン政権時に、小さな政府志向と州による地方のコントロール強化の方針のもと、連邦補助金が大幅に削減され、ＣＯＧの予算に占める連邦補助金の割合は一九七七年の七五％から一九八八年の四五％へと縮小した（Grigsby 2007：188）。他方、八〇年代の都市化の進行は、大都市圏の中心部ではなく郊外部でのサービス需要を拡大させ、その対応に迫られる中、ＣＯＧは中心部と郊外の連携を目指すようになり、不景気と地域間競争下で、都市問題の解決の手段としてＣＯＧが再び注目されるようになった（Grigsby 2007：189）。

九〇年代以降は、交通政策や地域開発などの経済発展と、福祉サービスなどの社会的平等を目指す政策について、地域間で実現するためにネットワーク化が促進され、このような状況が今日まで続いている（Grigsby 2007：189）。なお、州政府はＣＯＧの設置に積極的ではないが、連邦政府はＣＯＧの活動を加速する政策を展開する特徴があり、とくに交通関係の政策では州にＣＯＧを活用することを促進し、現状で全米に五〇〇以上のＣＯＧが設置されている（Bowman and Kearney 2011：250）。このようにＣＯＧは連邦政府の意向により設置が推進されてきた性格が非常に強く、国土の経済発展と行政サービスの維持を担う主要な政策の受け皿であるといえる。

3　ＣＯＧの体制

(1) 構成自治体数

ＣＯＧの構成自治体数は、それぞれMWCOG22、SEDA-COG11、HCCOG26、NVRC14というように通常二桁の規模であり、一般に主要メンバーはシティやタウンよりも区域の広いカウンティであることが多い[3]。これらの自治体の政策の需要を調整するために、ＣＯＧは最高意思決定機関である理事会（Board of Directors）を設置し、政策決定を管理する。

(2) 財　源

ＣＯＧの歳入は、ＭＷＣＯＧの事例でみると、二〇一三会計年度の合計で約二七〇〇万ドルであり、そのちょうど半分が連邦政府からの補助金、一九％が州からの補助金で、ＣＯＧの構成自治体からの会費は一三％にしか満たず、その他はサービス実施に伴う料金収入などが占めている（MWCOG 2014a : 38）。会費は、通常自治体の人口規模に応じて決まっており、ＭＷＣＯＧの場合、人口当たり七一セントで、会費収入は三四〇万ドルを少し超えるに過ぎない。このように、歳入のほぼ七割を補助金に頼っていることになる。ちなみに会費支出の最大は人口が最も多いフェアファックスカウンティであり、続いてモンゴメリーカウンティ、プリンスジョージズカウンティ、ＤＣとなっている（MWCOG 2014b）。

ＳＥＤＡ-ＣＯＧの歳入に占める補助金の割合（二〇一三年七月〜二〇一四年六月）は、三七・三％（連邦政府二八・四％、州八・九％）（SEDA-COG 2014a : 9）であり、ＭＷＣＯＧよりは低い。とはいえ、政策を決定、実施しようとする組織の歳入の四割を補助金に依存しているわけである。こうした歳入の構造をみれば、補助金獲得という動機がいかに大きなものであるかが分かる。なお、連邦政府等からの補助金は、自治体単独であれば二〇％補助、複数自治体の連携の場合は五〇％補助というように、連携する場合に配分が高くなる仕組みが施されているものがある。

(3) 連携組織の構造

ＣＯＧの組織の中で、政策を決定する権限を持っているのは、各自治体の代表者が構成員となる理事会であり、各自治体の政策実施の整合性を図るために意見のすり合わせが常に行われている。理事会は、複数の自治体間の政策実施の優先順位づけをはじめとした決定機能を担い、地方政府の区域を越える地域のプランニングやコーディネートといった複数自治体の政策実施を規定する政策調整機能をもつ。

理事会のもとには、通常いくつかの委員会が設けられており、理事会と委員会のそれぞれの委員が発案と決定の実質的な権限をもっている。さらに、事務局スタッフは、理事会や委員会の議論を円滑に進めるために、会議の資料作成や会議開催の調整、ホームページや刊行物等を通じた社会への情報発信、政策の法務支援、財務支援などを行うのみならず、地域の現状分析や特定政策の効果検証のレポートを作成し、理事会委員の関心に応えるなどコンサルタント機能をもつ場合もある。

ＣＯＧは二元代表制をとらず理事会制であり、各自治体の議員も職員もともに理事会構成員となる。議員が事務局提案の政策を追認するようなことは少なく、自治体の代表者として強く関与し、政策を提案したり修正する意見を積極的に発言している。その際、事務局スタッフのコンサルタント機能を活用する。また、ＣＯＧでは、日本の行政連絡会議やブロック会議、連携協議会、懇話会などのように各自治体から担当職員が招集され意見交換に終始し、期待される政策がほとんど実施されないということにはならない。

具体的にインタビュー対象のCOGの組織構造をみてみよう。SEDA-COGの組織構造は、最上位の意思決定機関たる理事会があり、ほかに人事や財政、雇用機会均等の委員会が設置されている。また、二〇一四―一五年の職員名簿をみるとプログラムのアナリストやディレクターは合計で八六人も在籍しているというように、SEDA-COGの事務局機能はかなり充実している。これらのスタッフはCOGの組織マネジメント、コミュニティ関係、経済開発、輸出、政府調達、エネルギー・資源、住宅、交通などの政策分野ごとにチーフとスタッフが置かれている（SEDA-COG 2015）。

HCCOGでは、各自治体から一名のメンバーが参加する理事会が最上位機関としてあり、そのもとに三つの委員会（福祉、交通、職業開発）が設置され、委員会の委員は理事会から任命される。また、事務局スタッフはエクゼクティブディレクターを筆頭に計二一名が在籍している。

NVRCの最上位の意思決定機関は、コミッションミーティングと呼ばれるもので、他のCOGの理事会と同様の構造の組織である。この会議のメンバーは、各自治体から人口規模に応じて任命されることになっており、現状で二九名が在籍している。事務局スタッフは、総務、統計、危機管理、環境などの部署に計二一名が配置されている。

いずれのCOGでも理事会委員には、各自治体から任命された者が就いており、具体的には、カウンティエクゼクティブや市長、議会の議長や議員、公選職員をはじめとした幹部職員（カウンティマネージャやシティマネージャ、法務官、財政部長、経済開発部長、交通部長、人事部長、情報サービス部長、警察長、シェリフなど）がメンバーとなっている。どの会議のメンバーに誰がなるかは各自治体に任されており、市長がメンバーになっている会議に他の自治体では職員がメンバーになるなど、職のレベルは自治体間で統一されてはいない。自治体によって、カウンシルマネージャー制や市長―議会制などの執政形態が異なることがその背景にある。なお、ノースカロライナ州においては、カウンティはすべて同じ執政形態であり、ＨＣＣＯＧにおけるカウンティ間の調整で、同一の職位の職員が議論できるため、他の州と比べカウンティ間の調整は比較的容易である。

他方、ＭＷＣＯＧは国家の首都を包含する大規模な組織であるため、理事会やその他の会議は、二二自治体のみならずメリーランド州やバージニア州の職員や議員、連邦議会議員等から選ばれた委員も含む三〇〇人の公選職員により構成されている。その意味では、ＣＯＧにおける議論が委員を通じて連邦や州に対して直接的に伝達される仕組みとなっており、補助金の確度が高まるという組織構造となっている。具体的に、ＭＷＣＯＧには、理事会のほかに、首都圏輸送計画会議（The National Capital Region Transportation Planning Board：TPB）、ワシントン大都市圏大気質委員会（Metropolitan Washington Air Quality Committee：MWAQC）、その他の委員会や諮問会議といった各分野の政策を決定する組織があり、これら全体で広い範囲の政策課題に対応する。理事会や委員会の事務を担当するシニアスタッフは、エクゼクティブディレクターを筆頭に執行事務局や政策分野別事務局に計一四名おり、常勤スタッフをすべて含めると一二三名となり、広範囲の政策をスタッフが強力に支援するなかで自治体連携による一体的な政策実施を推し進めている。

（4）議題設定と決定

ＣＯＧの会議は、緊急時に臨時で開催されることを除き、一般に月に一度開催されるという頻度である。もっとも、ＨＣＣＯＧのように、連邦政府の補助金が明らかになる二月から三月に向けて会議を多く開催し補助金獲得のための計画の準備をする場合もある。ＣＯＧの会議でなされる議題設定に関しては、人口の多い自治体は少ない自治体よりも発言権が強いというようなことはなく、どの自治体も自由に発言している。また、ＨＣＣＯＧでは、年初に政策の方向性を明確にする作業として、各自治体のキーマンであるカウンティマネージャや財政、人事の部門長などに調査が行われ、たとえば、近年は職員倫理研修のニーズが各カウンティともに高まっているなどといった現状分析が行われている。

会議の採決は、理事会にもよるが、多数決で決定することが基本である。多数決の票数はＭＷＣＯＧやＮＶＲＣのように人口の多い自治体の票数が若干多くなるように配慮される場合と、ＳＥＤＡ-ＣＯＧやＨＣＣＯＧのように各自治体で同数としている場合がある。一方、会議の定足数に達していない場合、議決できないルールとなっており、きわめて論争的な課題の場合は定足数に達しないこともありうる。ただし、そのようなケースは非常に稀である。

また、いずれのＣＯＧにおいても理事会や委員会の議長は二年間など一定期間の任期において議事を先導する役割を担うが、人口規模の大きな自治体が優先的に議長になることはない。たとえば、二〇一三～一四年の期間におけるＭＷＣＯＧの首都圏輸送計画会議の議長は人口の多いカウンティではなくカレッジパーク市長であり、多数決原理以外に、ボトムアップの合意形成にも配慮がなされている。

（5）決定と実施の管理

ＣＯＧは、各自治体の政策の調整と決定に際して、戦略計画を策定しＣＯＧの位置づけと政策の方針を明確にしている。たとえば、ＭＷＣＯＧの戦略計画では、居住性、持続可能性、交通利便性、反映の四つのビジョンに関連づけて政策分野と事業の方向性を明示し、さらにＣＯＧが果たすべき四つのミッションを提示している。それらは意見交換のための会議を開催するForum、構成自治体の資源の共有化を図るResource、共同で連邦政府に補助金の必要性を主張するAdvocate、地域間で生じる課題対応に必要なネットワーク化を促すCatalystである（MWCOG 2011）。ＭＷＣＯＧのように、五〇〇万人以上の人口を有する大都市圏のＣＯＧが扱う政策課題は広く、交通政策や安全政策など分野別に戦略計画を策定している。

このような戦略計画のもとで、個々の政策の予算配分、役割分担をどのように行うかを理事会において調整のうえ決定する。その後の実施機能を一部担うＣＯＧもあるが、ＣＯＧの業務の中心は理事会による政策決定の管理である。ただし、この政策決定は政策実施を実現する予算化の過程でもあり、その意味で実質的に政策実施をある程度強く規定する政策決定の管理である。たとえば、ＭＷＣＯＧの理事会の議論を通じて、ワシントンＤＣとモンゴメリーカウンティ、プリンスジョージズカウンティ、フェアファックスカウンティの境界に関わる自治体間のインフラ管理の協定が結ばれている。具体的には、District of Columbia Water and Sewer Authority（DC Water）とWashington Suburban Sanitary Commission（WSSC）という上下水道処理の組織に関わる年間八億ドル以上もするプラント施設や運用コストの分担と、あわせて、それらの施設利用に伴う経済開発や土地利用のあり方に関して決定された協定がこれに該当する（MWCOG 2014a : 14）。

また、ＭＷＣＯＧの交通政策に関しては、ワシントン首都圏交通公社（Washington Metropolitan Area Transit Authority : WMATA）という首都圏のメトロやバスなどの運行管理を行う組織が政策実施を担う。特に、ワシントン首都圏交通公社が運行するメトロが、首都圏における非常に重要な交通手段である。この組織の政策は、連邦政府や州、地方自治体とともにＭＷＣＯＧが予算を供給して決められるため、ＭＷＣＯＧをはじめとした各組織が、予算とともにワシントン首都圏交通公社の政策のインプット機能を果たすというイメージであり、そのインプット機能を果たす組織が首都圏輸送計画会議（ＭＷＣＯＧの組織）である。あくまで政策の実施を管理するのはワシントン首都圏交通公社であるが、重要なことは、首都圏輸送計画会議に対して、ワシントン首都圏交通公社から委員が出されているという構造である。ＣＯＧの政策決定とその裏付けとなる補助金に規定された政策実施を、会議に参加する実施組織の委員のニーズも踏まえて実現する体制が、ＣＯＧの会議に内包されているのである。

一方、ＣＯＧが政策実施機能の一部を担うケースもある。たとえばＳＥＤＡ–ＣＯＧでは、ＣＯＧのもとに、ＳＥＤＡ–ＣＯＧ地方開発会社（SEDA–COG Local Development Corporation）、ＳＥＤＡ–ＣＯＧ共同鉄道公社（SEDA–COG Joint Rail Authority）、ＳＥＤＡ–ＣＯＧ住宅開発会社（SEDA–COG Housing Development Corporation）がぶら下がる構造になっている。共同鉄道公社は六つの貨物輸送鉄道会社が倒産したあと、それらをＣＯＧが購入し組織化したものである。提供するサービスは旅客ではなく物流であり、地域経済発展のためには欠かせない運輸機能を維持している。共同鉄道公社は独自にディレクターやスタッフ、鉄道の運転者を雇用している。購入当初は二路線であったが、現在は六路線まで拡大しており、地域の物流需要に的確に応えている。また、住宅開発会社では、高齢者福祉施設をいくつか保有し、運営している。

その他、ＨＣＣＯＧでは、労働者の職業開発のための職業訓練センター（HCCOG Training Center）を運営しており、ものづくりや情報通信関連の技能トレーニングをアパラチア州立大学と提携しながら実施したり、就職支援サービスを提供している。

（6）組織と市民

ＣＯＧを構成する自治体には民主的手続で選出された公選職員や議員がいるが、ＣＯＧの理事会のメンバーは各自治体の代表者が集まった組織であり、ＣＯＧの代表者として選挙で選ばれているわけではない。このため、ＣＯＧの政策のアカウンタビリティをどのように強化するかは非常に重要な論点である。一般にそうしたアカウンタビリティの強化に向けては、ＣＯＧの政策に関わる市民参加をいかに進めるかを検討する必要がある。

現状で、ＣＯＧはＨＰやパンフレットによる組織の知名度向上、事業概要の情報発信をはじめ、職員・議員向けヒアリングを行うケースもある。ＨＣＣＯＧでは、連邦政府や州からの補助金によるプログラムの検討にあたり、各構成自治体の職員や議員に対して、理事会の職員・議員向けヒアリングに参加してもらい、補助金の割り当てや規模の拡大について意見を述べる機会が与えられている。ＭＷＣＯＧでは、理事会や各種委員会の傍聴が基本的に可能というように、市民に開かれた会議運営に努めている。

そうして得られたプログラムの進捗状況は、各自治体から市民にＨＰや広報誌等により情報が発信されている。ただし、ＣＯＧが住民をパブリックヒアリングの対象にしたりすることはなく、ＣＯＧと住民の距離は遠い。ＣＯＧが民主主義的組織であるのは、構成自治体が住民にどれだけＣＯＧやその事業を宣伝し、納得してもらうかにかかっている。現状では、ＣＯＧに対する住民の認知度は十分でなく、どのようなサービスを行っているかを知っている住民は少ない。

4　連携組織による政策の展開

(1)　政策分野

ＣＯＧが管理する政策は、組織により異なるが、道路や環境、危機管理など広域的な政策は管理対象になりやすい。とりわけ、交通政策は多くのＣＯＧが管理対象としている。たとえば、ＭＷＣＯＧの二〇一三年度の目的別歳出構成比でみれば、交通政策六七％、環境政策二〇％、安全政策七％、コミュニティ関連政策五％、その他二％であり、交通政策が際立っている（MWCOG 2014a : 38）。これは、ハード基盤の整備は自治体の単独実施が困難であり、連邦政府や州の補助金に依存しているためである。

具体的に交通政策とは何であろうか。米国では州政府のほか、地域にもよるがカウンティ、あるいは市が道路整備を行っており、ＣＯＧが対象とするのは、ＳＥＤＡ-ＣＯＧの例でいえば、各自治体の保有する道路へのアクセス道路や橋梁の整備や修繕、また道路整備の優先順位づけである。補助金のつく道路整備の優先順位は、ＭＷＣＯＧでは、自治体間で策定した交通改善プログラム（The Transportation Improvement Program : TIP）の中で詳細が決められる。ＴＩＰは隔年で見直され、しばしば途中でも修正されるが、各自治体の事業が掲載されており、今後の道路整備の方向性や優先順位が協議される。さらに、交通政策で重要な役割を担うのがバス交通である。バスもカウンティが運行することが多いが、単独のカウンティよりは複数のカウンティで運行する方が財政運営上効率的である。

（2）ソフトな政策

ＣＯＧの政策は交通政策だけに偏っているわけではない。米国の自治体は日本の自治体に比べてもともとサービスの守備範囲はやや狭いことも背景にあり、福祉サービスを複数の自治体で展開するためにＣＯＧを活用し連邦政府や州から補助金を獲得することもある。ＨＣＣＯＧでは、各自治体の保健部局のサービスでは不足する在宅介護支援、高齢者の糖尿病などの慢性病治療や栄養指導などの高齢者福祉サービス（ＡＡＡ）を提供している。その他、ソフトな政策に関しては、保健、衛生、職業能力開発などの政策が展開されている。

このように、管理対象となる政策分野は、地域により異なるが、多くは交通政策を含み、地域によってはその他住宅政策や保健、福祉に関わる政策も対象となっており、ハードとソフトの両面がある。インタビュー先の政策分野は表13-1の通りである。

（3）政策分野と連携可能性

いずれの自治体もアクセス道路の整備や舗装のほか、災害対策に関わるインフラ整備などのニーズは高い。イン

表13-1　COGの構成自治体と政策分野

COG	構成自治体	政策分野
MWCOG	22 ・District of Columbia（1） ・Maryland（12） Bowie, Charles County, College Park, Frederick, Frederick County, Gaithersburg, Greenbelt, Montgomery County, Prince George's County, Rockville, Takoma Park, Bladensburg（準メンバー） ・Virginia（9） Alexandria, Arlington County, Fairfax, Fairfax County, Falls Church, Loudoun County, Manassas, Manassas Park, Prince William County ※County 以外は City または Town. 理事会委員には自治体だけでなく州の職員や議員のほか連邦議会議員も関与する。 ※特に人口の多いDistrict of Columbia, Montgomery County, Prince George's County, Fairfax County は Big 4 と呼ばれている。	交通政策 環境政策 住宅・土地利用 保健・公衆衛生 児童福祉 危機管理政策 共同調達　等
SEDA-COG	11 Centre County, Clinton County, Columbia County, Juniata County, Lycoming County, Mifflin County, Montour County, Northumberland County, Perry County, Snyder County, Union County	交通政策 住宅政策 中小企業支援 産業インフラ支援 情報通信・GIS 統計データの整備　等
HCCOG	26 Alleghany County, Ashe County, Avery County, Mitchell County, Watauga County, Wilkes County, Yancey County, Sparta, Jefferson, Lansing, West Jefferson, Banner Elk, Crossnore, Elk Park, Newland, Sugar Mountain, Burnsville, Bakersville, Spruce Pine, Beech Mountain, Blowing Rock, Boone, Seven Devils, North Wilkesboro, Ronda, Wilkesboro ※County 以外は Town	高齢者福祉 職業能力開発 交通政策 中小企業支援 住宅政策 GIS　等
NVRC	14 Arlington County, Fairfax County, Loudoun County, Prince William County, Alexandria, Fairfax, Falls Church, Manassas, Manassas Park, Dumfries, Herndon, Leesburg, Purcellville, Vienna ※County 以外は City または Town	高齢者福祉 交通安全政策 環境・エネルギー 消防・救急、保健 住宅対策、土地利用 交通政策、観光 職業能力開発　等

出典：MWCOG（2014a），SEDA-COG（2014b），HCCOG（2014），NVRC のホームページ（https://www.novaregion.org/2015年6月28日最終アクセス）より筆者作成。

フラ整備は、比較的規模の大きな連邦補助金を確保できることから、連携可能性が高まる。もっとも福祉関連などのソフトな政策においても、自治体単独では十分に提供されてこなかったサービスは、補助金獲得に向けた連携可能性が高まる。

わが国では、府県連携の形態として、地域のブロック会議や協議会などの形式での連携事例は多々みられるものの、インフラ整備を府県連携で取り組もうとする事例は、検討に終始するものや海外に自治体の共同事務所を設置すること以外はほとんどない。仮に、米国のように国から補助金が連携組織に供給されるということになれば話は異なる。都市圏の一体性を高めるような都市基盤を整備できるのであれば、地域経済の発展や危機管理の姿を描きやすく連携可能性は高まる。

一方、連携可能性が高いことと、自治体間のコンフリクトがないということは同義でない。COGは自治体がボランタリーに集まった組織であり、各自治体の自治はかなりの部分残された状態での連携である（Wikstrom 1980）。むしろ、インフラ整備は連携可能性が高いが、それだけ関心が高く、最もコンフリクトが生じる政策である。日本の自治体はサービスの守備範囲が広く常に自治体単独で政策の課題や案を検討してしまう傾向がある。そのようなとき、連携組織で新たな政策の実施を検討しようとしても、自らの自治体が実施する政策と関係しそうになれば競合しないように実施を避け、自らの地域への便益を十分におよび込めないような政策には賛成しない。インフラ整備を推進するには利害対立が顕著になるため、連携事業は観光ルートの設定や情報発信などソフトなものになってしまう。他方、米国は国土が広く、もともとインフラの整備とメンテナンスが十分でないところが多いことから、連携により新たにサービスを提供できるということになれば、たとえ特定地域にインフラが整備されるとしてもいずれの自治体にも恩恵があるため反対意見は思ったほど多くはない。SEDA-COGでは、コロンビアカウンティにおよそ三〇〇〇万ドルをかけて洪水防止に関わる施設整備を進めているが、洪水防止は他のカウンティにも恩恵があり地域全体で九〇〇人もの雇用が見込まれるため、プロジェクトが現在着実に進められている。

また、ＨＣＣＯＧでは、どのアクセス道路を整備するかを検討する際、自治体間の議論においては、もともと草の根民主主義の規範があり、ボトムアップの議論を尽くして政策を決定するということである。他方、自治体間のコンフリクトが生じないように、問題があれば事務局のエクゼクティブディレクターに事前に話が届くようになっており、その後の調整が丁寧に行われるという。一般に、インタビューでは批判的回答を得るのが困難な側面もあるため、いずれの事例でも潜在的には自治体間でコンフリクトが生じていると思われるが、こうした構成自治体のニーズを的確にふまえるというＣＯＧの立場を勘案すれば、ＣＯＧの事務局スタッフの自治体間の調整能力の高さが連携促進には不可欠といえる。

逆に、米国で連携につながらない政策は、一般に、警察と消防、教育である。警察や消防は、各自治体が単独で行うよりもより広域的な範囲で規模を大きくして実施した方が、効率的であるばかりでなく、政策対応能力も高まり有効である。ただし、日本と比べて治安がよくない米国では住民は自分の居住する地域に警察署や消防署の立地を望む傾向が強く、他自治体と連携する意向は非常に低い。教育についても所得の高い地域が、水準の高いサービスの維持を求めて、他の自治体や教育区との合併を避けたいという思いが強い。こうした思いが民意の多数派であり、民主主義はこれらの政策分野での自治体連携を望んでいない。

さらに、銃規制や人種問題など、多様な考え方があり、強い感情を呼び起こしそうなホット・ボタン・イシュー(hot-button issue) は議論が難しいため、議題設定されることはほとんどなく、こうした分野の課題解決に関する自治体連携は非常に難しい。

5　連携の課題と効果

(1) COGの課題

米国のCOGは、必ずしも常に連携が円滑に行われているわけではない。ヴィクストロム（Wikstrom 1977）が指摘する課題は、筆者の行ったインタビューの結果においてもおおむね同様であった。すなわち、政策展開のための財源は脆弱で、連邦政府や州からの補助金に依存しており、人権問題などのホットボタンイシューでは連携が進まず、市民参加が十分ではないという課題がある。ヴィクストロム（Wikstrom 1977）が指摘する他の課題には、各自治体の代表者は自らの自治体の業務があるため関与が限定的になること、理事会による代表者の選出に問題があること、他の自治体、特にディストリクト（特別区）との連携が懐疑的となる点があるが、筆者が行ったインタビューではこれらの点は問題視されていなかった。

一方、COG、MPO、他の連携組織などの連携組織が並列して多く設置されており、政策の需要と比較して組織の設置数が過剰になっているという課題も付け加えておかなければならない。このような複雑な組織体制でどのように政策を議論、立案、実施しているかを住民からみて判断することは難しい。

(2) 連携の効果

以上のような課題があったとしても、COGによる連携の効果は、各自治体にとって大きなメリットになっている。まず、COGは情報の交換・共有の機能をもっている。いずれのCOGの構成自治体も単独では対応が困難な政策課題を抱えているため、課題や政策案の共有化を図りたいと考えており、さらに連携して政策の裏付けとなる予算を確保したいというニーズを持つ。そのようなときにCOGが会議の招集係となり、問題解決のための情報共有を深める役割を担う。COGは二桁以上の自治体が参加していることを先にみたが、自治体のほとんどは情報共有機能に大きなメリットを感じているため、途中で脱退するという事例はまれである(4)。

さらにCOGによる連携効果は、一体的対応による政策対応能力の向上が挙げられる。その理由は、複数の自治体の行政資源を借りることができるためである。自治体連携は、各自治体の自治が残った状態での一体的対応であって、合併による政策の一元化ほどの効率的サービスの実施は見込めない。ただし、自治体連携は、不足するサービスやそれを実現するうえでの人材の供給、あるいは単独では確保できなかった補助金の獲得を通じて、一体的対応を目指す。市町村と市町村、カウンティとカウンティといった一対一の連携では政策対応能力に限界があるが、リージョンとしての一体的な対応能力は大きい。広域的な政策を実現する機能や、専門的人材などを供給することで小さな自治体の政策許容力を増強する機能があるとも言われる所以である（Bowman and Kearney 2011 : 250）。たとえば、従来、消防や警察行政を含む危機管理政策は、個々の自治体間で協定を結んで対応していたが、九・一一米国同時多発テロ以降、より広い範囲で一体的な危機管理の対応が求められるようになり、現在では首都を中心とした国家安全保障を維持するためにMWCOGでの自治体間、州間の連携が大いに役立っているとされる。一対一では対応できない政策が増加しており、したがって、一体的な対応による政策の管理と実施が要請されているという。

6　連携組織の政策実施強化に向けた方策・条件

連携組織による情報共有機能と一体的対応は大きなメリットであり、それらの点はブロック会議や協議会などのわが国の自治体連携組織においても認識されてきた。それでは、なぜわが国の連携組織での政策の論議は、米国のCOGと比べ、活発でないのであろうか。両国とも同じように自治体間のコンフリクトが生じる連携組織であるが、米国のCOGは、わが国の連携組織と比べても密に議論を重ね、各自治体が深く関与する。最後に、COGの事例から明確になった、連携組織の政策実施を強化する方策や条件をまとめ、締めくくることとする。

第一は、非常にシンプルな回答である。COGの予算に占める補助金の割合は高く、そうした移転財源依存は課題である一方で、かえって連携を強力に促すものになっている。いかに補助金を獲得し事業実施に結びつけるかは、COGでの議論の中心を成している。わが国でも産学官連携や市町村間の広域連携への補助金はあるが、民間企業や大学との連携より先に、自治体間の連携に絞ったものがもっとあってもよい。とりわけ連携のほとんどない府県間を対象にした連携促進の補助金は、さらに効果的である。大都市圏整備の規模の大きな連携補助金があれば、地域の経済や社会に大きな影響力をもつ自治体政策が生まれる可能性が高い。そのようなものがあれば、関西広域連合の取り組みや、アイデアに過ぎない中京都ホールディングス構想なども評価される実績になるかもしれない。

第二は、連携組織に政策実施に直結する機能をもたせることである。米国のCOGでは政策実施機関の入力となる予算や方針を決め、時には政策実施の関係者が理事会の構成員となっているため、常に政策実施を前提とした政策決定がなされる。一方、わが国の協議会等の連携組織は、政策の検討段階の議論をよく行うが、政策実施につながらないことが多い。このため、具体的なレベルの連携事業と補助金等の予算確保をテーマにし、連携事業の優先順位の権限を連携組織にもたせることが効果的である。また、一元的に政策を推進する実施担当組織を明確にするとともに、優先順位や予算化の議論を行う理事会等の場に実施担当者が参加し、首長や議員等の政策決定者とともに、各自治体の利害調整を図ることが望ましい。このような連携組織においては、各自治体は政策による恩恵を受けようと積極的に関与し、政策実施が強化されることになる。

第三は、多様な自治体の行政体制の許容である。米国の個々の自治体のサービスの範囲は日本の自治体のそれと比べてやや狭く、不足するサービスを自治体単独で実施しようとする意識は日本ほど高くない。米国の地方制度では、日本のようにいずれの府県にも必ず市町村があるという構造ではなく、カウンティのもとに、シティやタウン、ディストリクトなどが断続的に分布している。カウンティ内のある地域ではシティがなく、ある地域のシティは独立市としてカウンティと分離していたり、さらには、同じカウンティでもサービスの種類が州により大きく異なる。このような状況で、不足するサービスを満たすためにも連携してそれを実現するか、もしくは他の自治体に委託することが多様な分野でなされている。ところが、日本の自治体は、個々の自治体が多くのサービスを実施するフルセット型の制度設計に基づいているため、常に自らの自治体の範囲内で政策の課題や案を考えてしまい、具体的に政策実施を念頭においた連携の需要は顕在化しにくい。

しかしながら、地域経済の強化に向けた自治体連携による都市基盤の整備の需要は存在し、他方で、自治体の持続可能性を高めるための自治体連携の需要もある。脆弱な財政の自治体が多いにもかかわらず、広範囲に充実したサービスを各自治体が継続するのはもはや限界である。このため、持続困難な自治体のサービスを切り下げ、ある地域では自治体のサービスは限定的であるが、いくつかの自治体で行政資源を共有し共同でサービスを実施するシェアードサービスを実現する行政体制が今後さらに必要になる。一部事務組合や広域連合等はその一つであるがこれからはもっと多様な分野で求められる。

ちなみに日本は各自治体の構造は全国一律で前例のない組織体制には不慣れであり、危機的状況が生じた際の対応能力は、行政体制が多様な米国より低い。画一的体制より多様な組織間連携が可能な体制の方が、様々な状況変化に対応しやすい。自治体の危機管理能力を高めるためにも今後は、様々な自治体のかたちを許容する時代と認識すべきである。

国が自治体連携に補助金を供給すること、連携組織が実施に直結する機能をもつこと、多様な行政体制を許容すること、これら三つの点は、連携組織の政策実施を強化する方策・条件であり、圏域全体の政策対応能力を着実に高める仕掛けになるものである。

注

（1）各インタビューの対象者と実施時期は、次の通りである。なお、場所はＳＥＤＡ-ＣＯＧはCrystal Gateway Marriott（VA）、ＨＣＣＯＧはWestern Carolina Universityで、その他は先方のオフィスである。ＭＷＣＯＧはJeanne Saddler氏（Director at Office of Communications）、二〇一四年一〇月一四日。ＳＥＤＡ-ＣＯＧはSteve Kusheloff氏（Manager of Public Information & Education）とElizabeth Lockwood氏（Project Development/Grant Manager）、二〇一五年三月二三日。ＨＣＣＯＧはDr. Michael N. Duvall氏（Executive Director）、二〇一四年一一月一一日。ＮＶＲＣはDr. Dale Medearis氏（Senior Environmental Planner）、二〇一五年六月二六日。

（2）バージニア州では、一九六八年に州法で州内をいくつかの地域に分け、それぞれの地域内に立地する自治体間で憲章を結び、Regional Planning Commissionを設置している。バージニアには現在二三区域に組織があり、それらのうちＮＶＲＣはバージニア州最大の組織である。

（3）ＮＶＲＣのようにExecutive Board（執行委員会）と呼ばれるものもあるが、本章では「理事会」という邦訳で統一している。

（4）数少ない事例として、ＭＷＣＯＧでは設立以降これまでに、モンゴメリーカウンティが何度か脱退している。

参考文献

真山達志「行政研究と政策実施分析――行政研究の分析モデルに関する一試論」『法学新報』第九二巻五・六号、一九八六年。
Bowmanand, Ann O'Mand and Richard C. Kearney, *State and Local Government : The Essentials*, Fifth Edition, Boston, MA :

Wadsworth, 2011.

Coppa, Frank J. *County Government : A Guide to Efficient and Accountable Government*, Praeger Publishers, 2000.

High Country Council of Governments. *HCCOG Annual Report 2013–2014*, 2014.

Grigsby, J. Eugene, III. "Regional Governance and Regional Councils," in Roger L. Kemp (ed.), *Forms of Local Government : A Handbook on City, County and Regional Options*, Jefferson, NC : Mcfarland & Co Inc Publishers, 2007.

Metropolitan Washington Council of Governments, *2011 Strategic Plan*, 2011.

Metropolitan Washington Council of Governments, *Region Shaping Leaders : 2013 Annual Report 2014 Regional Directory*, 2014a.

Metropolitan Washington Council of Governments, *Metropolitan Washington Council of Governments Work Program & Budget Fiscal Year 2015*, 2014b.

SEDA–COG, *SEDA–COG AT A Glance : A History of Public and Private Collaboration in 11 Central Pennsylvania Counties*, 2014a.

SEDA–COG, *Board of Directors Information Handbook*, 2014b.

SEDA–COG, *2014–2015 Directory : Directors, Staff, Programs, and Committees*, 2015.

Wikstrom, Nelson. "Studying Regional Councils : The Quest for a Developmental Theory," *Southern Review of Public Administration*, 4 (1) : 81–98, 1980.

Wikstrom, Nelson, *Councils of Governments : A Study of Political Incrementalism*, Chicago, IL : Nelson-Hall Inc, 1977.

［謝辞］　本研究は愛知大学中部地方産業研究所「二〇一五年度地域・産業・大学」研究助成、およびＪＳＰＳ科研費　一二五三八〇一七八の助成を受けたものである。

ら・わ 行

欧 文

た　行

な　行

は　行

ま・や　行

事項索引

※「政策実施」は頻出するため省略した。

あ 行

か 行

さ 行

ま　行

ら　行

人名索引

あ行

か行

さ行

た・な行

は行

藤井　功（ふじい・いさお）**第９章**

現　在　同志社大学政策学部嘱託講師，大阪国際大学グローバルビジネス学部非常勤講師。

主　著　「シビルミニマムとしての生活保護――地方分権におけるミニマムの再編を目ざして」『年報自治体学』第18号，第一法規，2005年。

川北泰伸（かわきた・やすのぶ）**第10章**

現　在　清泉女学院大学助教。

主　著　「住民自治へつなげる学校と地域の関係の考察」『同志社政策科学研究』第14巻２号，2013年。

上田　誠（うえだ・まこと）**第11章**

現　在　同志社大学嘱託講師。

主　著　「中心市街地活性化における政策意図の変容」『公共政策研究』第10号，有斐閣，2010年。

安　善姫（あん・そんひ）**第12章**

現　在　同志社大学嘱託講師。

主　著　「韓国における原子力規制組織の再編過程分析」『同志社政策科学研究』第15巻第２号，2014年。

野田　遊（のだ・ゆう）**第13章**

現　在　愛知大学地域政策学部教授。

主　著　『市民満足度の研究』日本評論社，2013年。

執筆者紹介（執筆順，＊は編者）

＊真山達志（まやま・たつし）　**はしがき，序章**

編著者紹介欄参照。

入江容子（いりえ・ようこ）　**第1章**

現　在　愛知大学法学部教授。

主　著　『ローカル・ガバメント論』共著，ミネルヴァ書房，2012年。

森　裕亮（もり・ひろあき）　**第2章**

現　在　北九州市立大学法学部准教授。

主　著　『地方政府と自治会間のパートナーシップにおける課題――「行政委嘱員制度」がもたらす影響』渓水社，2014年。

伊藤慎弐（いとう・しんすけ）　**第3章**

現　在　同志社大学嘱託講師。

主　著　「第一線職員研究の一試論」『社会科学』第77号，同志社大学人文科学研究所，2006年。

狭間直樹（はざま・なおき）　**第4章**

現　在　北九州市立大学法学部准教授。

主　著　「社会保障の行政管理と『準市場』の課題」『季刊社会保障研究』第44巻1号，国立社会保障・人口問題研究所，2008年。

髙橋克紀（たかはし・かつのり）　**第5章**

現　在　姫路獨協大学人間社会学群教授。

主　著　『政策実施論の再検討』六甲出版販売，2014年。

田中　優（たなか・まさる）　**第6章**

現　在　大阪国際大学グローバルビジネス学部准教授。

主　著　『ローカル・ガバメント論』共著，ミネルヴァ書房，2012年。

林沼敏弘（はやしぬま・としひろ）　**第7章**

現　在　草津市役所，同志社大学大学院総合政策科学研究科嘱託講師。

主　著　『風に出会う――地域にいきる環境文化』共著，サンライズ出版，2004年。

壬生裕子（みぶ・ひろこ）　**第8章**

現　在　同志社大学政策学部嘱託講師，滋賀大学社会連携研究センター客員研究員。

主　著　「行政が活用する情報の質の向上に関する検討――Information Quality Act とそれに関わる取り組みを材料として」『同志社大学政策科学研究』20周年記念特集号，2016年。

《編著者紹介》

真山達志（まやま・たつし）

1955年　滋賀県生まれ。

1986年　中央大学大学院法学研究科博士後期課程単位取得。

現　在　同志社大学政策学部教授。

主　著　『政策形成の本質――現代自治体の政策形成能力』成文堂，2001年。

『入門　都市政策（京都アカデミア叢書５号）』監修・著，財団法人大学コンソーシアム京都，2009年。

『地域力再生の政策学――京都モデルの構築に向けて』共編著，ミネルヴァ書房，2010年。

『スポーツ政策論』共編著，成文堂，2011年。

『ローカル・ガバメント論――地方行政のルネサンス』編著，ミネルヴァ書房，2012年。

政策実施の理論と実像

2016年11月10日　初版第１刷発行　〈検印省略〉

定価はカバーに
表示しています

編著者　真　山　達　志

発行者　杉　田　啓　三

印刷者　藤　森　英　夫

発行所　株式会社　ミネルヴァ書房

607-8494　京都市山科区日ノ岡堤谷町１

電話代表(075)581-5191

振替口座　01020-0-8076

亜細亜印刷・藤沢製本

ISBN 978-4-623-07791-5

Printed in Japan